図解・表解

世界の地理

江口　旻・斎藤　仁・飯田貞夫
小曽根利一・志村　聡・大島　徹・菊池孝司

古今書院

はじめに

　最近の政治，経済，社会，国際関係などの情勢は変化が著しく，ときどきその変化に追いつくのに懸命になることがある。いろいろな関係でさまざまな地方に出かけるが，3年前に確かこの地に来たのだけど，すっかり様子が変っていて初めて訪れたような錯覚さえ覚えることが多くなった。年のせいか，それとも不正確な記憶のせいかはわからないが，変化が急すぎて戸惑うことが多い。

　「十年一昔」という言葉があるが，今は3年，いや「3か月一昔」で10年もしたら浦島太郎になりかねない状態になっているような気がする。それほどさまざまなものの移り変わりが速いので，油断していたら現代社会生活から取り残されてしまうようである。

　自然景観，自然環境も自然に任せるのではなく，人間が積極的に自然の変化にかかわって無理やり変化させてしまっている。その結果，今まで経験したことのない記録的暑さ，その暑さが長期的に続くことや，1時間に100mmを超える大量の降雨，そのために起きる地すべり，大量の流土，崖崩れなどいろいろな自然災害に出会ったり，農・林・水産業に極端な豊・不漁があったり，動植物の北限・南限が広がったり，今まで使われたことがない言葉が生まれたりするなど，変化の激しさを物語っている。

　本書は，世界各地の自然・社会・経済・国際関係などが各地でどんな状況になっているか現状を踏まえながら考察し，変化をわかりやすくとらえられるようにしてみようと思い書いたものである。世界各地の様相を専門的に，ある特定の基準をもって書き上げたものでは決してない。あくまでも，こんなことがこのようになっているといった各地を知る簡単な一つの啓発書としてみてほしいという気持ちで，各自が与えられた地域について調べ直してみたものである。この本を出版する時には，すでに過去の事象になっているかもしれない。その時は，昔はこんな様子だったのかと思っていただければ幸いと思っている。

　本書は，1967（昭和42）年に『図解・表解の地理』として古今書院から発行したものを，現在と比べてみると，政治・経済・社会・国際関係・科学・技術などが当時とあまりにも変貌・変化しているのに気づき，当時出版したものに新しい資料をもとに補正・改訂・加筆・挿入してまとめたものである。先輩諸氏が作成された貴重なデータ，作図など数多く引用させていただいたことを，厚く御礼申し上げる。また，本書の出版を快くお引き受けいただいた古今書院社長橋本寿資氏，本書の出版に尽力いただいた長田信男氏，また資料収集，整理，作図，執筆などでご協力くださった渡邊泰教氏，グエン・チ・ゴック・アン氏にお礼申し上げます。

2015年7月

執筆者一同

目　次

- はじめに……………………………………………… 1
- アジアの自然……………………………………… 3
- アジアの範囲と自然環境……………………… 4
- 中国の自然………………………………………… 5
- 中国の農業…………………………………… 6・7
- 中国の鉱・工業……………………………… 8・9
- 中国の民族分布………………………………… 10
- 中国の周辺諸国………………………………… 11
- 台湾の自然と産業とホンコン（香港）……… 12
- 朝鮮半島の自然と産業………………………… 13
- 東南アジアの自然環境・産業・人文………… 14
- 7000余の島々のフィリピン…………………… 15
- インドシナ半島と周辺諸国…………………… 16
- ベトナムの工業地帯と東南アジアの国々…… 17
- インドネシア・東ティモール………………… 18
- インド半島の自然……………………………… 19
- インド半島の農業・モルジブ・スリランカ… 20
- インドの鉱工業・バングラデシュ…………… 21
- 西アジアの自然環境とトルコ………………… 22
- 西アジアの石油とイスラエル・パレスチナ… 23
- 西アジアの国々………………………………… 24
- アフリカの自然環境…………………………… 25
- アフリカの国々…………………………… 26〜28
- アフリカの資源と産業………………………… 29
- アフリカの独立・言語・人種………………… 30
- ヨーロッパの自然……………………………… 31
- ヨーロッパの範囲と自然環境………………… 32
- ヨーロッパの気候と農業……………………… 33
- スカンディナヴィア諸国……………………… 34
- 北欧の島国と半島国…………………………… 35
- イギリスの自然と土地利用…………………… 36
- イギリスの鉱・工業とアイルランド………… 37
- イギリスの鉱・工業都市……………………… 38
- ベネルクス三国………………………………… 39
- ドイツの自然…………………………………… 40
- ドイツの鉱・工業……………………………… 41
- フランスの自然と産業………………………… 42
- フランスの鉱・工業…………………………… 43
- スペイン・ポルトガル………………………… 44
- イタリア………………………………………… 45
- 内陸の国々………………………………… 46・47
- ヨーロッパの小国……………………………… 48
- 旧ユーゴスラビア諸国………………………… 49
- バルカン諸国とハンガリー…………………… 50
- バルカン諸国とバルト三国…………………… 51
- ポーランドとバルト三国……………………… 52
- ロシアとその周辺の自然環境…………… 53・54
- ロシアとその周辺の農牧業…………………… 55
- ロシアとその周辺の鉱工業……………… 56・57
- ロシアとその周辺の民族・言語……………… 58
- 北アメリカの自然環境………………………… 59
- 北アメリカの農牧業地域………………… 60・61
- アメリカの鉱産資源…………………………… 62
- アメリカのおもな工業都市……………… 63・64
- アメリカ領土の拡大…………………………… 65
- 中央アメリカの自然環境……………………… 66
- 中央アメリカの国々と産業・文化……… 67・68
- 南アメリカの自然環境………………………… 69
- 南アメリカの気候と農業……………………… 70
- 南アメリカの国々と産業………………… 71・72
- 南アメリカの人種……………………………… 73
- オーストラリアの自然環境…………………… 74
- オーストラリアの農牧業……………………… 75
- オーストラリアの鉱・工業…………………… 76
- ニュージーランドと太平洋諸国の自然環境… 77
- 太平洋のおもな島と国々………………… 78・79
- 北極・南極……………………………………… 80
- 日本の地勢……………………………………… 81
- 日本の気候と気候区…………………………… 82
- 日本の近海と陸水……………………………… 83
- 九州地方………………………………………… 84
- 中・四国地方…………………………………… 85
- 近畿地方………………………………………… 86
- 中部地方………………………………………… 87
- 関東地方………………………………………… 88
- 東北地方………………………………………… 89
- 北海道地方……………………………………… 90
- 日本全国桜名所地図…………………………… 91
- 桜に因んだ地名…………………………… 92・93
- 十二支に因んだ地名……………………… 94〜107
- おもな国連関係機関…………………… 108〜110
- 参考文献………………………………… 111・112

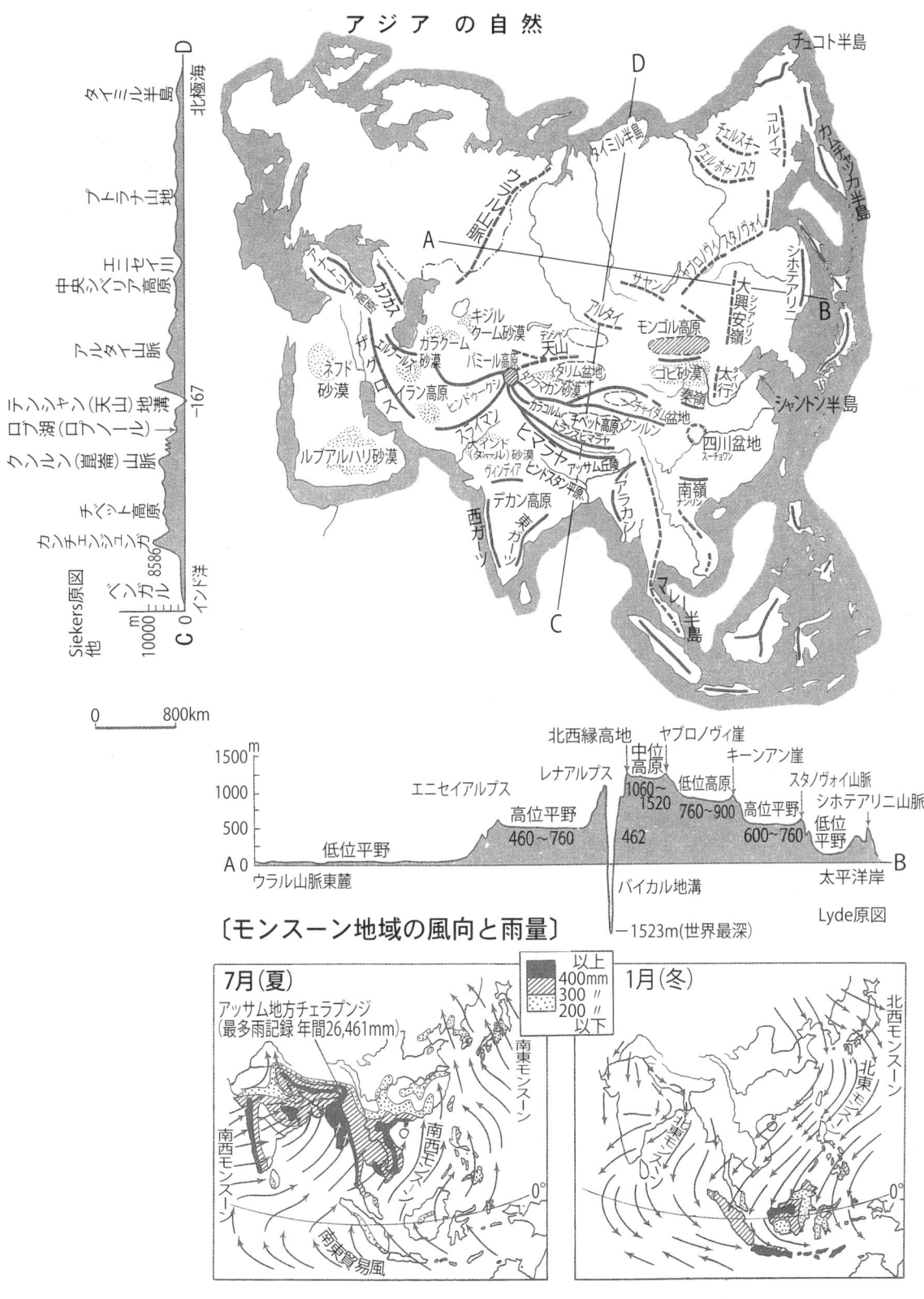

アジアの範囲と自然環境

〔1〕範囲
ユーラシア大陸の東部を占める（全陸地の30％）．緯度北緯90°，南緯約10°．西はウラル山脈，カスピ海，黒海，地中海，スエズ海峡以東，大陸の平均高度950m．東はカムチャツカ半島，千島列島，日本列島，台湾，フィリピン，ニューギニア西半分．

〔2〕アジアの地体構造
アジアの地体構造は，大別すると（1）安定陸塊，（2）古期造山帯，（3）新期造山帯に区分される．
新期造山帯：①環太平洋造山帯と②アルプス・ヒマラヤ造山帯とに分けられる．各地体構造のおもな地域．

(1) 安定陸塊
中央シベリア高原（アンガラランド・ロシア），シナ陸塊，タリム盆地（中国），デカン高原（ゴンドワナ大陸の一部，インド），アラビア半島（サウジアラビア） 金，ダイヤモンド，その他の鉱物が産出される．

(2) 古期造山帯
ウラル山脈，アルタイ山脈，サヤン山脈，スタノヴォイ山脈，ヤブロノヴィ山脈（ロシア），テンシャン山脈，大シンアンリン山脈（中国），モンゴル高原（モンゴル），東ガーツ山脈，西ガーツ山脈（インド）他．石炭，鉄鉱石などの鉱物が産出される．

(3) 新期造山帯
①環太平洋造山帯
カムチャツカ半島，千島（クリル）列島（大部分がロシア領），日本列島，台湾，フィリピン，ニューギニア島西半分（インドネシア）
②アルプス・ヒマラヤ造山帯
カフカス山脈（ロシア），クゼイアナドール山脈，アナトリア高原（トルコ），エルブールズ山脈（イラン），ヒンドゥークシ山脈（パキスタン），パミール高原，カラコルム山脈，ヒマラヤ山脈（インド），パトカイ山脈，アラカン山脈，シャン高原（ミャンマー），ドーナ山脈，コラート台地（タイ），アンナン（チュオングソン）山脈（ベトナム），マレー半島の一部，アンダマン諸島，ニコバル諸島（インド），大スンダ列島，小スンダ列島，カリマンタン島，スラウェシ島，ハルマヘラ島（インドネシア）他；この地域で環太平洋造山帯と合流するためか，島の形状が他の島と異なっている．石油・天然ガス，その他の鉱物が産出される．新期造山帯地域には火山・地震帯が走り，時々地殻活動や変動がみられる．

〔3〕アジア各地のおもな河川
オビ川，エニセイ川，レナ川，コルイマ川，アンガラ川，アムール川，ウスリー川（ロシア），アムダリヤ川（ウズベキスタン），シルダリヤ川（カザフスタン），ティグリス川，ユーフラテス川（イラン），ヨルダン川（ヨルダン），インダス川（パキスタン），ガンジス川，ブラマプトラ川（インド），チンドウィン川，エーヤワディー川（ミャンマー），チャオプラヤ川（タイ），メコン川（ラオス，カンボジア，ベトナム），ホン川，ソンダー川（ベトナム），ソンホワ川（松花江），ヘイロン川（黒龍江），リャオ川，ロワン川，サンガン川，ホワンホー（黄河），チャンチヤン（長江），ホワイ川（淮河），チュウ江（珠江），タリム川，イリ川（中国）他．

〔4〕アジアのおもな高原・台地・丘陵
パミール高原，デカン高原（インド），モンゴル高原（モンゴル），チベット高原，ホワンツー高原（黄土高原），ユンコイ高原（中国），アナトリア高原（トルコ），ケマ高原（北朝鮮），コラート台地（タイ），ウスチウルト台地（カザフスタン），アッサム丘陵（インド），トンナン丘陵（中国）他．

〔5〕アジアのおもな平原（平野）・低地・盆地
トンペイ平原，華北平原，長江中下流平原（中国），ヒンドスタン平原（インド・バングラデシュ），インダス平原（パキスタン），カザフ高原（カザフスタン），メソポタミア平原（イラク），北シベリア低地，西シベリア低地（ロシア），トゥラン低地（カザフスタン），カスピ海沿岸低地（ロシア・カザフスタン），カッチ湿地（インド），ヤクーツク盆地（ロシア），スーチョワン盆地，トゥルファン盆地，ジュンガル盆地，タリム盆地（中国）他．

〔6〕アジアのおもな砂漠
ゴビ砂漠（モンゴル），タクラマカン砂漠（中国），大インド（タール）砂漠（インド），カラクーム砂漠（トルクメニスタン），カヴィール砂漠，ルート砂漠（イラン），シリア砂漠（シリア），ネフド砂漠，ダフナー砂漠，ルブアルハリ砂漠（サウジアラビア），キジルクーム砂漠（ウズベキスタン）他．

〔7〕アジアの気候区・土壌・植生と主要地域

気候区名と記号	土壌名	植生	代表的地域名
氷雪気候（EF）	氷土（氷雪土）		ロシア北部緯度90°近く，チュコト半島北部
ツンドラ気候（ET）	ツンドラ土	ツンドラ（地衣類，蘇苔類他）	ロシアカムチャツカ半島，緯度60°近くの内陸
針葉樹林気候（Dfcd・Dwcd）	ポドゾル土	針葉樹林（マツ，モミ，スギ他）	ロシア東経120°以西，中央シベリア，イルクーツク他
大陸性混交林気候（Dfab・Dwab）	ポドゾル，褐色森林土	常緑針葉樹，落葉広葉樹（カシ，シイ，スギ，マツ他）	カムチャツカ半島，ロシア北東部，東シベリア，北海道の一部
温暖湿潤気候（Cfa）	赤黄色土，褐色森林土	常緑広葉林，落葉広葉林，針葉林	日本，中国（華中・華南の一部），韓国他
温暖冬季少雨気候（Cw）	黄色土，赤黄色土	常緑広葉林，半落葉広葉林	台湾，華南，ベトナム北部，デカン高原，アラハバード（インド）他
砂漠気候（Bw）	砂漠土	オアシス近くのみ植生がみられる（ナツメヤシ，耐乾性植物）	タクラマカン（中国），ゴビ（モンゴル），タール（インド），ネフド，ルブアルハリ（サウジアラビア），カラクーム（トルクメニスタン）他
ステップ気候（BS）	栗色土，チェルノーゼム	短い丈の草，灌木	カザステップ草原（カザフスタン），ウズベキスタン，モンゴル高原（モンゴル），タリム盆地（中国），デカン高原西部（インド）他
熱帯雨林気候（弱い乾季あり）（Am）	ラドソル	熱帯林，半落葉林，茶，コーヒー	ベトナム沿岸部，フィリピン，インド西部，インド北東部，バングラデシュ・スリランカ北部他
熱帯サバナ気候（Aw）	ラドソル，レグール	丈の長い草，熱帯林，コーヒー	タイ，カンボジア，ジャワ東部（インドネシア），ベトナム南部，インド北部他
熱帯雨林気候（Af）	ラドソル	熱帯密林（ゴム，マホガニー，シタン，コクタン，ラワン）	マレーシア，シンガポール，インドネシア大部分，スリランカ南部他
高山気候（H）	ポドゾル，褐色森林土	照葉樹林，スギ，ヒノキ	ヒマラヤ，チベット高原，シムラ，ネパール，ブータン，ダージリン他

中国の自然

【地勢】
A地域
(1) 新生代第三紀アルプス・ヒマラヤ造山運動による山地．
(2) ホワンツー，長江，メコン川などの源流地域．
(3) 南にエベレスト（チョモランマ，サガルマータ）山（8,848m），地震活動多い．
(4) 南の国境地帯は不確定地．
B地域
(1) 安定陸塊（シナ陸塊）と古期造山運動（テンシャン山脈の南北にシルクロード）．
(2) 近年アルタイ山脈，クンルン山脈付近で油田開発．
C地域
(1) A地域の延長部：この地域で山脈は南北に走る．(2) 稲作二期作地帯．
D地域
(1) 500m以下の平原．
(2) ホワイ川ーチンリン山脈の北は畑作地，南は稲作地帯．
(3) トンペイ平原：200m以下の大平原，大豆，トウモロコシ，コウリャンなどの大産地，ホワペイ平原：小麦，稲作，茶の産地，チュ川流域：稲作二期作地域．
【気候】
(1) 東北地域：大陸性混合林気候（Dwb），降雪は少ない，(2) 華北地域：東部は大陸性混合林気候（Dwa），内陸はステップ気候（BS）と砂漠気候（BW），(3) 華中・長江中流地域：温暖湿潤気候（Cfa），(4) 華南地域：温暖冬季少雨気候（CW），(5) チベット高原地域：寒冷で，樹木は低く少ない．ツンドラ気候（ET），(6) ハイナン島：乾季と雨季がみられる熱帯雨林気候（弱い乾季あり）（Am）．

新疆ウイグル自治区
【地勢】
(1) ①アルタイ，テンシャン山脈（ロブ湖以東は岩石砂漠，以西は砂砂漠）②カラコルム山脈，パミール高原などか弧状．
【気候】
(1) トゥルファン盆地（火州と呼ばれる）気温40℃以上になることもある．
【経済環境】
(1) 農牧林（灌漑農業が中心「カナート」利用）：米，小麦，トウモロコシ，綿花，ブドウ，柑橘類などの栽培盛ん．ホータン，養蚕が盛ん，家畜飼養．
(2) 天然資源：石油，金，ウラン，タングステン，鉛，亜鉛，ニッケル他．未開発
(3) 製造業：鉄鋼，自動車，石油製品，化学他．
【言語・民族・宗教】
(1) ウイグル語（公），中国語（公）キルギス語他．(2) ウイグル族，漢族，カザフ族，回族，キルギス族，モンゴル族，タジク族他．(3) イスラーム（布教は厳しく制限）他．

チベット自治区
1959年，中国侵攻．1965年，自治区．
【地勢・気候】
(1) 山脈，高原，丘陵，盆地，鹹湖群（アルカリ性）地域．南部にエベレスト（サガルマータ，チョモランマ）山（8,848m）．
(2) 南部：高地気候（H），寒冷乾燥，中部・北部：温暖冬季少雨気候（Cw）．
【経済環境】
(1) 農・牧・林・水産：北部；冬小麦，ソバ，ジャガイモ，首都ラサ近郊；米，バナナ，茶他，北部高地；ヤク，羊，山羊，牛，馬他を飼養．
(2) 天然資源：未開発，石油，石炭，金，銀，塩他．
(3) 製造業：自動車部品，化学，繊維他．
【言語・民族・宗教】
(1) チベット語，中国語，キルギス語，カザフ語他．(2) チベット族，漢族（近年漢族が大量に流入），ホイ族，キルギス族，カザフ族他．(3) チベット仏教（布教は厳しく制限）

中国の農業

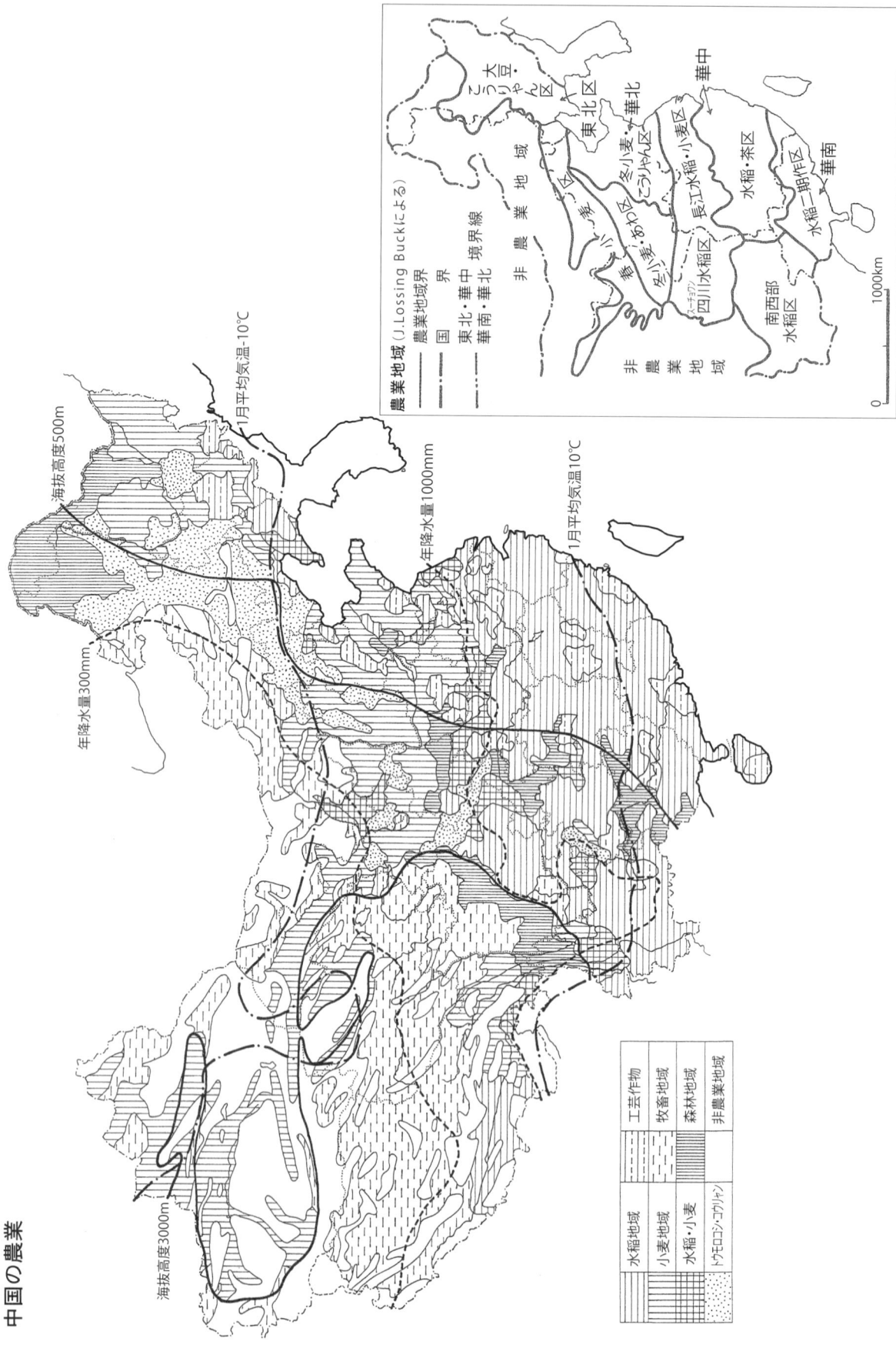

中国の農業

単作北限

華北平原 — 冷帯夏雨 — 春小麦・コウリャン
- コウリャン、トウモロコシ他の雑穀と大豆で、この地域の農業生産量の90%を占める。
- 北東部：テンサイ(この国の総生産量の大部分を占める)。
- 南部の大豆産地(かつて、日本の豆腐、しょう油、みその原料として「満州大豆」は有名であった。中国大豆総生産量の35%→減少傾向。

1月の気温-6℃
万里長城線
冬小麦北限

華北平原東部 — 冬小麦・コウリャン
「冬休み」2年3作農法
```
休閑  春雑穀     秋冬       夏
      └アワ、コウリャン、トウモロコシ
         小麦(綿畑の50%)
綿 花…黄河流域、この国の生産量最大。「穀倉地帯」
```
- 水稲作が早越し、米の生産はこの国最大。
- 水稲二期作、冬小麦ともに中国で最もよく収穫(長江流域地区)。綿花40%、中性種・陸地綿が主。→大麦・小麦と組み合せて1年2毛作。

北馬↑
(800～850mm)
年降水量750mm
チンリン
秦嶺・淮河線…二期作北限
↓
南船

長江下流の丘陵地 — 温暖湿潤 — 水稲・茶
茶を二期作に、サツマイモの栽培。養蚕が盛ん。

(1100～1200mm)
年降水量1000mm
2年5毛作北限

珠(チュー)江デルタ — 亜熱帯モンスーン — 水稲二期作
- 1月平均気温：8℃以上 無霜期間：300日以上
- 以前は二期作のみ(冬期は湛水のため休閑)
- 1970年代以降：三毛作 早稲一晩稲一小麦・ナタネ・緑肥 3～7月 7～11月 11～3月

海南(ハイナン) 島南部 — 三期作 沿岸部：茶、柑橘類
珠江デルタの他にまとまった平野がなく、以前は海外移住、集約的な土地利用が行われている。平野面積に対して人口が多く、出稼ぎが多かった。

1年3毛作北限

鄂爾多斯(オルドス)：草原
乾燥農法
春小麦を主体として、ジャガイモ、アワ、トウモロコシ、綿花などを栽培。

黄土高原 — 冷帯夏雨 — 冬小麦・アワ
「夏休み」3年4作農法
```
夏休閑  春  秋冬  夏休閑  春  秋冬
 コムギ  雑穀└アワ、トウモロコシ
                  エンドウ
```
人民公社の代表例である名余生産大隊はこの地域にある。

成都(チョントゥー)平野 — 温暖冬季少雨 — 水稲
- 都江堰によって、四川(スーチョワン)盆地の中でも最も生産地面積の90%を占める。
- 水田は耕地面積の90%を占める。
- 稲の二毛作：裏作に小麦、大麦、豆などを栽培。
- 丘陵地：階段状の水田 稲の40%は春の干ばつに対処するため、冬期湛水水田で栽培。他に綿花、桐油、サトウキビ、苧麻などを栽培。養蚕、水牛、豚が多い。

雲貴(ユンコイ)高原
裏作に麦、豆などを栽培。雲南、貴州、タバコ、サツマイモ他。

海抜500m
大興安嶺－雲貴線

新疆(シンチヤン) — 小麦・アワ
灌漑用水路や地下水路(カナール)を建設して高山の雪どけ水を送り、乾燥地域に灌漑農地を造成。
- 春小麦平野：清水(ウェイ川)、各地のオアシス(トルファン)盆地：果物、吐魯番
- 綿花…ウルムチのオアシス、コウリャン、トウモロコシ、青稞(裸麦)、コウリャン他を栽培、米の導入もはかられている。
- 牧畜…羊が主で、ヤク、ラクダ他。

オアシス農業(砂漠) — 冷帯夏雨

西蔵農業 — 温暖冬期少雨
1974年には食糧自給率がほぼ可能。
ヤルンツァンポ川の河谷地帯。
金沙(チンシャ)江、瀾滄(ランツァン)江、怒(ヌー)江の各流域
伝統的作物：青稞、春小麦
秋播種一秋収穫 300～350日
粒径…普通の1.5～2倍
最近は冬小麦を導入

- 牧畜：ヤク(チベット牛)、羊、ヤギ [生育期間…300～350日 →人口の10～12倍の頭数]
- 伝統的作物：青稞、春小麦
- [用途] 衣服：羊毛の手織り 食料：乾燥肉、バター、チーズ、乾燥 敷物：皮革

遊牧(ツンドラ)

海抜3000m

四川 — 水稲
南西 — 水稲

中国の鉱・工業

中国の都市と主要工業生産品

地域名	都市名と主要工業生産品	
東北工業地域	ハルビン（哈爾浜）木材，食品，鉄鋼，自動車，重化学工業，チチハル（斉斉哈爾）製粉，車両，チャンチュン（長春）食品，機械，映画産業，自動車，チーリン（吉林）製紙，製糖，化学，シェンヤン（瀋陽）鉄鋼，機械，自動車，電機製品，重化学工業，フーシュン（撫順）石炭，鉄鋼，化学，アルミニウム，フーシン（阜新）石炭，アンシャン（鞍山）鉄鋼，機械，化学，鉄鉱石，ターリエン（大連）鉄鋼，機械，造船，電機製品，石油化学，ターチン（大慶）石油製品，化学，ペンシー（本渓）鉄鉱石	1) アンシャン鉄鋼コンビナート（アンシャン・ペンチーの鉄鉱石とフーシュン・フーシンの石炭による鉄鋼地域） 2) ターチン石油コンビナート（ターチン油田からパイプラインで東北・華北へ送られる）．ターリエンから日本へ送られている．
西部工業地域	パオトウ（包頭）鉄鉱石，ランチョウ（蘭州）石油精製，綿織物，ユイメン（玉門）石油，ウルムチ（烏魯木斉）織物，石炭・石油工業，近代的工業発展中	1) パオトウ鉄鋼コンビナート（パオトウの鉄鉱石とタートンの石炭による鉄鋼地域） 2) ユイメン石油コンビナート 3) 西部大開発地域
華北工業地域	ペキン（北京）総合工業，食品，機械，電子産業，家電工業，ロンエン（竜烟）鉄鋼，テンチン（天津）繊維工業，重化学工業，自動車，カイロワン（開灤）石炭，タンシャン（唐山）鉄鋼，チンタオ（青島）綿工業，ビール，製塩，電気製品，鉄鋼，タートン（大同）炭田，チーナン（済南）輸送機器，重工業，シーチャチョワン（石家荘）交通要地，綿工業，タイユワン（太原）鉄鋼，チョンチョウ（鄭州）綿工業，ルオヤン（洛陽）機械工業	1) テンチンはペキンの外港，貿易港，ションリ（勝利），ターカン（大港）油田からパイプラインで送られている． 2) タイユワン鉄鋼コンビナート，ロンエン鉄鋼コンビナート，シーアン鉄鋼コンビナート
華中工業地域	パオシャン（宝山）鉄鋼，シャンハイ（上海）衣服，電気製品，鉄鋼，自動車，ウーシー（無錫）織物工業，スーチョウ（蘇州）綿工業，ナンキン（南京）絹織物，鉄鋼，製油工業，重化学工業，マーアンシャン（馬鞍山）鉄鋼，ハンチョウ（杭州）ター（大）運河の終点．通信機器，電気製品，綿織物，チントーチェン（景徳鎮）陶磁器，ターイエ（大冶）鉄鋼，ウーハン（武漢）鉄鋼，ピンシャン（萍郷）石炭，チョンチン（重慶）繊維工業，鉄鋼，機械，チョントゥー（成都）絹織物，電気機器，鉄鋼，機械，重化学工業，アモイ（厦門）通信機器	1) ウーハン鉄鋼コンビナート（ターイエ鉄鉱石とピンシャン石炭による鉄鋼地域） 2) マーアンシャン鉄鋼コンビナート 3) プートン（浦東）地区に新工業地区計画中．
華南工業地域	コワンチョウ（広州）食品，織物，造船，自動車，電子機械，シェンチェン（深圳）食品，織物，機械，自動車，パソコン，半導体，チューハイ（珠海）電子機器，織物，ハイナン（海南）島　鉄鉱石	経済特区に指定された地域5つのうち4つの都市がある．
特別行政区	ホンコン（香港）繊維工業，電気機械，軽工業，重工業他	ホンコン自由貿易港，金融センター

1) 経済特区：1980年，外国資本と技術の導入に伴う税制上の優遇措置をもつ特別地区5カ所（アモイ，シンチェン，スワトウ，チューハイ，ハイナン島（1988年から加わる））を指定．
2) 経済技術開発区：1984年，経済特区と同じ措置がとられる14沿海地区と内陸53カ所（シャンハイ，テンチン，ターリエン，ウルムチ，チョントゥー他）を国・省が指定．
3) 郷鎮企業：町村経営と個人経営企業がある．近年増加している．
4) 西部大開発：2000年，都市と沿海部と農村・内陸部といった地域経済の格差を是正するため，農村と内陸を経済特区と同じ措置をとり企業誘致が行われている地区．
5) 三大鉄鋼コンビナート：パオトウコンビナート，アンシャンコンビナート，ウーハンコンビナート．

中国の民族分布

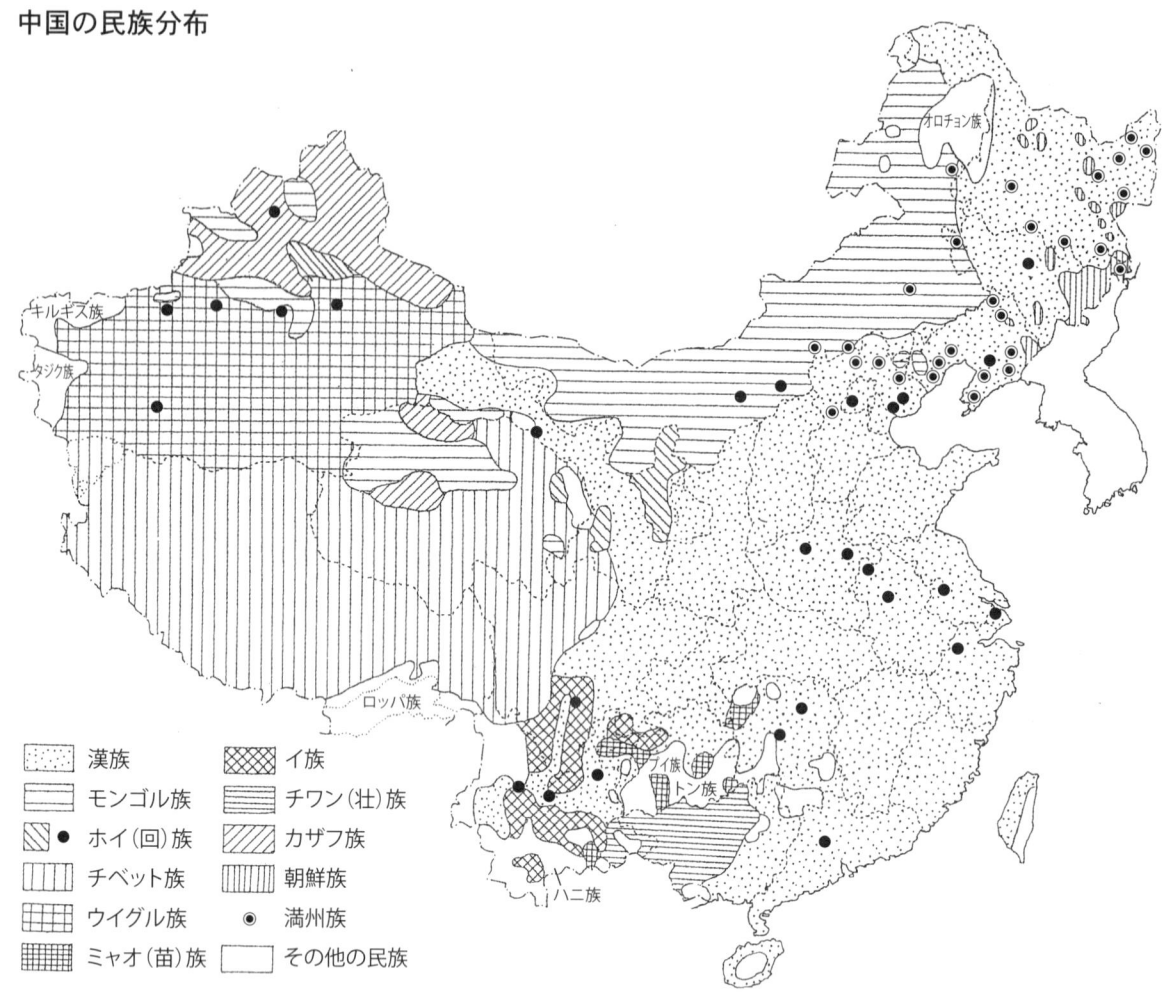

中国の省別少数民族

省・自治区名	少数民族名
チベット	メンパ，ルオパ，チベット
雲　南	プーミ，トゥルン，ヌー，アーチャン，プーラン，チンポウ，ナシ，ラフ，ワ，リス，タイ，ハニ，ヤオ，チワン，イ，ミャオ，チベット，カワ
黒龍江	ホチャ，オロチョン，オウエンク，ダウール，満族，朝鮮族
新　疆	タタール，ロシア，ウズベク，タジク，シポ，ダウール，キルギス，カザフ，ウイグル
広　東	チン，シオ，ヤオ，チワン，ミャオ，リー
甘　粛	ユーグ，ホオアン，サラ，トンミャン，カザフ，ウイグル，チベット
遼　寧	シポ，満族，朝鮮族，
吉　林	シポ，朝鮮族，満族
貴　州	コーラオ，ショイ，ヤオ，トン，プイ，チワン，イ，ミャオ
広　西	コーラオ，マオナン，モーライ，ショイ，ヤオ，トン，イ，ミャオ，チワン
四　川	チアン，リス，イ，ミャオ，チベット
青　海	トウ，カザフ，チベット
福　建	シオ
浙　江	シオ
江　西	シオ
湖　南	トゥチア，ヤオ，トン，ミャオ，ウイグル
湖　北	トゥチア
河　北	満族

・漢族は全国各省・市・自治区の主要な地域に居住している．
・蒙古族は内蒙古，遼寧，吉林，黒龍江，新疆，青海，河北，河南，甘粛　の各省に大部分の人が居住している．
・回族は新疆，ウイグル，甘粛，河南，河北，青海，寧夏，山東，雲南，安徽，遼寧，北京などに大部分の人が居住．

中国の周辺諸国

モンゴル国（内陸国）
【地勢】
(1) 安定陸塊と古期造山帯．
【気候】
(1) 大部分ステップ気候（BS），南の一部砂漠気候（BW）
【経済環境】（計画経済から市場経済へ移行）
(1) 農・牧・林・水産（近年，機械化進む）：小麦，大麦，ジャガイモ，蔬菜，馬，牛，羊，山羊，ラクダ他．
(2) 天然資源（未開発）：石炭，石油，鉄，銅，モリブデン，金他．
(3) 製造業（発展途上）：酪製品，皮革，繊維，化学，機械など．
【言語・民族・宗教】モンゴル語（公），カザフ語（一部のみ）他；ハルハ族，カザフ族他；チベット仏教，イスラーム他．
遊牧民の家屋：ゲル（パオ，ユルト）

ブータン王国（内陸国）
【地勢】
(1) 北部：アルプス・ヒマラヤ造山帯の山地，(2) 中央：河岸段丘，高地，(3) 南部：密林地帯．
【気候】
(1) 北部：高山気候（H），(2) 中央：大陸性混合林気候（Dwab），針葉樹林気候（Dwcd），低地：温暖冬季少雨気候（Cw），(3) 南部：熱帯雨林気候（Af）．
【経済環境】（国民の幸福度世界一，経済の基盤は観光と農業）
(1) 農・牧・林：米，小麦，大麦，ジャガイモ，リンゴ，馬，牛，羊，山羊，鶏他，(2) 天然資源：石炭．
【製造業】発展途上．
【言語・民族・宗教】ゾンカ語（公），ブムタン語，ネパリ（ネパール）語，シャチョプ語，ヒンディー語他；ブータン人，ネパール人，先住民；チベット仏教，ヒンズー教他．

ネパール連邦民主共和国（内陸国）
【地勢】
(1) 北部：アルプス・ヒマラヤ造山帯 エベレスト山（8,848m），(2) 中部：稲作，畑作，牧畜地域，(3) 南部：タライ平原（肥沃な沖積地），稲作他，(4) 西部：丘陵で畑作．
【気候】
(1) 北部：高山気候（H）と針葉樹林気候（Dwc），(2) 中部・西部：温暖冬季少雨気候（Cw），南部：温暖湿潤気候（Cfa）．
【経済環境】（出稼ぎ送金，観光，農業が中心）
(1) 農・牧・林：1,200m以下，ジュート，綿花，バナナ，サトウキビ他，1,200～2,000m：稲作，小麦，大麦，トウモロコシ，ソバ，牧畜他，2,500～3,000m：針葉樹へ移行地，3,000～3,800m：森林限界線．
(2) 天然資源：未開発，石炭，鉄，飼，亜鉛鉱他．
(3) 製造業：食品・食肉加工，酪製品，繊維他．
【言語・民族・宗教】ネパール語（公），マイライリー語，タール語他；チベット族，タール族，マイシリ族他，民族居住地は高度により異なる；ヒンズー教，チベット仏教，イスラーム他．

台湾の自然と産業・都市

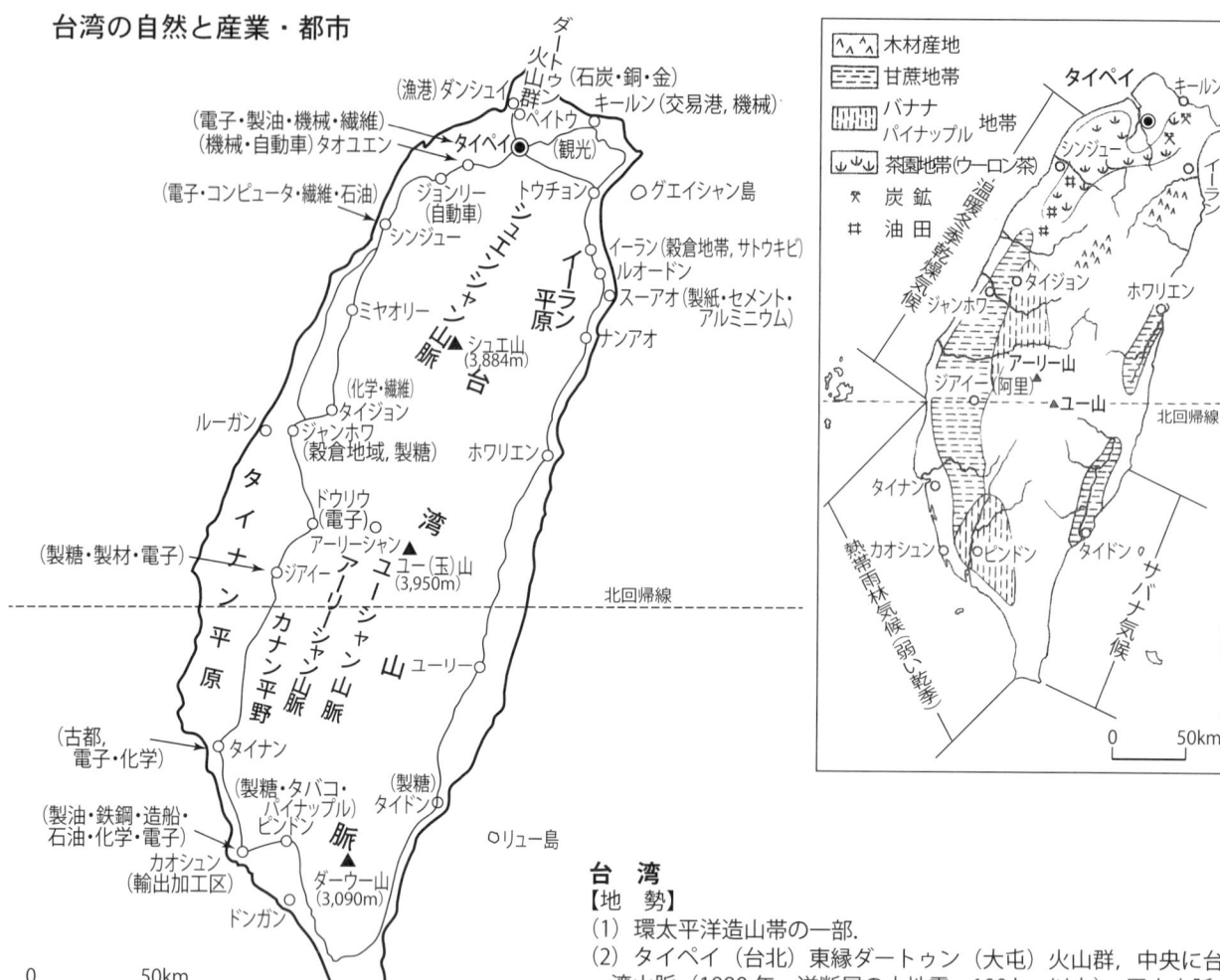

ホンコン（香港）
【地　勢】
(1) 面積約 1,100km^2（東京都の半分）．ホンコン島，ターユイ島，カオルン半島と 235 の島からなる．

【気　候】
(1) 温暖冬季少雨気候（Cw），四季がみられる．

1842 年：第 1 次アヘン戦争，1860 年：第 2 次アヘン戦争．
1898 年，99 年，イギリスがホンコン，カオルン，アンチョワン島と周辺 235 の島々を租借．
1997 年，中国に返還．50 年間は旧租借地の資本主義社会経済を認める．

【経済環境】（中継貿易地，観光地，金融，低税，食料は輸入）
(1) 製造業：繊維，一般機械，電気機械，精密機械，組み立て工業，造船他．

【言語・民族・宗教】中国（広東）語，英語他；中国人，フィリピン人，イギリス人他；仏教，道教，キリスト教他．

台　湾
【地　勢】
(1) 環太平洋造山帯の一部．
(2) タイペイ（台北）東縁ダートゥン（大屯）火山群，中央に台湾山脈（1999 年，逆断層の大地震，100 km 以上），玉山山脈，雪山山脈．
(3) 東海岸は断崖絶壁，北部と西部に広い平原．
(4) 北回帰線がほぼ中央部を通る．

【気　候】
(1) モンスーンの影響がみられる温暖冬季乾燥気候（Cw）とサバナ気候（Aw），熱帯雨林気候（弱い乾季）（Am），(2) 台風の通過コース．

【経済環境】（NIES　GNI は先進国並み）
(1) 農・牧・林・水産：米，トウモロコシ，サトウキビ，茶，バナナ，パイナップル，落花生，リンゴ（阿里山），牛，豚，羊，山羊，アヒル，ウナギ，エビ（養殖）他．
(2) 天然資源：石油，天然ガス，硫黄，塩
(3) 製造業：食品・食肉加工，繊維，化学，電気，機械，自動車，一般機械，造船，セメント，電子産業他．

【言語・民族・宗教】中国語（公），台湾語他；漢族，アミ族，タイヤル族，パイワン族，ブヌン族，ルカイ族，ブマ族，タロコ族，ツオウ族，サンシャット族，クオ（ヤミ）族；仏教，道教，儒教他．

朝鮮半島の自然と産業

朝鮮半島の地下資源，工業と都市

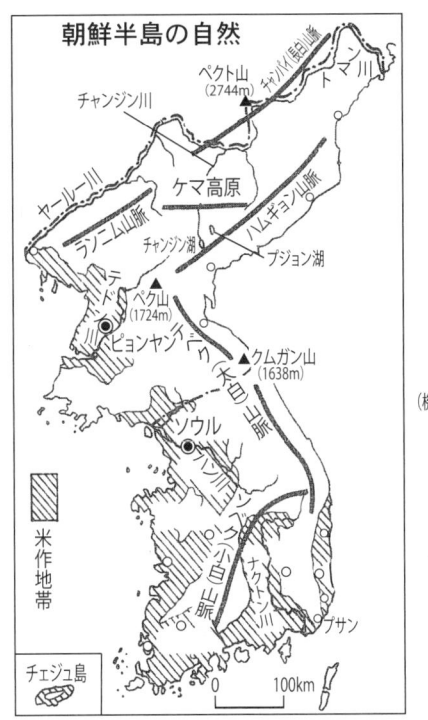

【朝鮮半島地勢】
(1) 中生代古期造山帯：チャンペク（長白），ランニム（狼林），テベク（太白）山脈，ケマ高原など長い間の風化侵食で準平原化，奇山が多い．
(2) 東側：急崖単調な海岸線．
(3) 西側と南側：平坦な沖積平野とリアス式海岸．

【朝鮮半島の気候】
(1) 降雪少ない大陸性混合林気候（Dwa），北部と中部の冬は三寒四温，南部は夏高温多雨，冬寒冷乾燥の温暖湿潤気候（Cfa）．
家屋：オンドル形式．

朝鮮民主主義人民共和国

【経済環境】（先軍政策と計画経済で産業と経済の遅れ，独特の農業活動，大部分森林地帯，狭い耕作地，畑作中心，食糧不足）
(1) 農牧林水産：小麦，大麦，米，トウモロコシ，麦類，雑穀，綿花，牧畜，マユ他．
(2) 天然資源（中国に開発を委ねている）：石炭，鉄，銅，タングステン，金，銀他．
(3) 製造業（主要産業，工業生産力，設備，技術など，発展途上）：①ピョンヤン（平壌）工業地区：食品・食肉加工，皮革，製材，パルプ，化学肥料，セメント，製油，②ケソン（開城）工業団地：衣類・日用品．

大韓民国

【経済環境】（主要産業は電子，自動車，石油，化学，造船他　農村の近代化運動（セマウル）の結果，生産向上
(1) 農牧林水産：米，小麦，大麦，トウモロコシ，ジャガイモ，ゴマ，大豆，蔬菜，のり，アミ，タラ，イカ他．
(2) 天然資源：石油，石炭，天然ガス，鉄，鉛，亜鉛鉱他．
(3) 製造業
①ソウル・インチョン工業地帯（首都工業地帯）：ソウル（機械，精油，電子他），インチョン（製鋼，自動車，電子），スウォン（機械），②チュジュ・チョンジュ工業地帯：テジョン（繊維），クンサン（機械），チョンジュ（化学繊維），③テグ・クミ工業地帯：テグ（化学，繊維），クミ（機械，電子），④クアンジュ・モクポ工業地帯：クワンジュ（自動車，電子），モクポ（食品），⑤南東工業地帯：コジエ（造船），プサン（鉄鋼，機械，電子），ウルサン（造船，自動車，化学），マサン（機械，自由貿易地域），サチョン（造船），チャンクウォン（機械），ポハン（鉄鋼）他．

出典：アジア経済研究所資料他

朝鮮半島の自然と産業 ▶13

東南アジアの自然環境・産業・人文

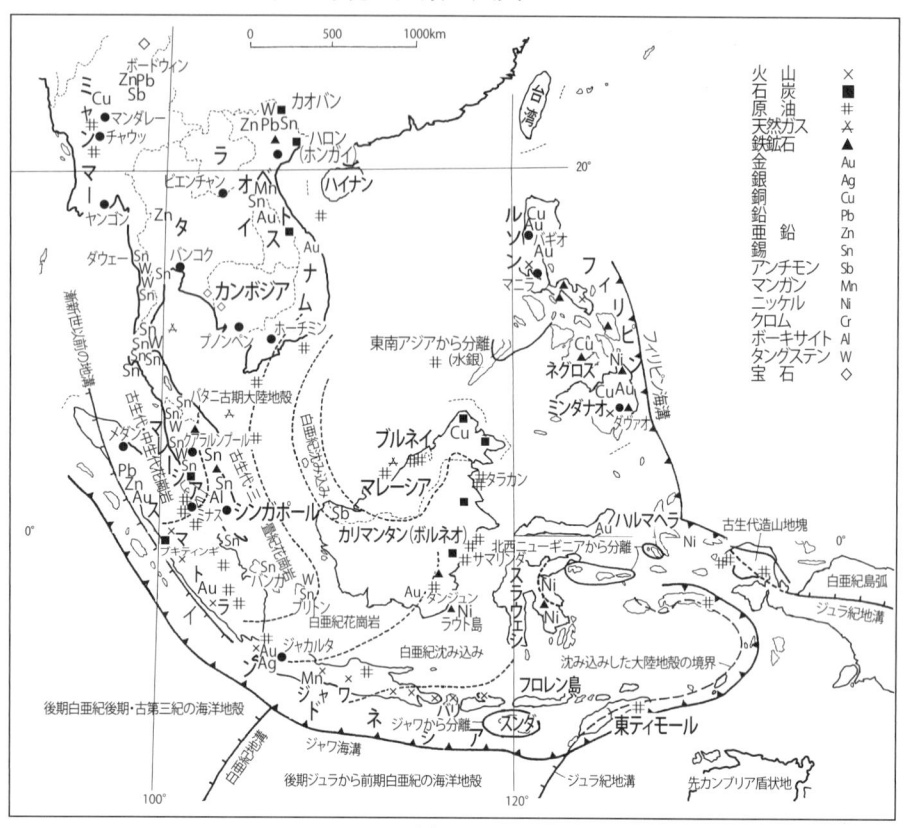

(ディルケ地図帳1996, オックスフォード地図帳1996,『世界の地質』岩波書店他)

東南アジアの気候区・作物

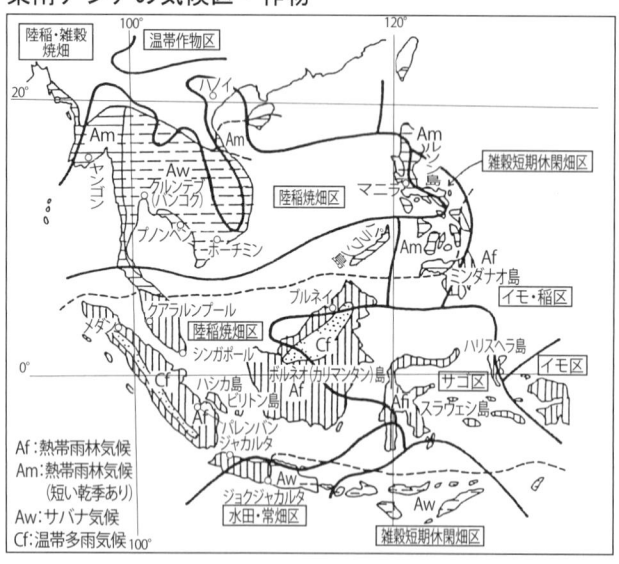

Af:熱帯雨林気候
Am:熱帯雨林気候（短い乾季あり）
Aw:サバナ気候
Cf:温帯多雨気候

(髙谷好一:『アジアの自然と土地利用』勁草書房に加筆訂正)

東南アジア諸国の言語・民族・宗教

国名	言語(公)公用語	民族	宗教
インドネシア	インドネシア語(国語),ジャワ語,スンダ語,バリ語,マドゥーラ語ほか710以上.	ジャワ人,スンダ人,マドゥラ人,中国人ほか360以上	イスラーム,キリスト教,ヒンズー教,仏教,民族的伝統宗教
カンボジア	クメール語(公),チャム語ほか少数民族語	クメール人,中国人,チャム人	上座仏教,イスラーム,キリスト教,民族的伝統宗教
シンガポール	中国語,英語,マレー語,タミル語(公用語)	中国人,マレー人,インド人	仏教,キリスト教,イスラーム,ヒンズー教
タイ	タイ語(公),英語他	タイ人,中国人,ミャンマー人,ラオス人,カンボジア人	上座仏教,イスラーム,キリスト教,ヒンズー教,民族的伝統宗教
ベトナム	ベトナム語(公),チャム語,クメール語,ムオ語,タイー語,ヌン語他多数	ベトナム人(キン),チャム人,ターイ人,カンボジア人ほか多数	上座仏教,キリスト教,ホアハオ教,カオダイ教ほか
マレーシア	マレー語(国語),タミル語,中国語,英語	マレー(プミトラ)人,中国人,インド人ほか	イスラム,仏教,キリスト教,ヒンズー教,儒教,道教
ミャンマー	ビルマ語(公),カチン語,チン語,カレン語,シャン語他	ミャンマー人,シャン人,カレン人,モン人,カチン人,中国人,その他多数	上座仏教,キリスト教,イスラーム,ヒンズー教,民族的伝統宗教
ラオス	ラオス語(公),地方方言多い	低地ラオ人,丘陵ラオ人,高地ラオ人	上座仏教,キリスト教
東ティモール	テトゥン語(公),ポルトガル語(公),インドネシア語,英語	テトゥン人(メラネシア系),マレー人,中国人	キリスト教,民族的伝統宗教,イスラーム,仏教

(公):公用語

ブルネイ・ダルサラーム国（飛び地国）

【地勢・気候】大部分丘陵地，平野：沿岸と河谷（小規模）；熱帯雨林気候(Af)
【経済環境】（石油経済，天然ガスは日本に輸出．医療・教育費無料，納税なし）農業：米，コショウ，バナナ，コルクガシ，ゴム，牛，水牛，羊，硬材他；天然資源：石油，天然ガス；製造業：石油製品，用材
【言語・民族・宗教】マレー語(公)，英語，中国語；マレー人；イスラーム，民族的伝統宗教，仏教，キリスト教他．

7000余の島々のフィリピン

フィリピンの気候と作物

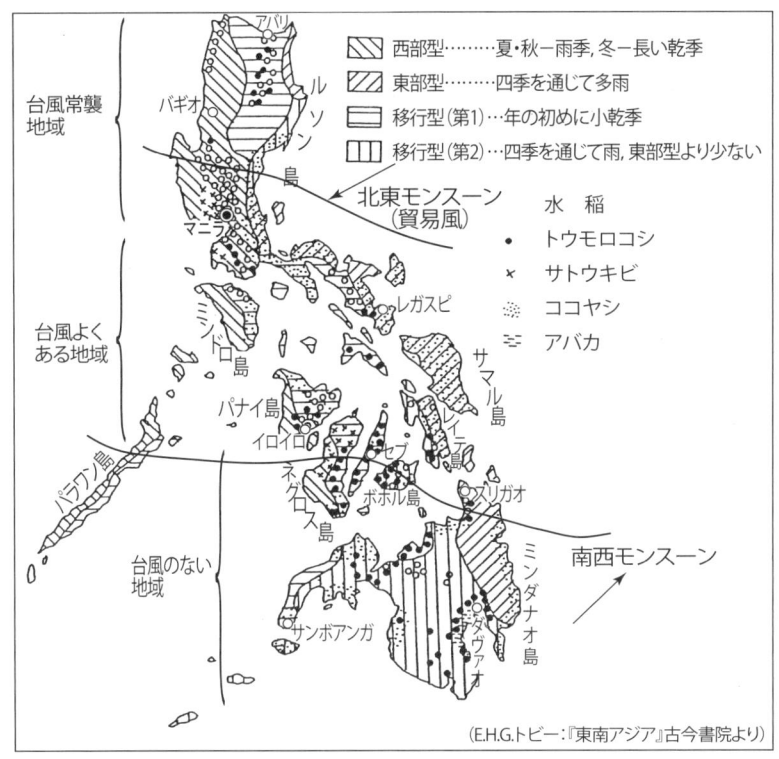

(E.H.G.トビー:『東南アジア』古今書院より)

フィリピン共和国

【地　勢】
(1) 環太平洋造山帯の島嶼国，7,000以上の島々．
(2) 火山噴火と地震が多い（1999年ルソン島ピナトゥボ火山の噴火大被害）．
(3) 海岸沿いに小規模な沖積平野と珊瑚礁．

【気　候】
(1) 東部は熱帯雨林気候（Af）．
(2) 北部と中部は熱帯雨林気候（弱い乾季あり）（Am）．

【経済環境】(1960年「緑の革命」で米の収量増大，大土地所有制，プランテーション）
(1) 農牧林水産（大部分の島で米，ココヤシ，アバカを栽培），ルソン・ミンドロ島：米（イフガオ族の棚田），タバコ，サトウキビ，コプラ他，ミンダナオ島：トウモロコシ，カカオ，コーヒー，バナナ，パイナップル（日本資本のプランテーション），パナイ島：トウモロコシ，馬（山麓利用）他，セブ島：トウモロコシ，サトウキビ，コプラ，馬，牛，豚，羊他，ラワン，マホガニー，マングローブ，シタン，コクタン，エビ，マグロ，ベッコウガイ他
(2) 天然資源：石炭，石油，天然ガス，銅，亜鉛，コバルト，金他
(3) 製造業：食品・食肉加工，酪製品，化学，電気製品，自動車，石油製品他．

【言語・民族・宗教】タガログ語（公），英語（公），チャバカノ語（スペイン語系），中国語他170以上；タガログ族，イフガオ族，イゴロト族，モロ族，ビサヤ族，セブアノ族，中国人，混血他；キリスト教（カトリック，プロテスタント），イスラーム（ミンダナオ島），仏教他

ベトナムの工業地帯と東南アジアの国々

（『アトラス ダイアリーベトナム』より）

ベトナム社会主義共和国
【地 勢】
(1) アンナン（チュオンソン）山脈の東側，東西は狭く，南北に長い．
(2) 平野：北部ホン川（断層線に沿って流れる）流域とトンキン湾岸，南部のメコン川流域，米作中心地．

【気 候】
(1) 北部：温暖冬季少雨気候（Cw）．
(2) 南部：サバナ気候（Aw）．

【経済環境】（1986年ドイモイ政策により農業から消費材工業へ，高速鉄道計画（ハノイ～ホーチミン））
(1) 農・牧・林・水産：米，トウモロコシ，キャッサバ，大豆，落花生，サトウキビ，バナナ，ジュート，天然ゴム，木材，小魚他．
(2) 天然資源：石油，石炭，天然ガス，鉄鉱，ボーキサイト，鉛，亜鉛，錫，チタン，金，クロム，ウラン，レアメタル他．
(3) 製造業：食品・食肉加工，金属，機械，電子，電気機械，自動車，化学，肥料，造船他．

タイ王国
【地 勢】
(1) 北部：ヒマラヤ山脈の延長部．
(2) 東北部：コラート台地，起伏の多い砂岩質の丘陵．
(3) 中央部：チャオプラヤ川の大氾濫原の沖積平野．
(4) タイ湾：沿岸は狭い海岸平野．

【気 候】
(1) 中央部：熱帯サバナ気候（Aw），スコールもみられる．
(2) 南東・南西部：熱帯雨林気候（弱い乾季あり）（Am）．

【経済環境】（80年代から工業団地造成，自動車，コンピュータ，電機，電子，石油化学などの産業が発展）
(1) 農・牧・林・水産（浮き稲：水田の水位が上がると茎が伸び，水面に穂をつける稲）：米，トウモロコシ，キャッサバ，サトウキビ，大豆，落花生，天然ゴム，茶，ケシ（北部の山地：非公認），牛，水牛，チーク，シタン，コクタン，ユーカリ（プランテーション），淡水魚．
(2) 天然資源：石炭，石油，天然ガス，鉄鉱，錫，タングステン，金，レアメタル他．
(3) 製造業（工業製品は，バンコクを中心に8つの工業団地とチェンマイ，ナコンラチャシマなどで生産）：電子，電気，機械，自動車，金属，繊維，化学肥料，石油製品，ゴム，セメント，造船他．

マレーシア
【地 勢】
(1) マレー半島の主軸：山地は中生代の花崗岩（錫の産地），砂岩，石灰岩（カルスト地形）．準平原化．
(2) 土壌：ラトソル土．
(3) 海岸線に狭小な沖積平野，マングローブ，カリマンタン（サバ，サラワク）は泥炭の沼沢地．

【気 候】
(1) 熱帯雨林気候（Af），スマトラス（突風）がみられる．

【経済環境】（ブミプトラ政策で民族間に対立，ルックイースト，工業化政策で，経済の高度成長，輸出型産業に移行，海岸線と鉄道沿線にゴムのプランテーション）
(1) 農・牧・林・水産（米，小麦，トウモロコシ，キャッサバ，ココナッツ，バナナ，コーヒー，カカオ，茶，天然ゴム，馬，牛，水牛，ヤシ，ヒルガオ類，シタン，コクタン，ラワン，トロール漁業他．
(2) 天然資源：錫，ボーキサイト，鉄，チタン，金，レアメタル，石油，天然ガス他．
(3) 製造業：食品・食肉加工，石油製品，電気，電子，化学肥料，造船，自動車他．
(4) クラ地峡に運河計画．

ミャンマー連邦共和国
【地 勢】
(1) 北部・西部山脈：ヒマラヤ（新生代第三紀造山帯）山脈の延長部．
(2) 東部シャン高原：タイ，ラオスに延びる．
(3) エーヤワディ，シッタウン，チンドウィン，タンルイン川などは南北に流れ，流域に細長い平野，河口は肥沃な沖積平野．

【気 候】
(1) 熱帯雨林気候（弱い乾季あり）（Am），大部分は森林地域．
(2) 山地は高山気候（H）．
(3) 中央平原部：温暖冬季少雨気候（Cw）．
(4) インド洋沿岸：世界最多雨地（シットウェー）．

【経済環境】（長い間社会主義軍事政権，経済衰退，民主政治に変様，農業が主産業（モノカルチャー的））
(1) 農・牧・林・水産：米，小麦，トウモロコシ，豆類，ジュート，シタン，コクタン，ラワン他．
(2) 天然資源：石油，石炭，錫，銅，宝石（ヒスイ，ルビー，サファイア）他．
(3) 製造業（発展途上）：化学肥料，石油製品，自動車部品他．

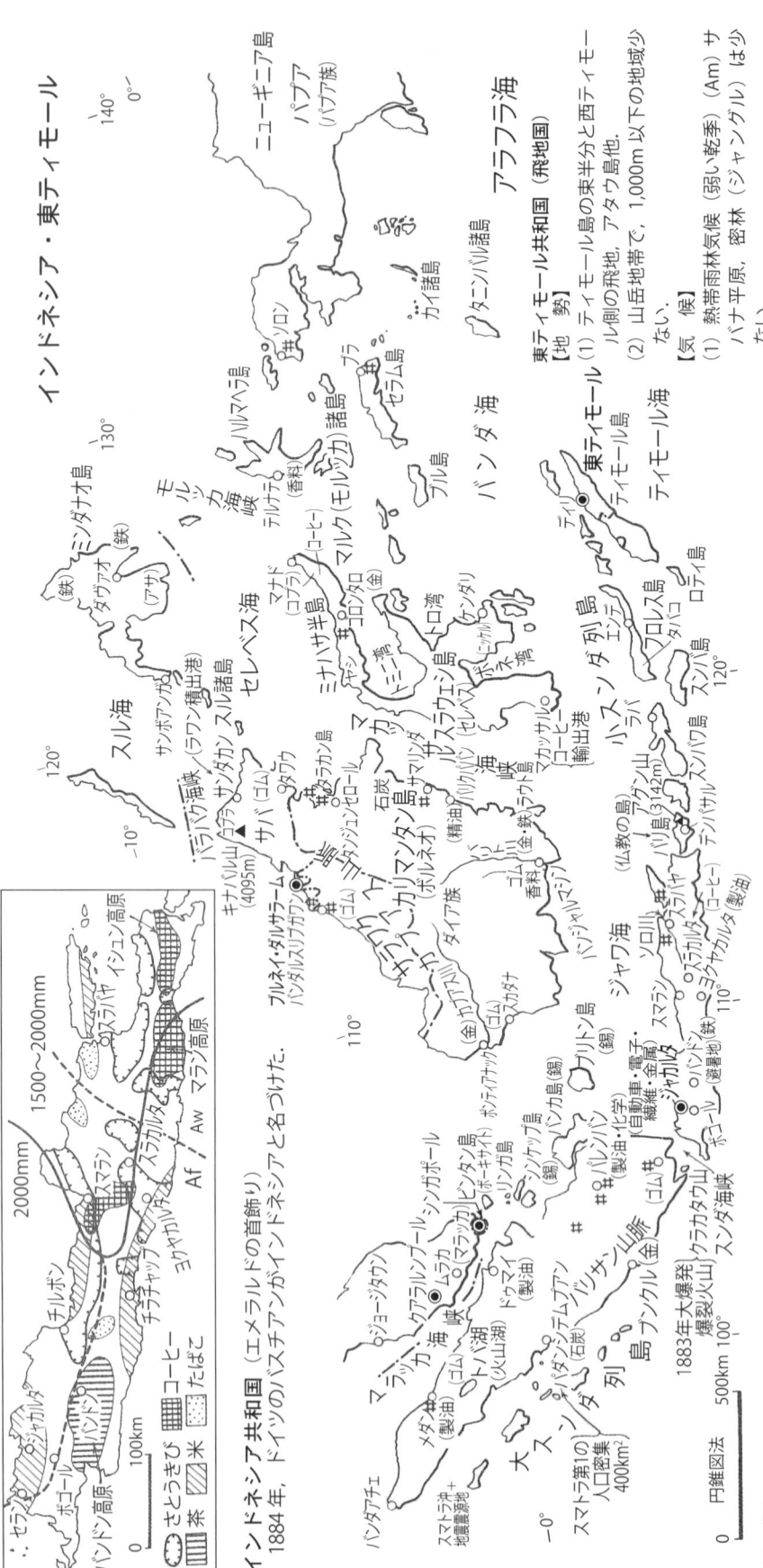

インドネシア・東ティモール

インドネシア共和国（エメラルドの首飾り）
1884年、ドイツのバスチアンがインドネシアと名づけた。

[地勢]
(1) 18,000以上の島々：①安定陸塊 カリマンタン（ボルネオ）、スンダとバンダ陸棚、②新生代第三紀造山運動（2つに区分）(i) アルプス・ヒマラヤ造山帯の延長、(ii) 環太平洋造山帯、2つの造山運動は、スラウェシ、ハルマヘラ島で接合（2島の島形が奇形）→ニューギニアへ。
(2) 火山、地震活動盛ん。ウォーレス、ウェーバー線がある。

[気候]
(1) ジャワ島中央部を境に熱帯サバナ気候 (Aw)、熱帯雨林気候 (Af) 一部に熱帯雨林気候（弱い乾季あり）(Am)。

[経済環境]（経済成長、地下資源が豊富、農業はバック耕とエステート（プランテーション）、「緑の革命」で米の三期作（3年ごとに1回）、ジャワ島東部、中部では米、トウモロコシ、キャッサバが初期の農産物交易品（香料）→米、トウモロコシ、キャッサバ、バニラ、
(1) 農牧林水産（畜産と農林・水産）：米、トウモロコシ、キャッサバ、芋類、落花生、バナナ、コーヒー、カカオ、コプラ、タバコ、天然ゴム、馬、牛、水牛、豚、鶏卵、ココナッツ、サトウキビ、コーヒー豆、天然ゴム、コショウ、ニッケル。
(2) 天然資源：石炭、石油、天然ガス、鉄鋼、銅鉱、ニッケル、ボーキサイト、錫、コバルト他。
(3) 製造業（ジャカルタ、スラバヤなど大都市が中心）：食品・食肉加工、製紙、石油製品、造船、金属、電気機械、自動車他。

東ティモール共和国（飛地国）

[地勢]
(1) ティモール島の東半分と西ティモール側の飛地、アタウロ島他。
(2) 山岳地帯で、1,000m以下の地域少ない。

[気候]
(1) 熱帯雨林気候（弱い乾季）(Am) サバナ平原、密林（ジャングル）はない。
(2) オーストラリア系の植物相が多い。

[経済環境]（畜産と農林・水産）農産物が主要輸出産業
(1) 農・牧・林・水産（一部にバック耕）：米、トウモロコシ、キャッサバ、芋類、落花生、バナナ、コーヒー、カカオ、コプラ、タバコ、天然ゴム、馬、牛、水牛、豚、鶏卵。製造業：食品・食肉加工、油脂。
(2) 天然資源：石油。

インド半島の自然

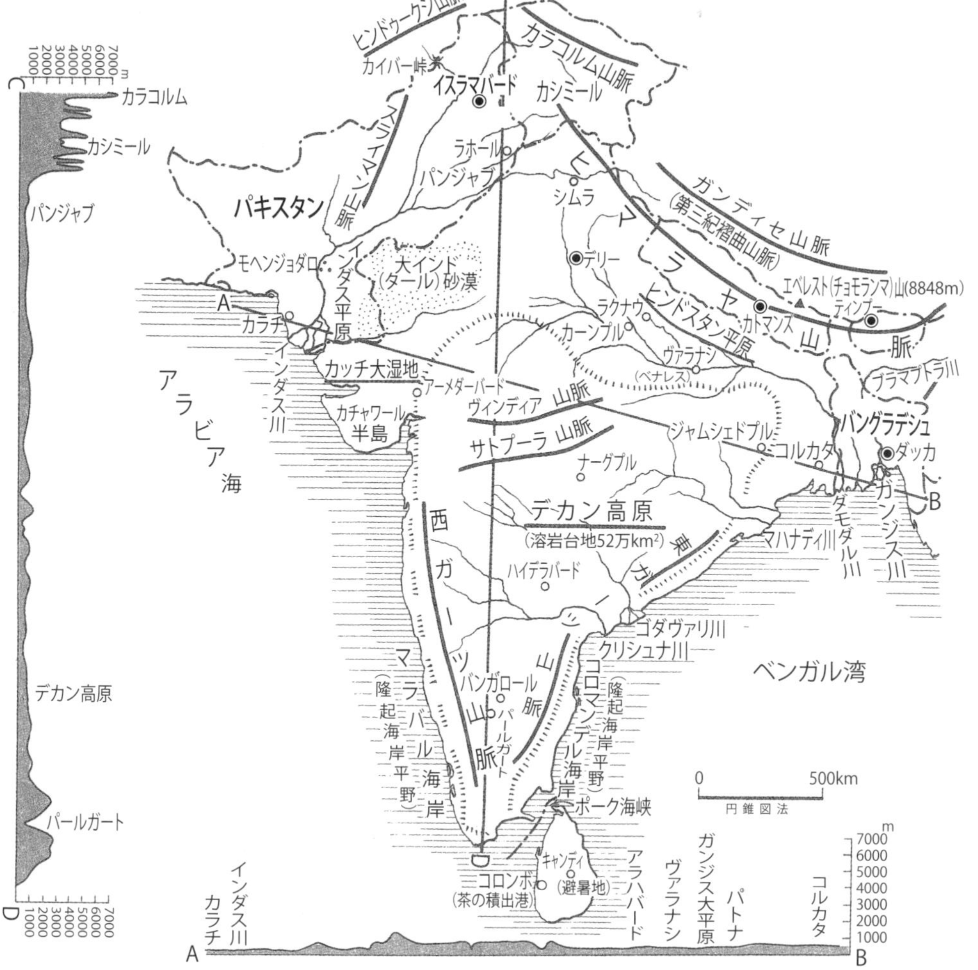

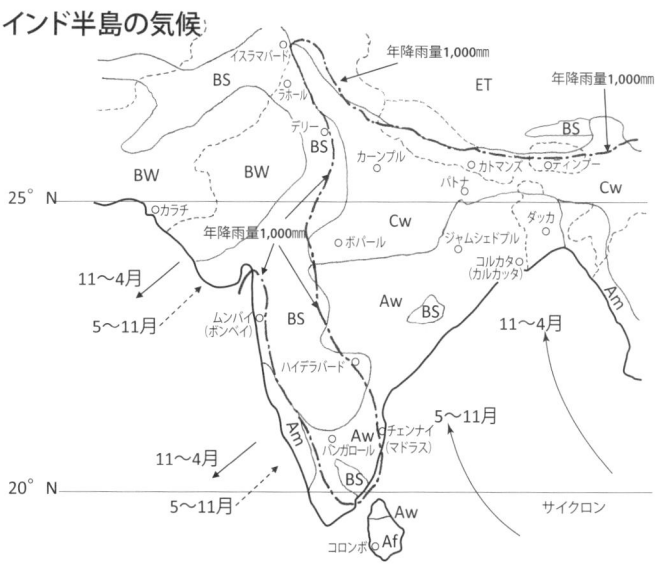

【地勢】
(1) インド・オーストラリアプレート（ゴンドワナ陸塊の一部）とユーラシア陸塊の衝突によって形成.
(2) インド亜大陸は3つに区分：①新生代第三紀褶曲隆起運動：ヒマラヤ（最高峰エベレスト山：チョモランマ, サガルマータ；8,848m）, カラコルム山脈, パミール高原（世界の屋根）②ヒンドスタン平原：ガンジス, フーグリー, ブラマプトラ川などによる肥沃な沖積平野 河口に広大な三角州, 米, ジュートなどの大産地, ③デカン高原（溶岩台地：安定陸塊, 1965年に地震あり）. 中央部にヴィンディア, サトプーラ山脈, 東側；東ガーツ山脈, 西側；西ガーツ山脈, 南端接合地にニルギリ丘陵. 土壌はレグール土（綿花土）, 綿花, 小麦, トウモロコシ, 落花生などの大産地. 両ガーツ山脈の海岸平野米作産地.

【気候】
(1) 大部分が熱帯, 乾燥帯気候, その他：熱帯雨林気候（弱い乾季あり）(Am), サバナ気候 (Aw). 北緯25°付近温暖冬季少雨気候 (Cw), 砂漠気候 (BW), タール砂漠（大インド砂漠）周辺はステップ気候 (BS), ②北部山岳地帯は高山気候 (H), ③南インドにはマンゴー（夕立：雨季の前兆）がみられる, ④低気圧（サイクロン）がみられる.

【言語・民族・宗教】
ヒンディー語（公）, 英語, アッサム語, ウルドゥ語, その他民族語多数（800種以上）地域によって使用する言語（憲法に記載された22言語）が異なる；インド・アーリア族, ドラヴィタ族の混血, チベット・ビルマ系他；ヒンズー教, イスラーム, キリスト教, シーク教, 仏教, ジャイナ教他.

インド半島の農業・モルジブ・スリランカ

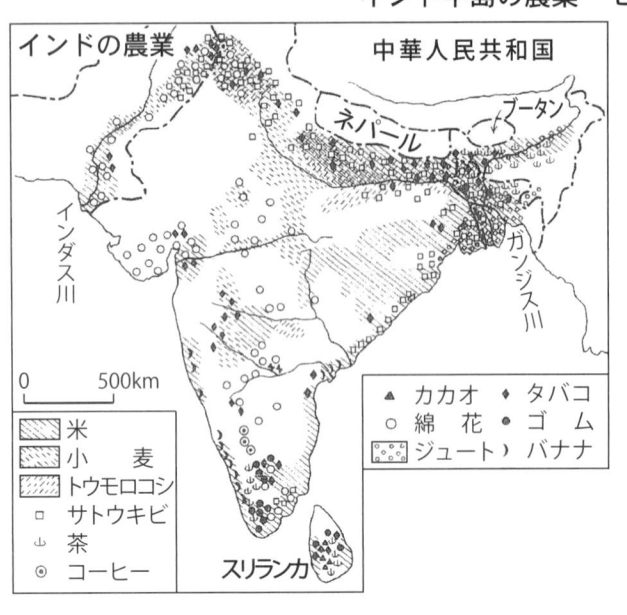

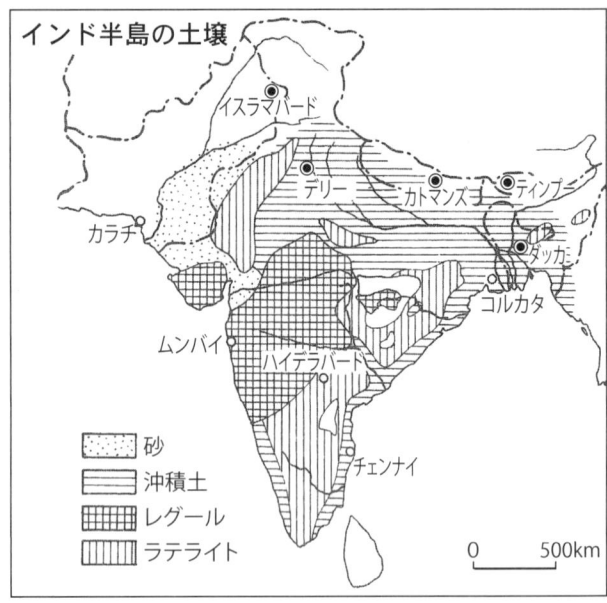

【経済環境】（綿花，小麦，ジュート，茶，繊維工業の経済から有力新興国 BRICS（ブラジル，ロシア，インド，中国，南アフリカ），電子産業，自動車，化学などの産業発達）．
(1) 農・牧・林・水産（ザミンダーリー制：おもに北インドで実施，零細農家，労働性・生産性ともに低い）

農作物	地域特徴	主要地域
米	年降雨量1,000mm以上の多雨沖積平野	ガンジス川中・下流，半島南西の海岸平野
小麦	小雨地域，灌漑施設地	パンジャブ地方，デカン高原
トウモロコシ	飼料用，台地，山麓など	全地域
サトウキビ	少雨で乾燥の明確な地域	ガンジス川中・上流，パンジャブ
落花生	小雨地	デカン高原
綿花	小雨地，レグール土，灌漑地	パンジャブ地方，デカン高原
ジュート	多雨な沖積平野	ガンジス三角州
茶	多雨で気温の寒暖が大きい山麓地 プランテーション栽培	北東部，半島中部，ダージリン，アッサム丘陵
ゴム	高温多雨地	チララ州山麓

牛は神聖な動物として信仰の対象．カースト制度は法的には廃止．

モルジブ共和国
【地勢】
(1) 火山性の山嶺，堡礁，環礁，裾礁の島々．
(2) 19の諸島群と2,000以上の島々，居住地は203程の島．
【気候】
(1) 熱帯雨林気候（Af）．
【経済環境】（漁業と観光が中心の発展途上国）
(1) 農・牧・林・水産（米，エネルギー，燃料など生活必需品は輸入）：トウモロコシ，イモ類，ココナッツ，コプラ，バナナ，パンノキ，ヤシ，マグロ，カツオ，イワシ他．
(2) 製造業：水産加工，食品加工他．
【言語・民族・宗教】：ディヴェヒ語（公），地方語が多い；シンハラ族，ドラヴィタ族，両族の混血他；イスラーム（スンニ派）．

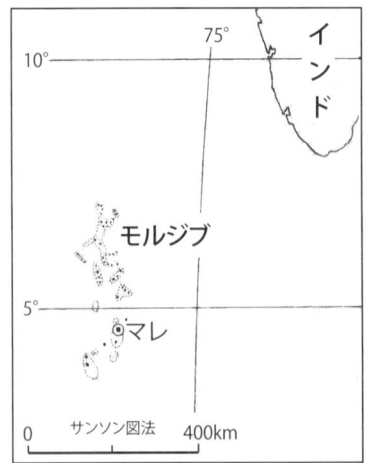

スリランカ民主社会主義共和国
【地勢】
(1) 安定睦塊，(2) 南西のアダムスピーク山（スリー・パーダ：2,243m）は，ヒンズー教，仏教，キリスト教，イスラームの聖地．
【気候】
(1) 南半分は熱帯雨林気候（Af），北半分はサバナ気候（Aw），(2) 山岳地帯は比較的冷涼．
【経済環境】（工業化政策により経済成長率はやや向上，米，茶，天然ゴム，チークのプランテーションが主要産業）
(1) 農・牧・林：米，トウモロコシ，キャッサバ，落花生，コーヒー，サトウキビ．パイナップル，柑橘類他．
(2) 天然資源：グラファイト（黒鉛），鉄鉱，チタン，宝石他．
(3) 製造業：繊維，油脂，化学肥料，石油製品，セメント，造船他．
【言語・民族・宗教】シンハラ語（公），タミル語（公），英語，その他；シンハラ人，タミル人，ムーア人，マレー系他；上座部仏教，イスラーム，ヒンズー教，キリスト教他．

インドの鉱工業・バングラデシュ

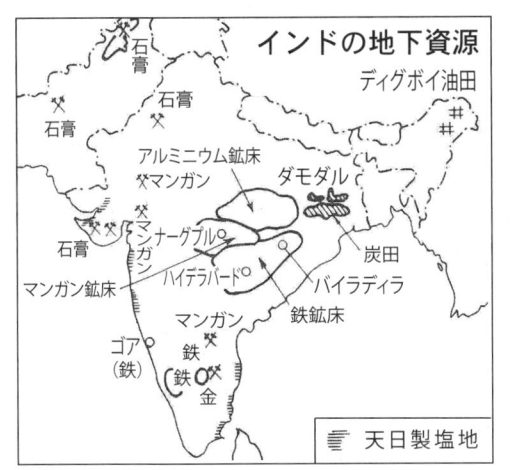

バングラデシュ人民共和国

【地 勢】
(1) ガンジス・ブラマプトラ川による肥沃な三角州と大湿地，マングローブの密林，(2) チッタゴン地域は丘陵地．

【気 候】
(1) 熱帯サバナ気候（Aw）一部は熱帯雨林気候（弱い乾季あり）（Am）．
(2) サイクロン来襲（1991年のサイクロンでは20万人の死者）．
(3) 東部は竹やランなどの生育地帯．

【経済環境】（自然災害，人口増加などで工業化政策は遅れ）
(1) 農・牧・林・水産：米，小麦，ジュート，茶，サトウキビ，ココナッツ，バナナ，パイナップル，天然ゴム，牛，水牛，竹，チーク，漁業他，
(2) 天然資源：石炭，石油，天然ガスなど，
(3) 製造業：繊維，ロープ（ジュート加工），酪製品，鉄鋼，化学，石油製品，造船，用材他

【言語・民族・宗教】ベンガル語（公），ヒンディー語，ウルドゥー語，ビハリ語；ベンガル族，アーリア系混血，チヤガール族他；イスラーム，ヒンズー教，仏教，キリスト教他．

【インド・経済環境】
(2) 天然資源：石炭，石油，天然ガス，鉄，銅，ボーキサイト，鉛，マンガン，クロム，チタン，金，銀，ウラン他．
(3) 製造業：繊維，化学，製紙，化学肥料，石油製品，自動車，電子，鉄鋼，電機，造船他．

西アジアの石油とイスラエル・パレスチナ

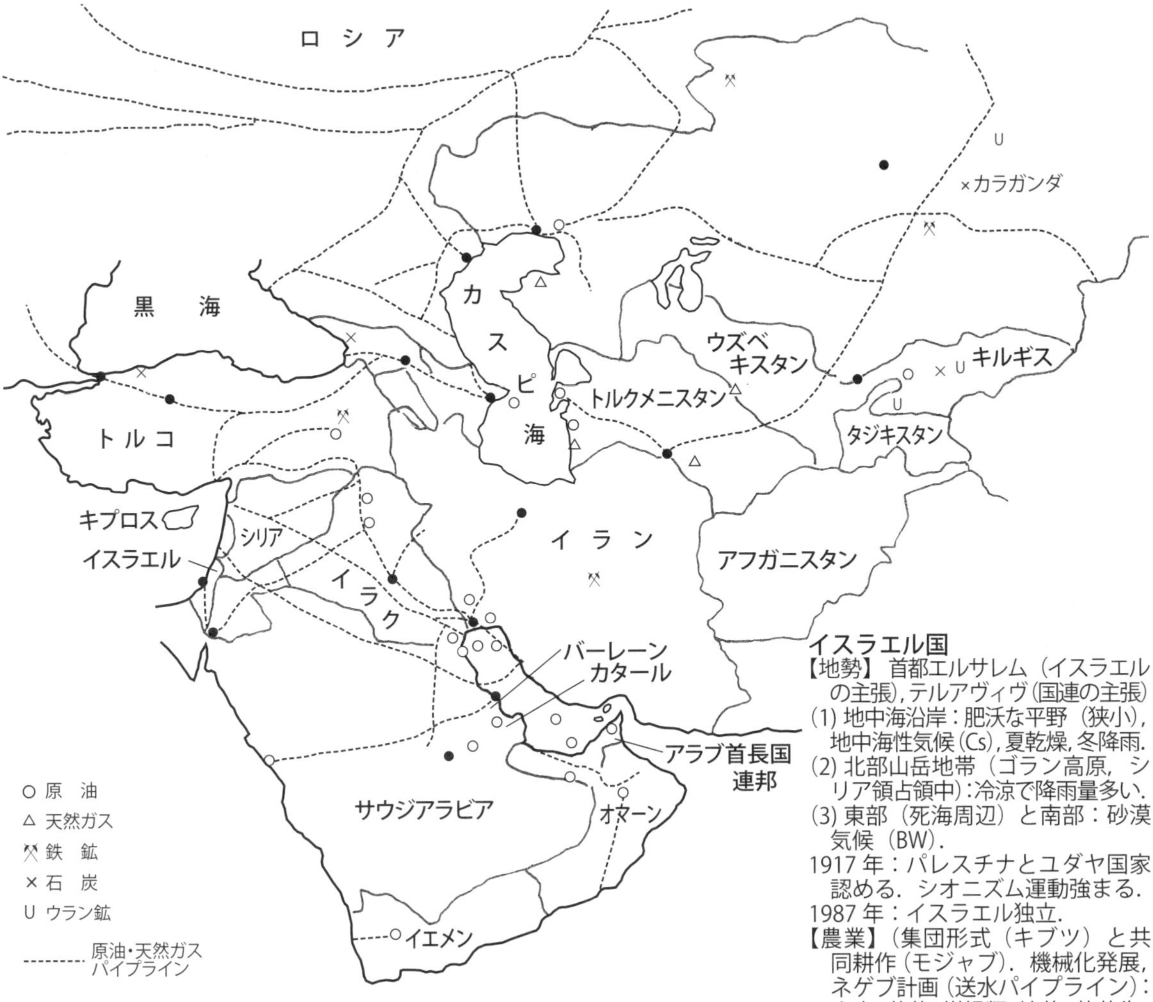

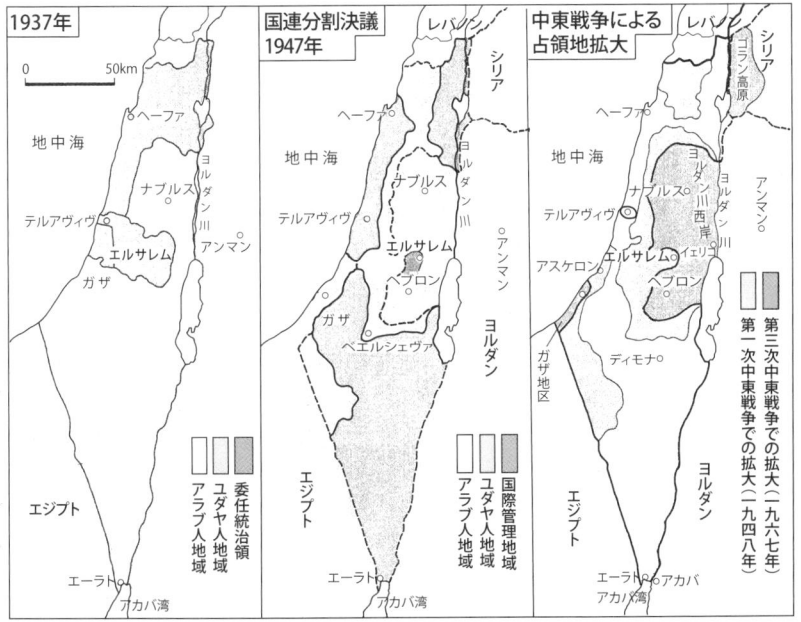

○ 原油
△ 天然ガス
⚒ 鉄鉱
× 石炭
U ウラン鉱
----- 原油・天然ガスパイプライン

イスラエル国

【地勢】首都エルサレム（イスラエルの主張），テルアヴィヴ（国連の主張）
(1) 地中海沿岸：肥沃な平野（狭小），地中海性気候（Cs），夏乾燥，冬降雨．
(2) 北部山岳地帯（ゴラン高原，シリア領占領中）：冷涼で降雨量多い．
(3) 東部（死海周辺）と南部：砂漠気候（BW）．
1917年：パレスチナとユダヤ国家認める．シオニズム運動強まる．
1987年：イスラエル独立．
【農業】集団形式（キブツ）と共同耕作（モジャブ）．機械化発展，ネゲブ計画（送水パイプライン）：小麦，蔬菜，柑橘類，綿花，落花生，牛，羊，家禽他．
【鉱工業】食品加工，酪製品，ダイヤモンド研磨，化学薬品，軍需産業，石油精製．
【言語・宗教】ヘブライ語（公），アラビア語（公），英語；ユダヤ教，イスラーム，キリスト教．

パレスチナ共和国（国家としての形態：未完成）

【地勢】首都エルサレム（イスラエル領にある）
(1) 東部アフリカ大地溝帯の延長部がある．
(2) ヨルダン川下流，死海（標高－400m）．
(3) ガザ地区：地中海性気候（Cs）．
(4) 領土の大部分をイスラエルが占領．
1947年イスラエルとパレスチナ国家分割．
【農業】果実，蔬菜，オリーブ．
【経済環境】経済援助とイスラエルへの出稼ぎ．
【言語・宗教】アラビア語（公），フランス語，英語；イスラーム，キリスト教．

西アジアの国々

トルコ共和国
①アルプス・ヒマラヤ造山帯の一部、地震が多い
②主要産業は観光、農業酪製品、石油製品、鉄鋼他
③天然資源：石炭、石油、鉄鉱地
④トルコ語(公)、クルド語
⑤キリスト教、イスラーム(スンニ)

シリア・アラブ共和国
①古代民族移動の要所
②高原(ゴラン高原、イスラエル占領中)と砂漠の国、ステップ気候(BS)と地中海気候(Cs)、砂漠気候(BW)
③綿花、小麦、レンズ豆等地
④アラビア語(公)、クルド語
⑤イスラーム(スンニ)

レバノン共和国
①細長く狭い海岸平野と山地
②イラン・イラク戦争、湾岸戦争でかつての中東における金融関係中心地
③内戦で経済衰退
④アラビア語(公)、クルド語
⑤イスラーム(スンニ派多数)

イラク共和国
①主要産業は石油、天然ガス
②イラン・イラク戦争、湾岸戦争で経済衰退
③石油、天然ガス埋蔵量世界2位と6位
④アラビア語(公)、クルド語(公)、ベドウィン派
⑤イスラーム(スンニ派とシーア派) : ムハンマドの墓

サウジアラビア王国
①高原状の安定陸塊
②大部分が砂漠
③石油、天然ガスが豊富で石油依存経済から脱却産業の多角化で石油の聖地(マッカ)、イスラーム発祥地(メッカ)、ベドウィン遊牧
④アラビア語(公)、英語
⑤イスラームの聖地(ワッハーブ派)(メッカ(マッカ)：イスラーム発祥地)(メディナ(マディーナ)：ムハンマドの墓)

アルメニア共和国
①主要産業は農業軽工業中心
②天然資源：小規模開発他
③アルメニア語(公)
④キリスト教

ジョージア(グルジア)
①主要産業は農業、牧畜(公)
②天然資源：マンガン
③ジョージア語(公)
④キリスト教

アゼルバイジャン共和国
①主要産業は農業、石油、天然ガス
②アゼルバイジャン語(公)
③イスラーム(シーア)

ウズベキスタン共和国
①砂漠とステップ、灌漑農業が盛ん、ステップ地帯で牧畜
②灌漑農業：綿花
③天然資源：石油、石炭、天然ガス、デン粉
④織物工業が盛ん
⑤ウズベク語(公)
⑥イスラーム(スンニ)

トルクメニスタン
①砂漠が多い
②主要産業は農業、牧畜
③天然資源：石油、天然ガス
④トルクメン語(公)
⑤イスラーム(スンニ)

キルギス共和国
①アルプス・ヒマラヤ造山帯地帯
②主要産業は農業(綿花栽培)、牧畜
③天然資源：多種類だが小規模未開発
④キルギス語(公)、ロシア語
⑤イスラーム(スンニ)

タジキスタン共和国
①山岳地帯
②主要産業は農業：多種類だが小規模
③天然資源：豊富だが未開発
④タジク語(公)
⑤イスラーム(スンニ)

アフガニスタン・イスラーム共和国
①山岳高原地帯
②主要産業は農業
③経済は内戦的に衰退
④天然資源：石炭
⑤パシュトゥー語(公)、パシュトゥー語
⑥イスラーム(スンニ)

パキスタン・イスラーム共和国
①山岳地帯：四季がある
②地下水路(カナート)の灌漑農業、綿工業
③小麦生産量世界第4位
④日本の石油輸入国(公)、英語
⑤ウルドゥ語(公)、英語
⑥イスラーム(スンニ)

イラン・イスラム共和国
①山脈、高原、盆地、砂漠の国、地震多い
②地下水路(カナート)の灌漑計画に力を注いでいる
③石油、天然ガス埋蔵量世界3位
④日本の石油輸入第4位
⑤ペルシア語(公)、クルド語
⑥イスラーム(シーア)

バーレーン王国
①古代からの中継貿易地
②産業の多角化、産業中心地
③アラビア語(公)
④イスラーム

クウェート国
①主要産業：石油、天然ガス
②食料はすべて輸入
③アラビア語(公)、英語
④イスラーム(スンニ)

カタール国
①石油、天然ガス埋蔵量世界第3位
②アラビア語(公)
③イスラーム

アラブ首長国連邦
①7つの首長国で構成
②ドバイは中東の交通、産業中心地
③主要産業：石油、天然ガス
④日本の石油輸入第3位
⑤アラビア語(公)
⑥イスラーム(スンニ)

オマーン国
①ステップと砂漠気候の国
②主要産業：石油、天然ガス、農業
③アラビア語(公)
④イスラーム

イエメン共和国
①アラブ発祥地
②1990年南北イエメン統一
③主要産業：石油、天然ガス、農業
④アラビア語(公)
⑤イスラーム(イバード派)(スンニ)

■ 天然ガス
● 石油
0 400km
正距方位図法

アフリカの自然環境

アフリカの地勢概要

全体：大部分はアフリカ地塊（旧ゴンドワナ地塊が分裂）が、ユーラシア地塊近くまで北上移動した高原状台地の安定陸塊、海岸線は単純.

北部：アトラス山脈、新生代第三紀アルプス・ヒマラヤ造山（褶曲）山脈の支脈、山麓の南にサハラ砂漠、リビア砂漠．サヘル地方は砂漠化が進行中．

中部：赤道直下で高温多雨地帯のため、ギニア湾岸、ニジェール川、コンゴ川流域は沖積低地と盆地．河口付近は、急流と瀑布により交通不便．内陸は高原状台地．

南部：中生代の褶曲造山運動による高原状台地、ドラケンスバーグ山脈は古期造山帯で海岸近くまで迫り、急崖．南から北に向かって低くなる．ナミブ砂漠、カラハリ砂漠．

東部：地盤が弱く地震・火山が多い．断層によるアフリカ大地溝帯（リフトバレー）は、マラウィ、タンガニーカ、ヴィクトリア、トゥルカナ湖、キリニャガ（ケニア）山、キリマンジャロ山、エチオピア高原、紅海、ヨルダン川まで続く．

アフリカの気候環境

(1) 赤道を中心に気候区が対照的に分布，(2) 大部分は乾燥気候，(3) 赤道直下地域の西部，熱帯気候，(4) 大陸の南北端，地中海性気候，(5) 東部の山岳地帯，高地気候．

地中海性気候（Cs）：①地中海沿岸地帯と南アフリカ南端部，②モロッコ，アルジェリア，チュニジア，リビアの地中海沿岸，南アフリカのケープタウン．

ステップ気候（BS）：①砂漠地帯の周辺と河岸流域の一部，②降雨がややあり丈の短い草原地帯，③オアシス地帯：アルジェリア南部，ガーナ北部，カメルーン北部，ナイジェリア北部，タンザニア中央部，ボツワナ，セネガル北部他．

砂漠気候（BW）：①南北緯度 20～30°地帯の西側と中央部に広く分布，②サハラ，ヌビア，リビア，イギデイ砂漠，サヘル地方，ナミブ，カラハリ砂漠．

サバナ気候（Aw）：①乾季と雨季があり，丈の高い草原，②アンゴラ北部，ウガンダ，エチオピア低地，ガーナ南部，ガンビア，スーダン南部，チャド南部，中央アフリカ，モザンビーク，マラウィ南部．

高山気候（H）：①東部の大地溝帯地域の山岳地，②ルアンダ，ブルンジ，タンザニア，エチオピアの高地，ケニア．

その他の気候区：①熱帯雨林気候（弱い乾季あり）（Am）：コートジボアールの一部，ギニアの一部，シエラレオネの一部他，②温暖冬季少雨気候（Cw）：アンゴラ南部，シエラレオネ北部，南アフリカ北部他，③西岸海洋性気候（Cfb）：南アフリカの一部，レソトの一部，④温暖湿潤気候（Cfa）：南アフリカの一部，レソトの一部，⑤複雑な気候区：マダガスカル島…山地，海岸，風景などに影響がみられる．⑥熱帯雨林気候（Af）：コンゴ川流域の緯度 0°の西部が主要地域．

アフリカの自然環境 ▶ 25

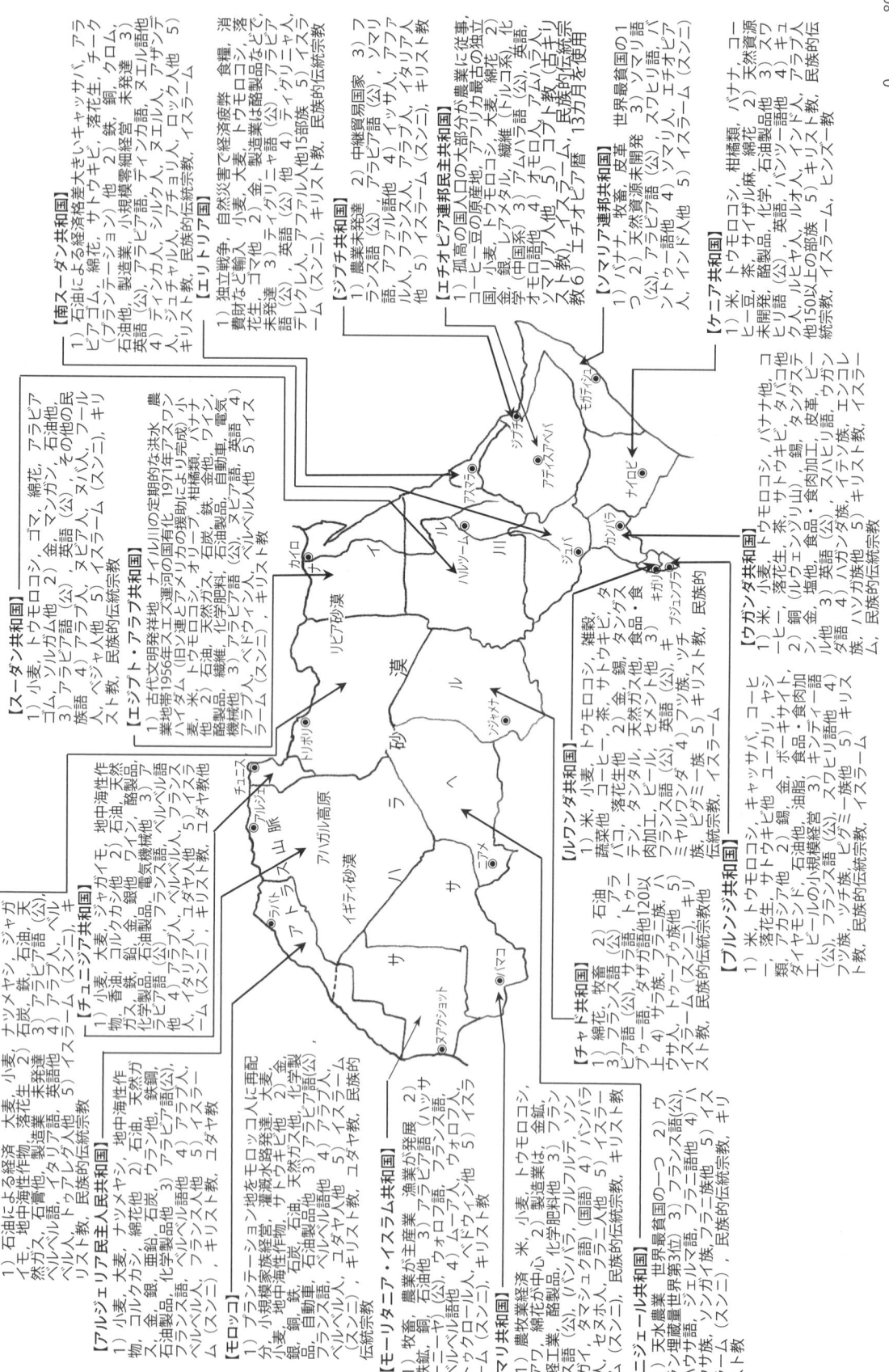

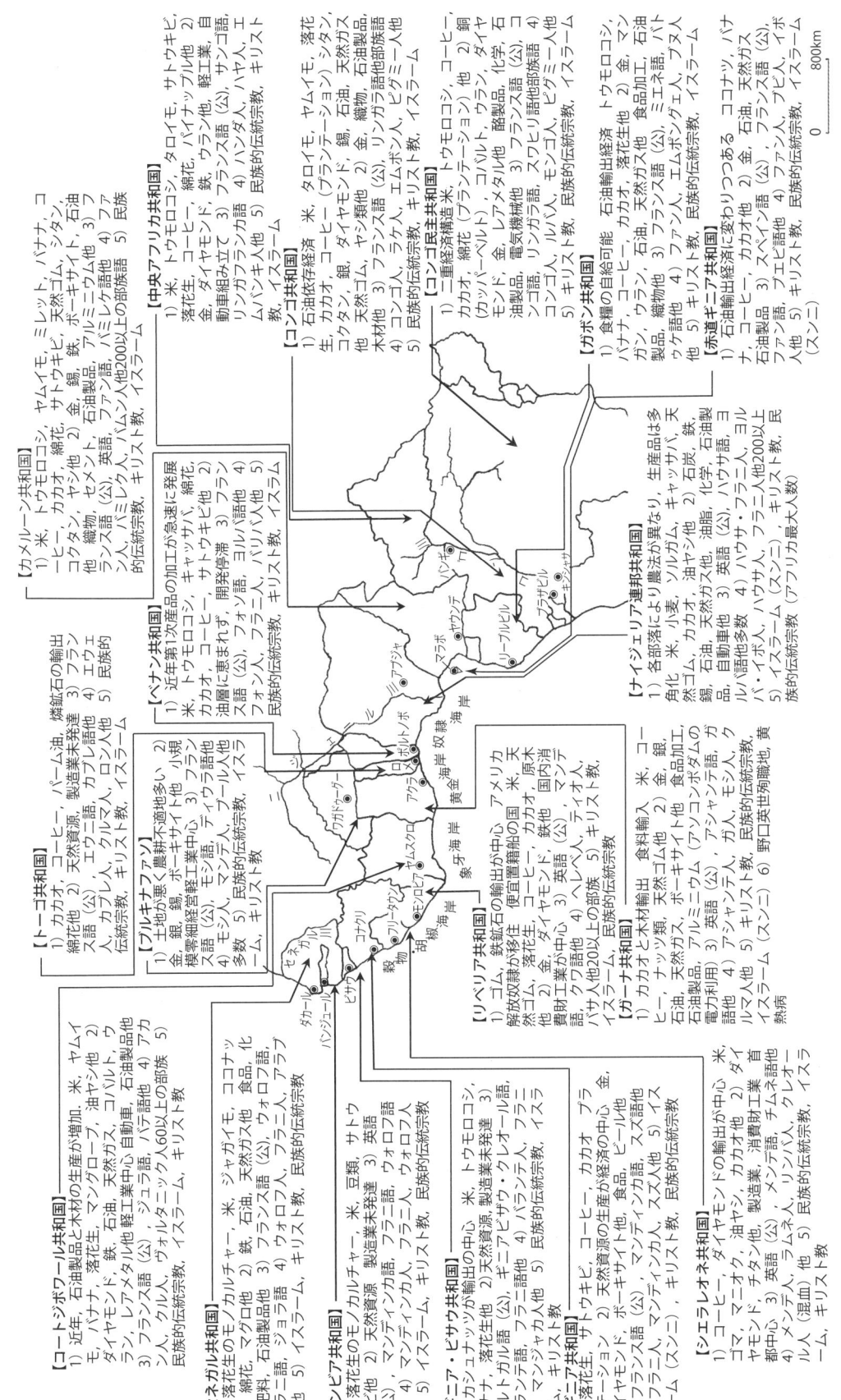

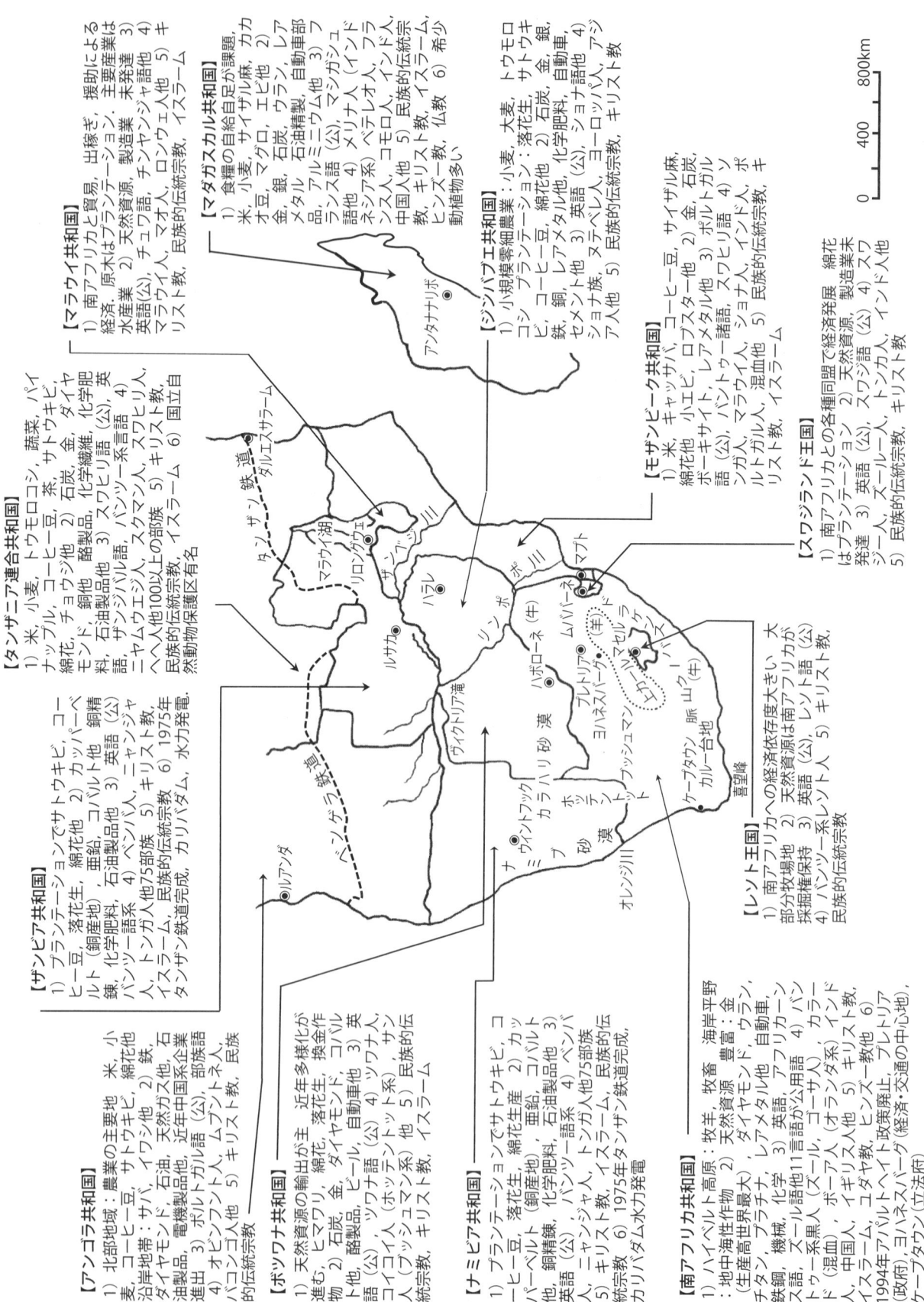

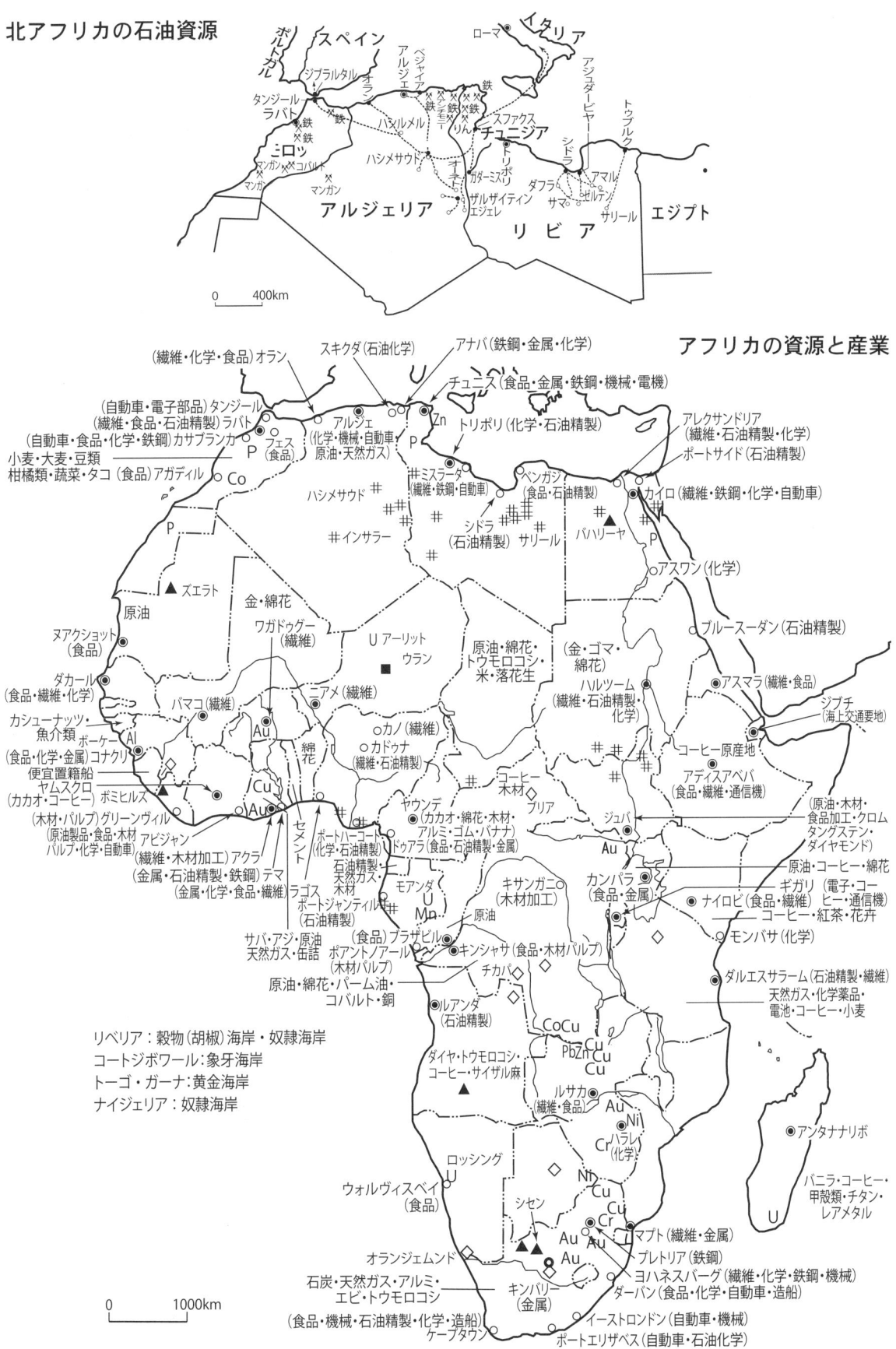

アフリカの独立・言語・人種

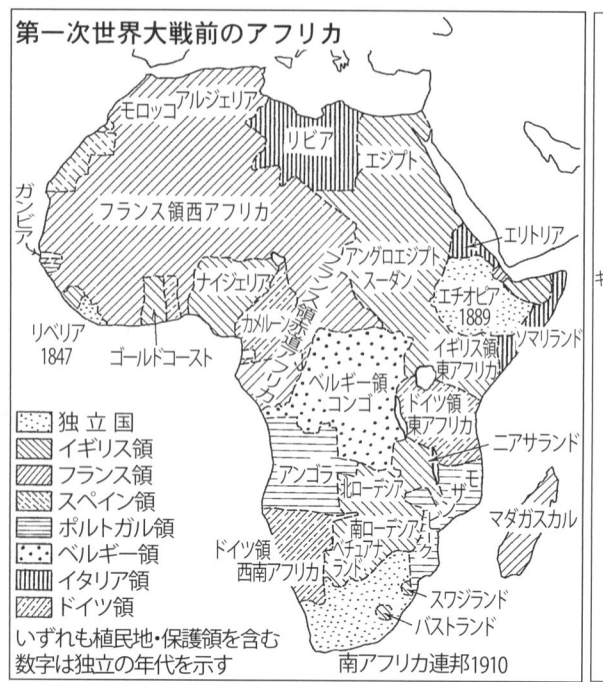

第二次世界大戦前の独立国 エジプト：1922年イギリスより形式的独立．1958年アラブ連合共和国成立．エチオピア：1889年統一．1942年イタリア軍撃退して独立．リベリア：1847年合衆国解放奴隷の共和国成立．南ア共和国：1910年連邦成立．1961年共和国（現在はイギリス連邦を離脱している）．

アフリカの独立
- 16～19世紀：奴隷貿易，アフリカが失った黒人の数 5,000万人．
- 1847年：リベリア独立（アメリカ合衆国解放奴隷の共和国成立．
- 19世紀末：アフリカ分割（ヨーロッパ列強による）．
- 1910年：南アフリカ連邦独立（1961年共和国）．
    アパルトヘイト（有色人種隔離政策）－1991年廃止．
- 1960年：「アフリカの年」17の独立国誕生．
- 1963年：アフリカ統一機構（OAU）成立．
    2002年アフリカ連合（AU）（加盟国53）
- 1970年頃～：サヘルに大干ばつ発生．
- 1993年～：食糧危機と難民の発生，各地に内戦多発．

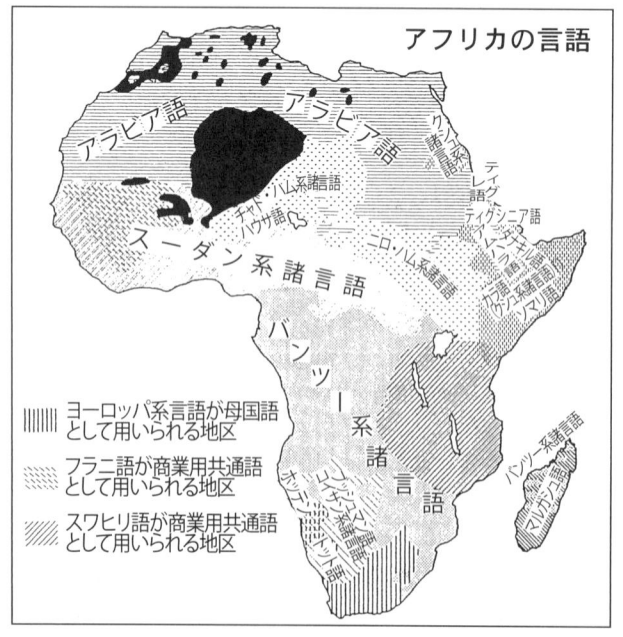

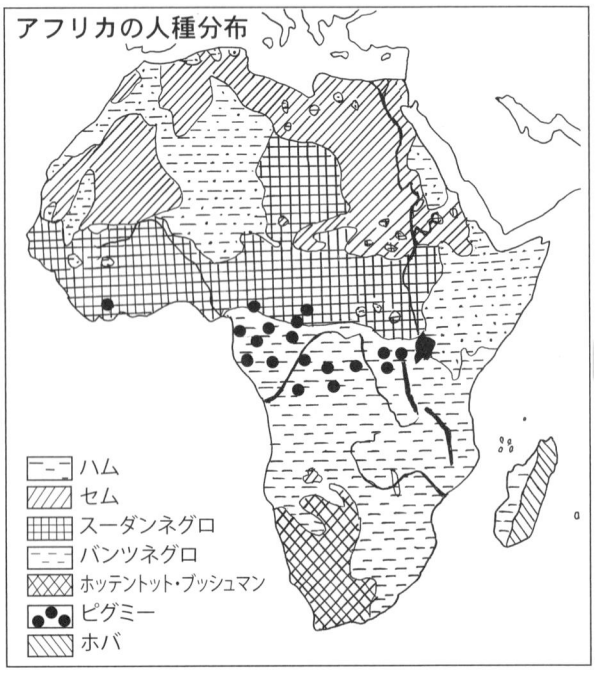

ヨーロッパの自然

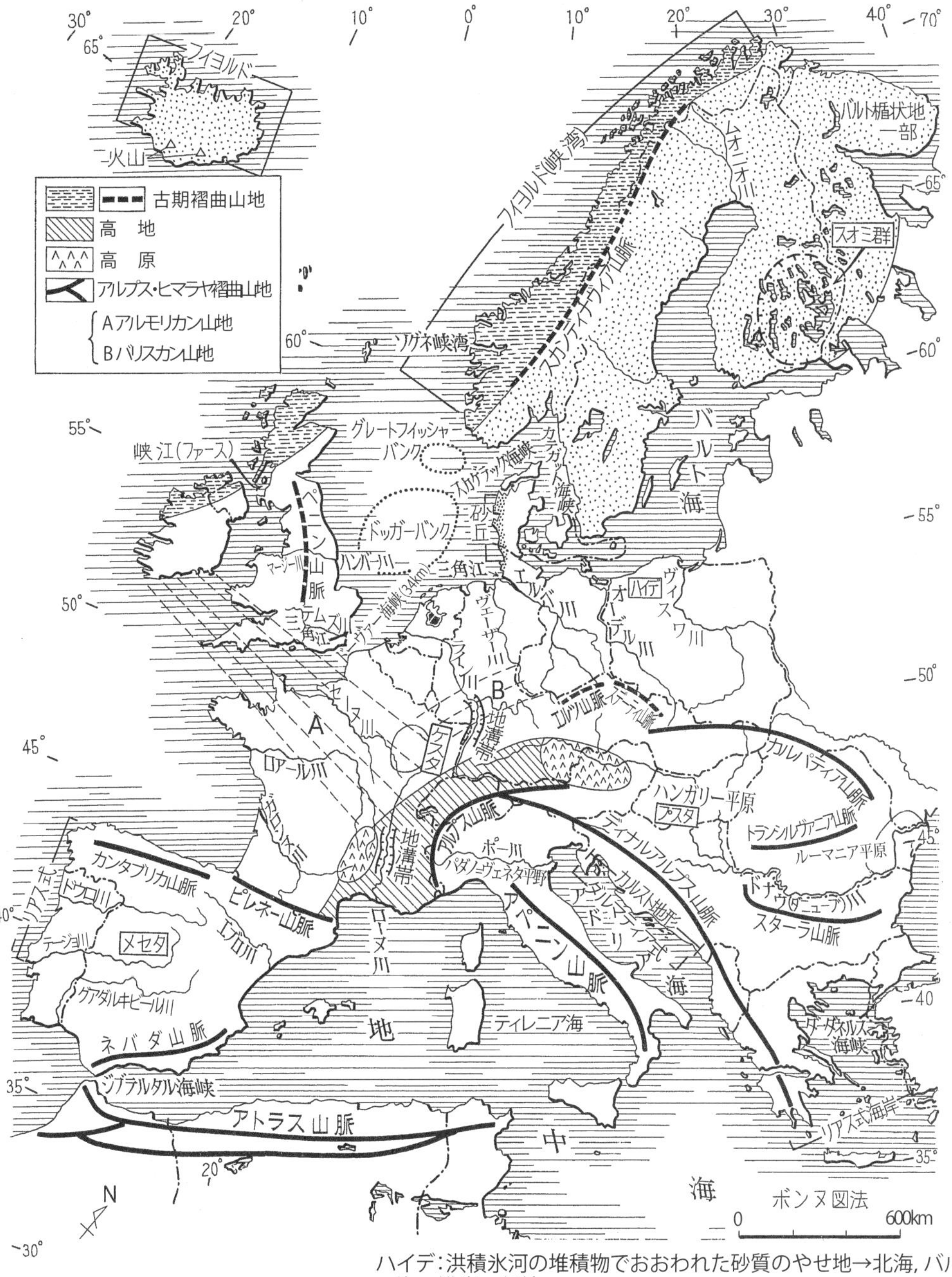

凡例
- 古期褶曲山地
- 高地
- 高原
- アルプス・ヒマラヤ褶曲山地
- A アルモリカン山地
- B バリスカン山地

ハイデ：洪積氷河の堆積物でおおわれた砂質のやせ地→北海, バルト海の沿岸の低地.

ケスタ：硬軟の互層の地層が侵食をうけ, 軟層が早くけずられて緩傾斜し, 硬層が急傾斜した地形→パリやロンドンの周辺部.

メセタ：標高640mぐらいのスペインの高原で, 国土の面積の約3分の2を占める. 羊の移牧がみられる.

プスタ：温帯性ステップで, 元来は荒れ地を指す言葉. 夏の高温乾燥, 冬の寒冷乾燥で植物の生育が悪かった. ハンガリー盆地の約3,500km²の面積がある. 現在は農耕・牧畜地となり, ヨーロッパの穀倉地帯と呼ばれている.

ムーアランド：植物の繊維部分が残って泥炭化したやせ地.

ヒース：冷涼で湿度が高い海洋性気候に生育する灌木. 酸性腐植土で農業には不適地.

モレーン：氷河が運搬して堆積した砂礫, 岩屑物.

（パリ盆地のケスタ）

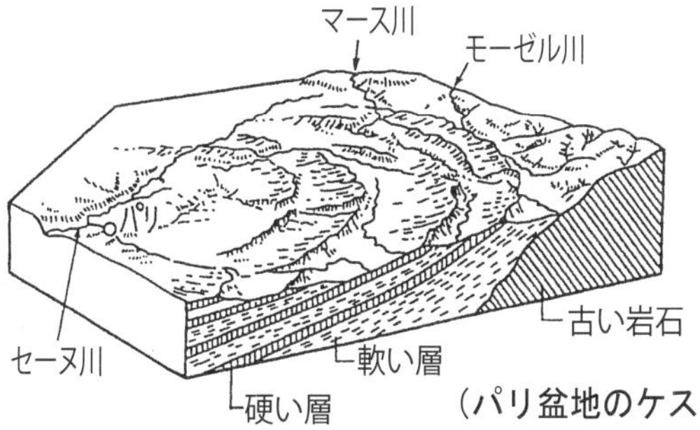

ヨーロッパの範囲と自然環境

〔1〕範囲
　ユーラシア大陸の西部を占め面積は全陸地の6.6%，緯度90°以南，南は約40°以北，東は約60°以西，西は約25°以東．西は大西洋，東はウラル山脈，カスピ海，黒海，地中海（スエズ運河）以西．ジブラルタル海峡以北．ヨーロッパ大陸の平均高度は340m（カフカスを除く）．

〔2〕ヨーロッパの地体構造
　ヨーロッパの地体構造は，大別すると（1）安定陸塊，（2）古期造山帯，（3）新期造山帯に区分される．
（1）安定陸塊のおもな地域
　①構造平野（古い地質時代の地層が侵食され地表面の起伏の少ない比較的平坦な平野）：東ヨーロッパ平野（ロシア），中央ロシア高地，ポーランド，ドイツ平原，フランス平原．
　②楯状地（ケスタ，硬・軟両層が交互にみられる地形，侵食差により軟層地が急傾斜，硬層地が緩傾斜），フェノスカンディナヴィア（バルト）楯状地（ノルウェー・フィンランドなどの山地形には準平原化がみられる），ウクライナ楯状地，ロシア楯状地，イギリス，アイルランド，イベリア半島の大部分．
　③ケスタ：パリ盆地，ロアール盆地，ロンドン盆地，ポーランド平原，ドイツ平原，ユーラン半島，ハンガリー平原他．
　④三角江（エスチュアリー）（河口がラッパ状に開いている状態）：テムズ川河口，セーヌ川河口，エルベ川河口他．
（2）古期造山帯（古生代から中生代にかけての造山運動でカレドニア系，①ヘルシニア系，バリスカン系などがある．天然資源の埋蔵種類が多い）
　カレドニア系：スカンディナヴィア山脈，アイルランド（東南部を除く），グランピアン山脈他．
　②ヘルシニア系：アイルランド東南部，コーンワル半島，カンブリア山脈（西半分），ブルターニュ半島，フランス中央高地，ライン山地．
　③バリスカン系：イベリア半島の大部分，ジュラ山脈，チューリンゲンヴァルト，ゼーヴァルト，エルツ山脈，ズデーティ山脈．
（3）新期造山帯（アルプス・ヒマラヤ造山運動で新生代の激しい造山運動の結果，高峻な山脈が多く生じ，交通の障害となっている地域が多い）：カルパティア山脈，トランシルヴァニア山脈，スターラ（バルカン）山脈，ロドピ山脈，ディナルアルプス山脈，ピンドス山脈，アルプス山脈，アペニン山脈，ピレネー山脈，モレナ山脈，ネバダ山脈．
（4）氷河期（第三紀洪積世）に形成された地形
　①フィヨルド（氷河の侵食・溶解で形成されたU字谷が沈降してできた地形）：ソグネフィヨルド，ハルダンゲルフィヨルド，バストフィヨルド，トロンヘイムフィヨルド，ハンダンゲルフィヨルド，ボクンフィヨルド，ヴェストフィヨルド（ノルウェー西海岸），スコットランド西海岸．
　②ハイデ（ヒースランド；氷河の後退により表層土が侵食されてできた湿地または高乾燥地で，砂礫質地域）：スコットランド，北ドイツ平原．
　③モレーン（氷河が岩盤を削り取った岩屑地域）：北ドイツ平原．
　④レス（黄土；氷河の堆積物の中の微粒子が風によって運ばれたもの）：ハンガリー盆地（温帯草原でプスタと呼ばれている）．
　⑤カール（圏谷）：氷河谷の半鍋状の凹地）：アルプス山脈，スカンジナビア半島．

〔3〕ヨーロッパ各地のおもな河川（国際河川が多い）
　テイ川，クライド川，タイン川，ハンバー川，テムズ川，ティーズ川（イギリス），バン川（北アイルランド），シャノン川（アイルランド），グラマ川，ローゲン川，オトラ川（ノルウェー），ムオニオ川，トルネ川，ルレ川，ウメ川，オンゲルデン川，ユスナン川，ダル川，クラル川（スウェーデン），ケミ川，イー川，オウル川（フィンランド），ダウガヴァ川（ラトビア），ネムナス（ネマン）川（リトアニア），フェル川，エルベ川，ヴェーザー川，ヘルヴェツゴビラ川，マイン川，ドナウ（ダニューブ）川，イザール川，イン川，ライン川，モーゼル川，ガロンヌ川，セーヌ川，マルヌ川，ミューズ川，ロアール川，ローヌ川（フランス），マース川，ワール川（オランダ），ムーズ川，スヘルデ川（ベルギー），エブロ川，グアディアナ川，タホ川，グアダルキビール川（スペイン），テージョ川，ドウロ川，ミニョー川（ポルトガル），ポー川，アディジェ川，テヴェレ川（イタリア），モラヴァ川（オーストリア），ヴルタヴァ川（チェコ），ドラーヴァ川，ティサ川（ハンガリー），サヴァ川（クロアチア），ボスナ川（ボスニア・ヘルツェゴビナ），ムレシュ川，オルト川，シレト川（ルーマニア），プルト川，ドニエストル川（モルドバ），ヴィスワ（ウィスラ）川，ヴァルタ川，オドラ川，オーデル川，ナイセ川，ブーグ（ポーランド），ビブデニーブフ川，ドニエストル川，ドニエプル川，デスナ川（ウクライナ），プリピャチ川，北ドヴィナ川，メゼニ川，スホーナ川，オネガ川，ドン川，オカ川，ペチョラ川，ウラル川（ロシア）他．

〔4〕ヨーロッパのおもな高地・高原・丘陵・台地
　ノースウエスト高地，サザン高地，チェヴィオット丘陵，クリーヴランド丘陵（イギリス），ヨトゥンヘイメン高原（ノルウェー），イベリア（メセタ）高原（スペイン），サントラル（中央）高地，アルトワ丘陵（フランス），アルデンヌ高原（ベルギー），アイフェル高原，チューリンゲンヴァルト，ヴェーザー，ヘルヴェツゴビラ，シュヴァルツヴァルト（ドイツ），モラヴァ丘陵，ボヘミア，ヴァルト（チェコ），中央ロシア高地，プリヴォルガ高地，ドネツ丘陵（ロシア）他．

〔5〕ヨーロッパのおもな平原（平野），低地，湿地，盆地
　スコットランド地溝帯（イギリス），北ドイツ平原，ライン地溝帯（ドイツ），パリ盆地，ボース平原，アキテーヌ盆地（フランス），ロンバルディア平原，パダノ・ヴェネタ平野（イタリア），アンダルシア平原（スペイン），ハンガリー平原（ハンガリー），黒海沿岸低地（ウクライナ），プリペット湿地（ベラルーシ），ルーマニア平原（ルーマニア），ボヘミア盆地（チェコ），東ヨーロッパ平原，カスピ海沿岸低地（ロシア）他．

〔6〕ヨーロッパのおもな湖沼
　イナリ湖，ロッカ湖，オウル湖，ピエリネン湖（フィンランド），トルネ湖，ウッド湖，ストリヨン湖，ヴェッテルン湖，ヴェーネルン湖（スウェーデン），ネス湖，湖水地方（イギリス），ネイ湖（北アイルランド），ダーク湖（アイスランド），ペイプス（チュド）湖（エストニア），アイセル湖（オランダ），ガルダ湖，マッジョーレ湖，コモ湖（イタリア），ヌーシャテル湖，レマン湖，チューリヒ湖，ボーデン湖（スイス），カホウカ湖，クレメンチュク湖，キエフ湖（ウクライナ），バラトン湖（ハンガリー），ラドガ湖，ヴィゴゼロ湖，オネガ湖，ルイビンスク湖，チムリャンスク湖，クイビシェフ湖（ロシア）他．

〔7〕ヨーロッパのおもな運河
　バーミンガム運河（イギリス），北海バルト海（キール）運河，エルベザイテン運河，ミッテルラント運河，マインドナウ運河，ドルトムントエムス運河（ドイツ），ミディ運河，マルヌライン運河，ブルゴーニュ運河，サントル運河（フランス），アルベルト運河（ベルギー），カヴール運河（イタリア），白海バルト海運河，ヴォルガ・バルト海運河，ヴォルガドン運河（ロシア）他

〔7〕ヨーロッパの気候区・土壌・植生と主要地域

気候区名と記号	土壌名	植生	代表的地域名
氷雪気候（EF）	氷土（氷雪土）		ロシア極地方（一部），グリーンランド内陸の雪氷地
ツンドラ気候（ET）	ツンドラ土，永久凍土層	地衣類，蘚苔類など	ロシア北部，スヴァールバル諸島，アイスランド
冷帯湿潤気候（針葉樹林）（Dfc）	ポドゾル土	針葉樹林（マツ，モミ，スギなど）	スウェーデン，フィンランド，ロシア中部
冷帯湿潤気候（大陸性混交林）（Dfab）	ポドソル土，褐色森林土，レス	針葉樹，落葉広葉樹（モミ，トウヒ，カラマツなど）	ポーランド，ロシア南部，ルーマニアの一部，スロバキアの一部，エストニア，スウェーデン南部，ベラルーシ，ラトビア東部，アイルランド
西岸海洋性気候（ブナ気候）（Cfb）	レス，褐色森林土	常緑針葉樹，落葉広葉樹	アイルランド，アイスランド（北部除く），イギリス，ノルウェー，フランス（南部を除く），ドイツ，デンマーク，ポーランド西部，ポルトガル内陸部，ベルギー，オランダ，ラトビア西部，ベラルーシ，オーストリア（山岳地方を除く），スイス（山岳地帯を除く），クロアチア（中央部），スロバキア（南部），チェコ，ルーマニア（西部），マケドニア（西部），ブルガリア（西部）
温帯湿潤気候（Cfa）	黄色土，褐色森林土	常緑広葉樹，常緑針葉樹，落葉広葉樹，照葉樹	ギリシャ内陸部，クロアチア東部，セルビア，ハンガリー東部，ルーマニア東部
地中海性気候（CS）	テラロッサ土，黄色土	照葉樹，硬葉樹（オリーブ，オレンジ，コルクガシ，ブドウ）	ギリシャ沿岸部，クロアチア（アドリア海沿岸），スペイン（地中海沿岸），フランス南部，イタリア（北東，北部を除く），ブルガリア南部，ポルトガル南部
ステップ気候（BS）	チェルノーゼム，砂漠土	短草草原	ロシア南部，ウクライナ南部
高山気候（H）	山岳土		アルプス山岳地帯

ヨーロッパの気候と農業

ヨーロッパの気候型

モスクワ

ベルリン

ロンドン

ローマ

	1月	7月
51.5°N ロンドン	5.8℃	18.7℃
35.7°N 東京	6.1℃	25.8℃

凡例：Cf / H / Df / Cs

穀物北限・樹木北限・氷期の最大氷河範囲・小麦北限・果樹北限・ブドウ北限・オリーブ北限

ボンヌ図法　0　600km

ヨーロッパ気候と農業関係

1. 北・東ヨーロッパの大陸性（内陸性）気候→トウモロコシ, ジャガイモ, テンサイ, エン麦, ライ麦, 大麦.
2. 中央ヨーロッパの海洋性気候と亜寒帯夏雨気候の中間性気候→麦類, 飼料, 作物, 牧草.
3. 西ヨーロッパの海洋性気候→麦類飼料作物, 牧草, トウモロコシ, ジャガイモ, テンサイ.
4. 南ヨーロッパの地中海性気候　→果樹作物, 麦類, 米作.
5. 局地風
   - ボラ：山地や台地から吹きおろす寒冷な風.
   - ミストラル：ボラの一種, 北方台地から吹きおろす冷たい風.
   - フェーン：山麓に吹く乾いた暖い風.
   - シロッコ：冬から春にかけて砂漠から吹く熱風.

タイガ・耕作北限・干草・牧草・北大西洋海流・小麦の北限・偏西風・ブドウの北限・フェーン・ミストラル・シロッコ

0　800km

凡例：
- ライ麦・エン麦・ソバ類
- 地中海農業
- トウモロコシ・小麦
- 小麦・ブドウ・果実
- テンサイ・ジャガイモ

ヨーロッパの気候と農業　▶ 33

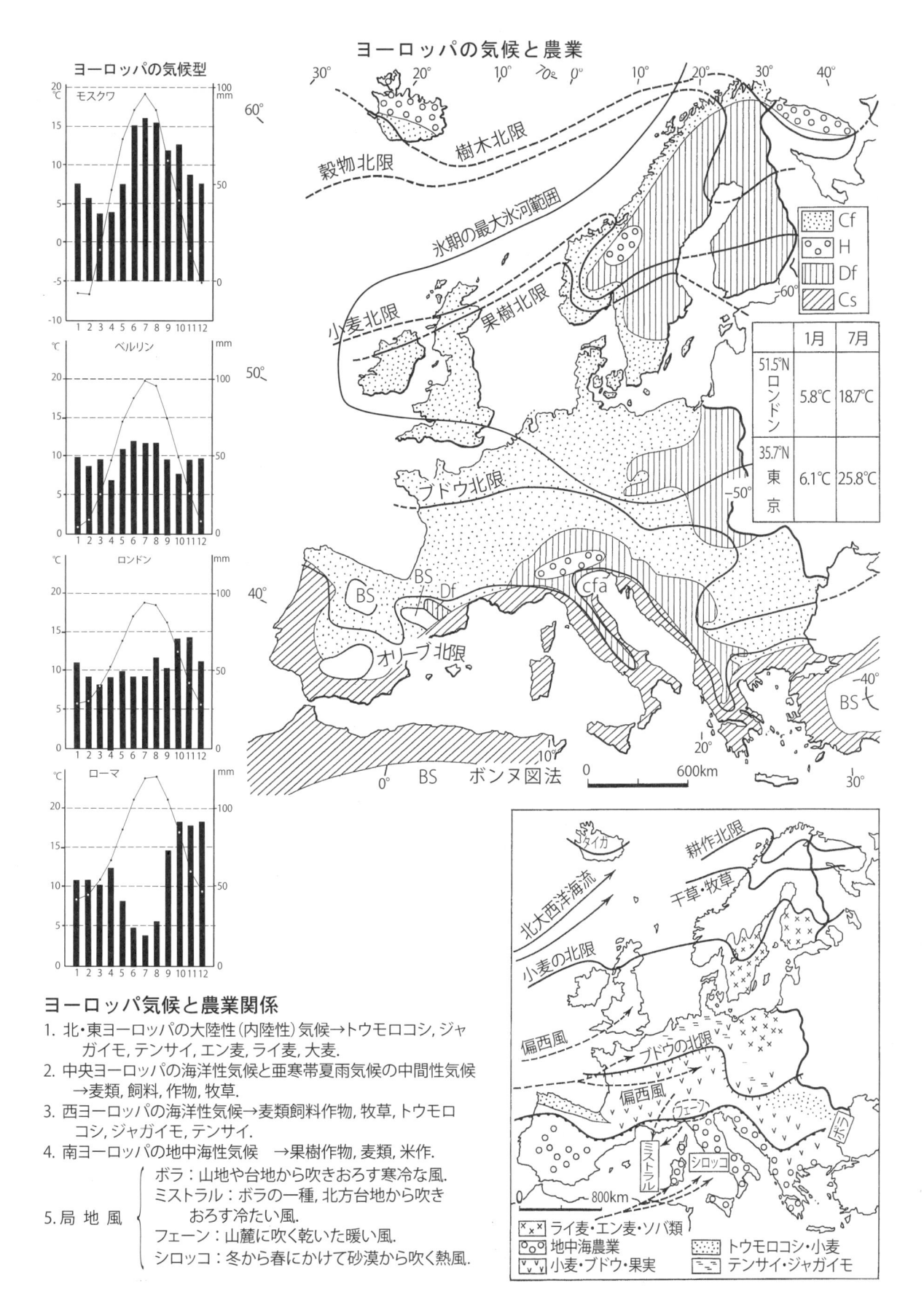

スカンディナヴィア諸国

（世界最北の不凍港）
ハンメルフェスト
5月中旬〜7月末白夜
11月中旬〜1月下旬
日光を見ない

①ソグネフィヨルドU字谷の沈水幅2〜7km、長さ185km、深さ1,243m（湾口）、最高絶壁1,245m。
②トルネ川はスウェーデンとフィンランドとの国境河川
③矢印はキルナ、イェリヴァレの鉄鉱石を、冬は不凍港のナルヴィクへ、夏は母国の港を利用。

氷河湖（スオミ）群 6万氷食湖、国土の11%湖水

ノルウェー王国
【地　勢】
(1) スカンディナヴィア半島の西半分海岸線U字谷（フィヨルド）が発達．(2) スカンディナヴィア山脈（古期造山帯）が海岸まで迫り、多くの島々が散在，平野は海岸沿いに点在，山頂部は準平原，ヨステダール氷河（氷原），(3) スヴァールバル諸島・スピッツベルゲン島に石炭が存在，(4) 北海地域には多くの原油・天然ガス田が存在，(5) ハンメルフェストは，アジア系のラップ人，サーミ人（モンゴル系）が居住
【気　候】
(1) 国土の約1/3が北極圏，(2) 南部と西部は北大西洋海流の影響を受けるため西岸海洋性気候（Cfb），(3) 北極圏以北は、ツンドラ気候（ET），(4) 内陸の南部は大陸性混合林気候（Dfb），内陸の中央部は針葉樹林気候（Dfc）．夏は白夜、冬は夜が長い．
【経済環境】（水産と林産業が経済の中心，水産業は伝統的産業，捕鯨が盛ん．石油輸出電力は水力発電が中心スウェーデンに輸出）
(1) 農・牧・林・水産：小麦，大麦，ライ麦，ジャガイモ，蔬菜，トマト，牛・馬・豚・羊・鶏・トナカイ，タラ，ニシン，カニ他．(2) 天然資源：石炭，石油，天然ガス，鉄鉱石，ニッケル，チタン他．(3) 製造業：パルプ，製紙，化学肥料，石油製品，冶金，鉄鋼他．

スウェーデン王国
【地　勢】
(1) スカンディナヴィア半島の東半分，南部：ヨークランド，広い平野，中部：湖水地域，スベェアランド準平原，北部：山岳地域，西から東へ流れる氷河地帯．
(2) バルト海沿岸に石油地帯．
【気　候】
(1) 大部分は針葉樹林気候（Dfc），夏は白夜，冬は夜が長い『緑の冬』．
(2) 高山地帯と北部地域はツンドラ気候（ET），南部は西岸海洋性気候（Cfb）（北大西洋海流の影響を受けるため），中南部は大陸性混合林気候（Dfb）．
【経済環境】（鉱産資源が多く，高い生産技術で輸出中心の経済，高い税金と進んだ福祉政策　高速鉄道建設計画（ストックホルム〜マルメ））
(1) 農・牧・林・水産：小麦，大麦，ライ麦，ジャガイモ，蔬菜，テンサイ，牛・馬・豚・羊・鶏，木材，漁獲など．
(2) 天然資源：鉄鉱，銅鉱，鉛鉱，亜鉛鉱，金，銀他．
(3) 製造業：製材，製紙，化学肥料，石油製品，精密，電機，一般機械，自動車，タイヤ，セメント，アルミニウム他．

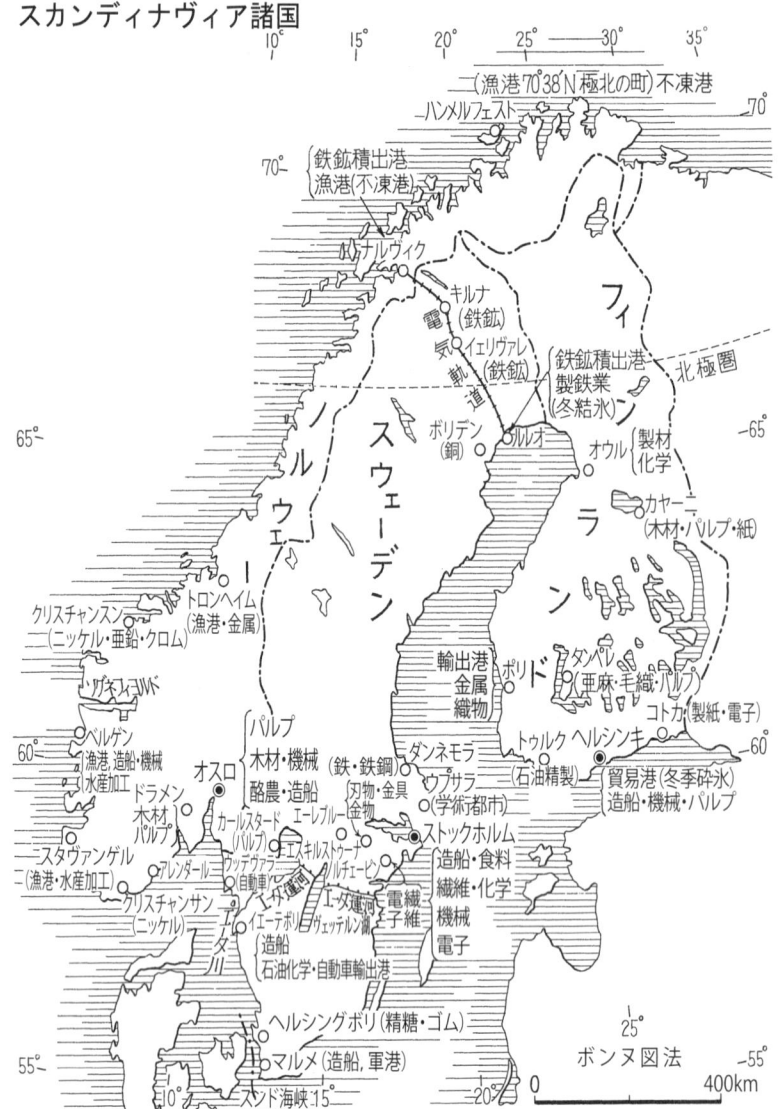

フィンランド共和国（フィン人の国の意）
【地　勢】
(1) バルト楯状地：氷河湖が多い（6万湖以上）．
(2) 氷河湖を利用した水力発電（白い石炭）が盛ん．
【気　候】
(1) 国土の約1/3が北極圏．森林は陸地の74%．
(2) 南部は大陸性混合林気候（Dfb），夏白夜，冬は寒冷で夜が長い．
(3) 北部はツンドラ気候（ET），夏だけ地衣類，蘚苔類か生育．
(4) 東部は針葉樹林気候（Dfc）．
【経済環境】（第二次世界大戦後，旧ソ連邦に多額の賠償を支払う．2000年近くからエレクトロニクス，電子産業などの先端技術が発展）
(1) 農・牧・林・水産：小麦，大麦，ライ麦，オート麦，ジャガイモ，テンサイ，馬・牛・羊・鶏他
(2) 天然資源：銅，ニッケル，クロム，コバルト，金，銀他．
(3) 製造業：食品・食肉加工，酪製品，毛織物，化学肥料，石油化学，造船，電話機，電子機器，自動車他．

北欧の島国と半島国

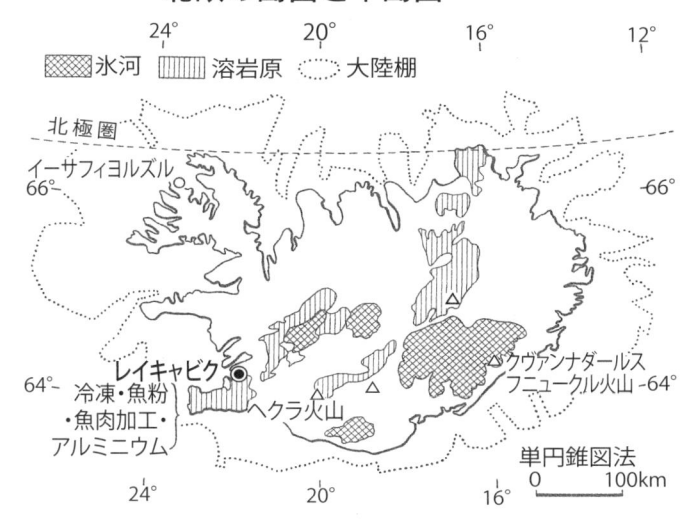

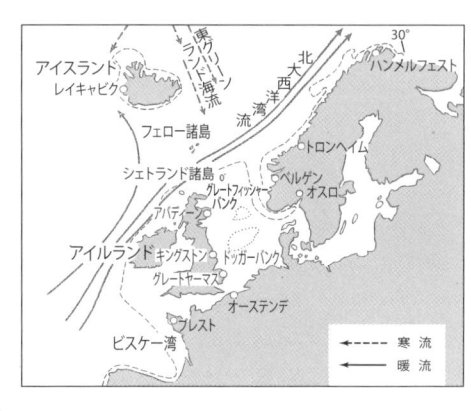

氷河 | **溶岩原** | **大陸棚**

アイスランド共和国
【地　勢】
(1) 新生代第三紀の造山運動による溶岩台地，活火山多い．ゲイシル間欠泉，1,400m以上には氷河．
(2) 海岸線はフィヨルド，「緑無き島」．

【気　候】
(1) 北極圏内であるが，北大西洋海流（暖流）のため西岸海洋性気候（Cfb）．
(2) 北部はツンドラ気候（ET）．

【経済環境】（火山性地域で農耕地が極端に少ない．牧畜，水産業が主要産業．エネルギーは地熱発電，水力発電．商業捕鯨が盛ん）
(1) 農・牧・林・水産：ジャガイモ，蔬菜，馬・牛・羊・鶏・タラ，ニシン，カレイ他．
(2) 天然資源：硫黄，塩他．
(3) 製造業：食品加工，酪製品，化学肥料，アルミニウム精錬他．

デンマーク王国
【地　勢】
(1) ユーランド半島は，起伏の多い平原，台地，丘陵．
(2) 西側は砂質土壌のサンダ，海岸には砂丘．
(3) 北部は海底が隆起した平野，モレーン（堆石）ラグーンが発達．
(4) 南部と中央部は肥沃な土壌，デンマークの農業の中心地．
(5) シェラン島に首都．
(6) スウェーデンとデンマーク諸島の間の海峡は，断層沈降．
(7) 属領として，グリーンランド島，フェロー諸島他．

【気　候】
(1) 北大西洋海流と偏西風の影響で，西岸海洋性気候（Cfb）．

【経済環境】（天然資源に乏しい．第二次世界大戦後農業国と同時に工業国，農業は中小規模で家族中心，協同組合組織が発達）
(1) 農・牧・林・水産：小麦，大麦，燕麦，ライ麦，ジャガイモ，蔬菜，馬・牛・豚・羊・鶏，木材，ニシン，タラ他
(2) 天然資源：原油，天然ガス，金鉱他．
(3) 製造業：酪製品，繊維，化学肥料，石油製品，電気製品，造船，医薬品他．

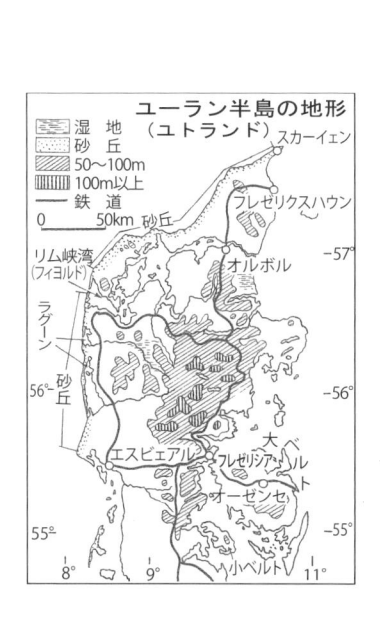

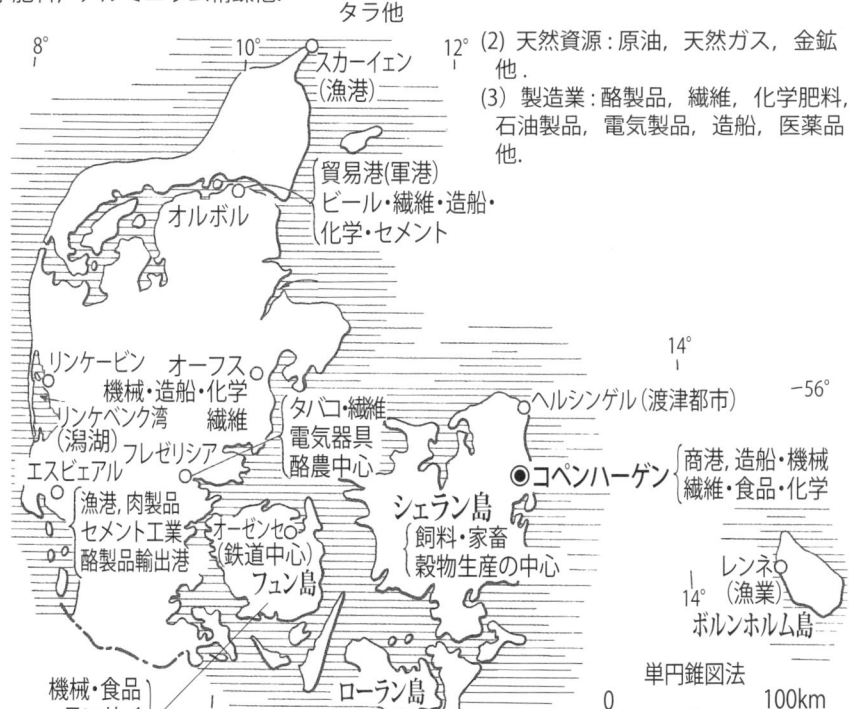

イギリスの自然

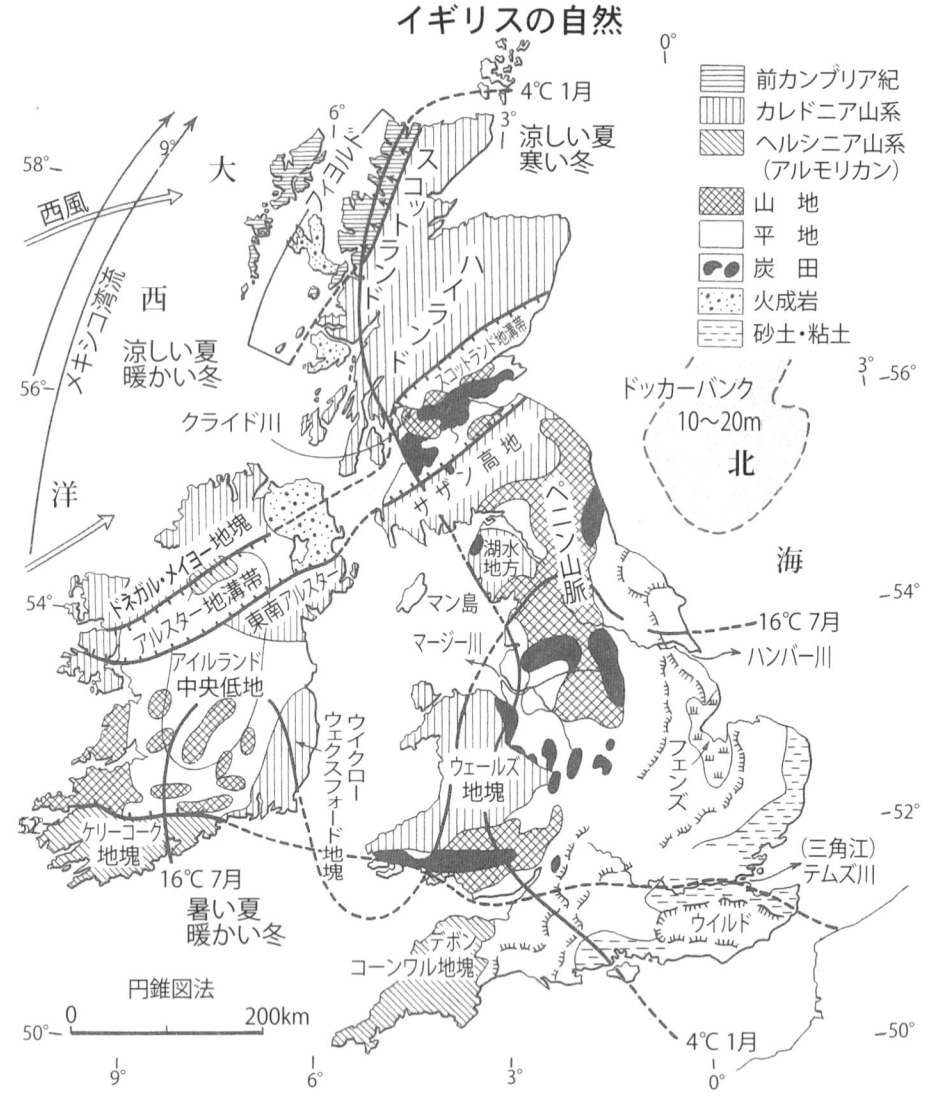

凡例:
- 前カンブリア紀
- カレドニア山系
- ヘルシニア山系（アルモリカン）
- 山地
- 平地
- 炭田
- 火成岩
- 砂土・粘土

主な地名・記号：
- 大西洋、メキシコ湾流、西風
- 58°、9℃、4℃ 1月、涼しい夏 寒い冬
- スコットランド、ハイランド、クライド川、スコットランド地溝帯
- ドネガル・メイヨー地塊、アルスター地溝帯、東南アルスター
- アイルランド中央低地、ケリーコーク地塊、ウィクローウェクスフォード地塊
- サザン高地、ペニン山脈、湖水地方、マン島、マージー川
- ハンバー川、ドッカーバンク 10〜20m、北海
- フェンズ、ウェールズ地塊、（三角江）テムズ川、ウィルド
- デボン、コーンワル地塊
- 16℃ 7月、暑い夏 暖かい冬、4℃ 1月
- 円錐図法　0　200km

土地利用図

凡例:
- 市街地・工業地
- ムーアランドなどの低湿地
- 牧場・牧草地
- 混合農業地域
- 耕地
- 園芸農業地域

イギリス、アイルランド
0　200km

グレートブリテンおよび北アイルランド連合王国（イギリス）

【地 勢】
（1）ヨーロッパ大陸の延長部，先カンブリア時代〜新生代第四紀層まで存在．地質の標本島．
（2）ペニン山地，ウェールズ南部，イングランド南西部：石炭，鉄鉱，鉛などの地下資源が多い．
（3）スコットランド南部：高原，丘陵と草原・牧場，中央低地；地溝帯，石炭層が多い，北部高地；準平原化．
（4）カンブリア山脈：古期褶曲運動（氷河湖が散在），
　　ウェールズ：酸性土壌，耕作不適地．
（5）低地：ミッドランド北部は肥沃な地域，ペニン山脈の東部と西部（産業革命発祥地）良質の炭田が存在，テムズ盆地；石灰石の丘陵地と粘土質の低地，丘陵地は草原，ロンドン盆地；一部は開析平原，ソールズベリ平野；透水性で乾いた台地．

【気 候】
（1）高緯度にあるが，北大西洋海流・気団・偏西風の影響で西岸海洋性気候（Cfb）．
（2）海流・気団の強弱が気温，降雨量に影響を与える．
（3）スコットランド地帯は，大陸性混合林気候（Dfb），丘陵地，牧草，低地は泥炭地（ムーアランド：moorland）．

【経済環境】（世界で最初の産業革命，近代工業発展，1980年代から石油輸出国，金融・サービスも発展）
（1）農・牧・林・水産：① 18世紀，第2次囲い込み運動，大地主制度確立，農業資本家生まれる，②農家1戸当たりの経営規模はヨーロッパ最大，農業所得向上，③混合農業中心で酪農，園芸，機械化，多肥料栽培，土地生産性，労働生産性向上，④牧場，牧草地拡大（羊の飼育EU内最大），⑤農産物自給率向上政策により主穀農産物輸出，⑥EU農業共通政策で，農業の見直し）
スコットランド地帯：丘陵地，牧草．
イングランド地帯：混合農業中心，小麦，大麦，エン麦，ジャガイモ，牛・豚・鶏他．
ロンドン地帯：酪農・園芸農業中心．

イギリスの鉱・工業とアイルランド

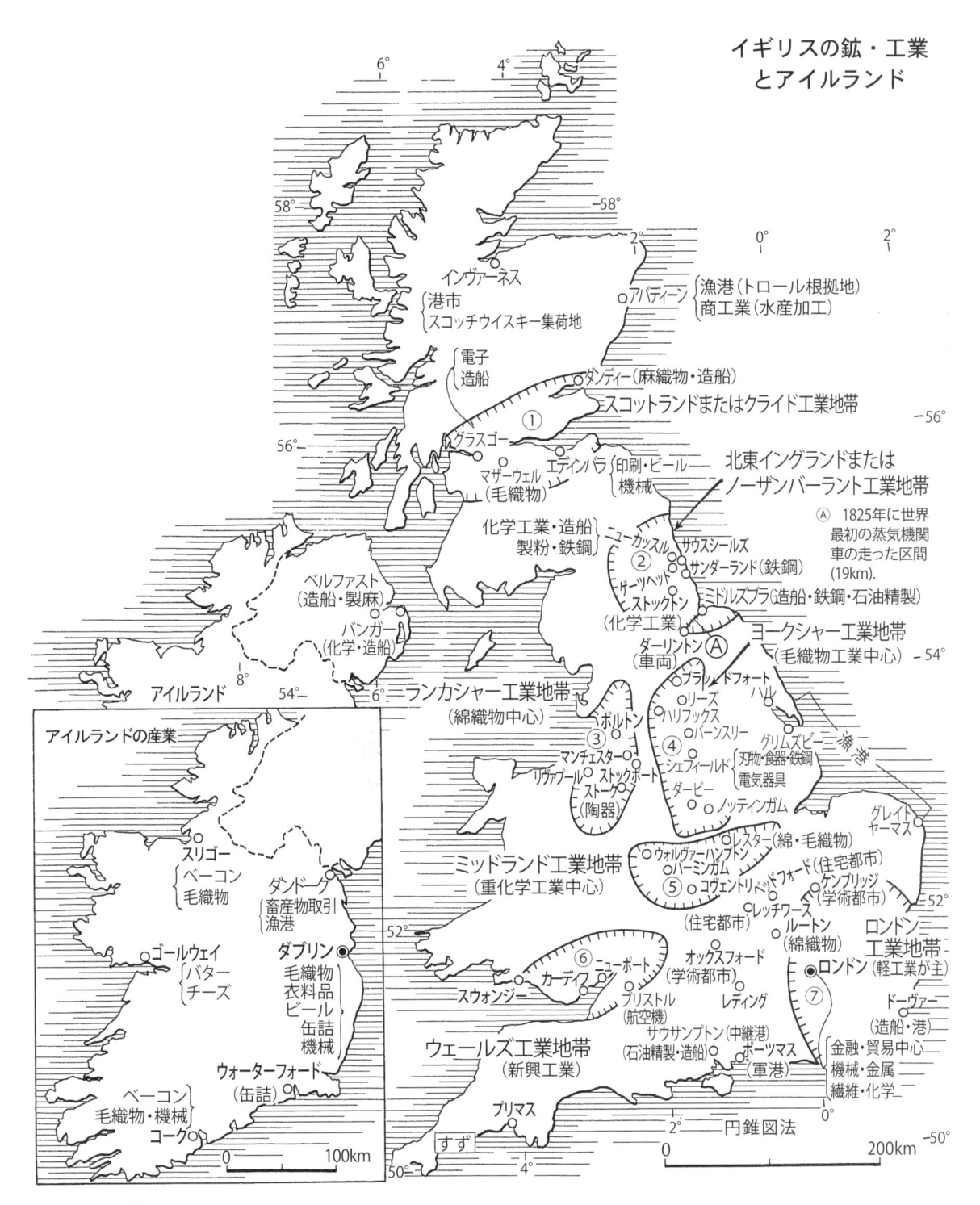

地図中の記載:

- インヴァーネス（港市、スコッチウイスキー集荷地）
- アバディーン（漁港（トロール根拠地）、商工業（水産加工））
- ダンディー（麻織物・造船）
- 電子・造船
- ① スコットランドまたはクライド工業地帯
- グラスゴー
- マザーウェル
- エディンバラ（毛織物）
- 印刷・ビール・機械
- 化学工業・造船・製粉・鉄鋼
- ニューカッスル
- サウスシールズ
- サンダーランド（鉄鋼）
- ゲーツヘッド
- ② 北東イングランドまたはノーザンバーラント工業地帯
- Ⓐ 1825年に世界最初の蒸気機関車の走った区間(19km)．
- ストックトン（化学工業）
- ミドルズブラ（造船・鉄鋼・石油精製）
- ダーリントン（車両）
- ベルファスト（造船・製麻）
- バンガー（化学・造船）
- アイルランド
- ランカシャー工業地帯（綿織物中心）
- ヨークシャー工業地帯（毛織物工業中心）
- ブラッドフォート
- リーズ、ハリファックス、バーンズリー
- ハル、グリムズビー漁港
- ③ ボルトン、マンチェスター、リヴァプール、ストックポート、ストーク（陶器）
- ④ シェフィールド、ダービー（刃物・食器・鉄鋼・電気器具）
- ノッティンガム
- グレイトヤーマス
- ミッドランド工業地帯（重化学工業中心）
- ウォルヴァーハンプトン、バーミンガム
- ⑤ コヴェントリ、ベッドフォード（住宅都市）
- レスター（綿・毛織物）
- ケンブリッジ（学術都市）
- レッチワース、ルートン（綿織物）
- ロンドン工業地帯
- ⑥ ニューポート、カーディフ、スウォンジー
- ブリストル（航空機）
- オックスフォード（学術都市）
- レディング
- ⑦ ロンドン（軽工業が主）、ドーヴァー（造船・港）
- サウサンプトン（中継港・石油精製・造船）
- ポーツマス（軍港）
- 金融・貿易中心、機械・金属、繊維・化学
- ウェールズ工業地帯（新興工業）
- プリマス
- すず

アイルランドの産業:
- スリゴー（ベーコン・毛織物）
- ダンドーク（畜産物取引・漁港）
- ゴールウェイ（バター・チーズ）
- ダブリン（毛織物・衣料品・ビール・缶詰・機械）
- ウォーターフォード（缶詰）
- ベーコン・毛織物・機械
- コーク

アイルランド

【地　勢】
(1) 中央部は起伏の多い低地．
(2) 西南と北部の高地はブルターニュ半島，スコットランドの山脈の延長部．
(3) 海岸はリアス海岸
(4) 湖水が多く，泥炭地も多い．

【気　候】
(1) 北大西洋海流（暖流）により，西岸海洋性気候（Cfb）牧草地．

【経済環境】（経済の基盤は電子，電気，化学産業と農業．農業経営は中小規模）
(1) 農・牧・林・水産：小麦，大麦，エン麦，ジャガイモ，蔬菜，牛，馬，羊，木材，タラ，ニシン，サバ他．
(2) 天然資源：天然ガス，鉛鉱，亜鉛鉱，銀他．
(3) 製造業：酪農品，石油製品，化学，電気機械，電子産業，精密機械他．

イギリスの鉱・工業都市

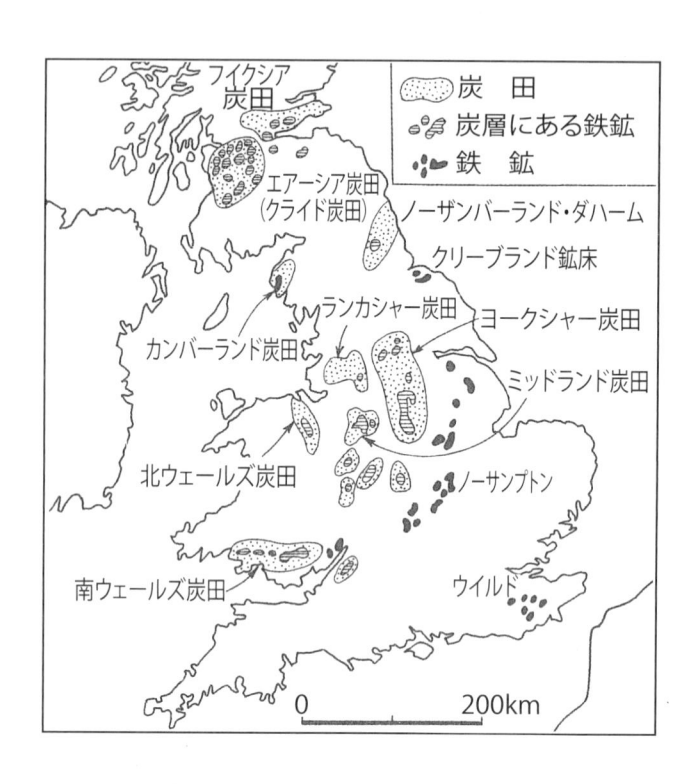

地図中の記載:
- フイクシア炭田
- エアーシア炭田（クライド炭田）
- ノーザンバーランド・ダハーム
- クリーブランド鉱床
- カンバーランド炭田
- ランカシャー炭田
- ヨークシャー炭田
- ミッドランド炭田
- 北ウェールズ炭田
- ノーサンプトン
- 南ウェールズ炭田
- ウイルド

凡例: 炭田／炭層にある鉄鉱／鉄鉱

イギリスの鉱工業

【経済環境】

(2) 天然資源：石炭，石油，鉄，鉛，カリ，天然ガス他．

(3) 製造業：①石炭・鉄鉱石が存在する地域が多い，②臨海部に工業地帯，原料を輸入し，製品を輸出する加工貿易が発展，③燃料革命，北海沿岸の海底油田探査成功，④ IT 革命，交通機関の発展，工業地域に生産変化．

【水車（産業革命初期），薪炭・石炭（18 世紀後半），電力・石油（19 世紀末），原子力（20 世紀），再生産可能なエネルギー（21 世紀）】

(4) 工業地域と工業都市

工 業 地 域	工業都市と主要工業	備　考
スコットランド工業地域	グラスゴー（造船，鉄鋼，機械，電子），エディンバラ（印刷，造船，電子），アバディーン（精油，北海フォーティーズ油田からパイプライン）	クライド炭田，港湾，電子産業盛ん（シリコン・グレン）
イングランド（北海沿岸）工業地域	ニューカッスル（鉄鋼，造船，機械，ガラス，石油化学），ミッドランド（鉄鋼，機械，石油化学），サンダーランド（鉄鋼，機械），北海のエコフィスク油田からパイプライン	ノーザンバラード，ダーハム炭田，クリーブランド丘陵の鉄山，港湾
ヨークシャー工業地域	リーズ（毛縞物，機械），シェフィールド（刃物，製鉄，食品），ブラッドフォード（毛織物，機械），ノッティンガム（自動車，機械，織物）	偏西風の風下の乾燥を利用，ヨークシャー炭田，鉄山，ハンバー川
ランカシャー工業地域	マンチェスター（綿織物，機械，科学，リヴァプール（化学，機械，電子，鉄鋼，造船，精油），リヴァプール・マンチェスター運河	産業革命発祥地，綿工業中心に発展，偏西風を利用，ランカシャー炭田，港湾，マージー川
ミッドランド工業地域	バーミンガム（鉄鋼，機械，化学，航空機），コヴェントリー（鉄鋼，自動車），ストーク（陶器），ウォルバーハンプトン（車両），ウォルサム（錠前），ダービー（絹織物，自動車，航空機）	黒郷（ブラックカントリーと呼ばれた）ミッドランド炭田，鉄山，鉄鋼業が発展，近年資源枯渇
ロンドンとその周辺工業地域（首都工業総合工業）	ロンドン（印刷，出版，機械，自動車，化学，エレクトロニクス，衣服，食品他），首都（総合）工業，ケンブリッジ（学術都市），オックスフォード（学術，出版，印刷）	労働力，市場，港湾，職住隣接の郊外型ニュータウン
南ウェールズ工業地域	カーディフ（鉄鋼，造船，化学），ブリストル（鉄鋼，航空機，製糖），スウォンジー（金属，機械），ニューポート（造船，鉄鋼），ポーツマス（軍港都市）	ニューサウスウェールズ炭田，鉄山，港湾，鉄鋼業中心に発展
北アイルランド地域	ベルファスト（繊維，造船，航空機，エレクトロニクス）	港湾

ベネルクス三国

オランダ王国

【地勢】
(1) 国土の約 1/4 は海抜 0m 以下，(2) 北部：氷積土台地で，農業用地，中部：砂地と堆積丘で，樹木が多い湿地は排水されて牧揚地，南部：河川による扇状地と泥炭地，沿岸：0m 以下の地域には砂丘と堤防による干拓地（ポルダー）（排水はかつて風車，現在は電動ポンプを利用．堤防は 13 世紀末から築かれる）

【気候】
(1) 北大西洋海流の影響により西岸海洋性気候（Cfb）：春は冷たい北風が吹く，冬は日照時間が短い．

【経済環境】（農・工業が盛んな国，酪農・園芸，捕鯨が盛ん．電力は水力発電が中心，スウェーデンに電力を輸出）
(1) 農・牧・林・水産（ジャガイモ，テンサイは各地で生産）南部と東部：ライ麦，オート麦，北部と西部：小麦，大麦，トウモロコシ，西部沿岸：リンゴ，ナシ，アンズなどの果実，ロッテルダム〜ハーグ地方：温室，蔬菜，園芸，ライデン〜ハーレム地方：球根（チューリップ，スイセン，クロッカス他），ホールン地方：園芸果実，切り花，北部・西部地域：乳牛の飼養が盛ん．馬・豚・羊・山羊・鶏，森林：カバ（やせ地），オーク，ツノギ（肥沃地），アカハン（低地），ブナ，モミ（海岸砂丘とヒース地域を除く）．
(2) 天然資源：石油，天然ガス，石炭，イリジウム他．
(3) 製造業：アムステルダム〜ロッテルダム〜ユトレヒトにかけて環状都市に工業地域建設．鉄鋼，機械，化学製品，自動車，造船，石油製品，酪製品，電子他．

ベルギー王国

【地勢】
(1) 南部：アルデンヌ高原は起伏のある台地状高原で，森林地帯．
(2) 北部：海岸線の一部は砂丘地帯．マース（ムース），ウルト，スモアなどの河川流域の溜池は，南部地域まで続く．

【気候】
(1) 西岸海洋性気候（Cfb），夏は温度が低く，晴天が続く．
(2) 気温の年較差が小さく，降雨量は均一的．

【経済環境】（ヨーロッパ主要工業国の 1 つ，地域経済格差が大きい，複数の公用語（フラマン語，フランス語，ドイツ語）と地域言語（ワロン語，ピカール語），北部：フラマン系人，南部：ワロン系人）
(1) 農・牧・林・水産：小麦，大麦，その他の麦類，トウモロコシ，ジャガイモ，テンサイ，リンゴ，ホップ，馬・牛・豚・羊・山羊・鶏，木材他．
(2) 天然資源：亜炭，褐炭，イリジウム他．
(3) 製造業：①石炭と鉄鉱石による工業化，②サンプル，ミーズ川流域，重化学工業発展，③フランドル地方：伝統的な繊維工業，酪製品，パルプ，食品，機械，自動車，鉄鋼，化学工業，造船，石油製品，ダイヤモンド加工他

ルクセンブルク大公国

【地勢】(1) 国土の 1/3 はアルデンヌ高原の延長部，南部はロレーヌ平原（フランス）に続く肥沃な盆地．

【気候】(1) 西岸海洋性気候（Cfb），やや大陸性気候，降雨は均一的．

【経済環境】（近年金融関係産業が成長，主要産業は鉄鋼業）
(1) 農・牧・林・水産：小麦，大麦，その他の麦類，トウモロコシ，ジャガイモ，タバコ，リンゴ，ブドウ，馬・牛・豚・羊・山羊・鶏他．(2) 天然資源：燐鉱石，鉄鉱（ロレーヌ鉱床の延長部のエミュ地方）．(3) 製造業：ワイン，ビール，一般機械，電気機器，自動車他．

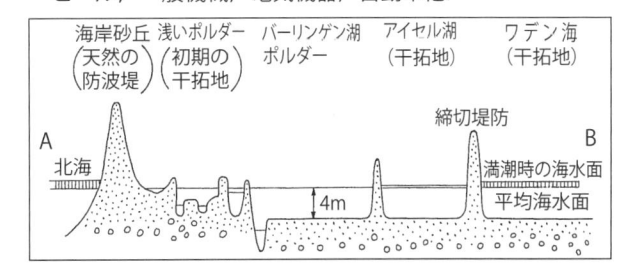

ドイツの自然

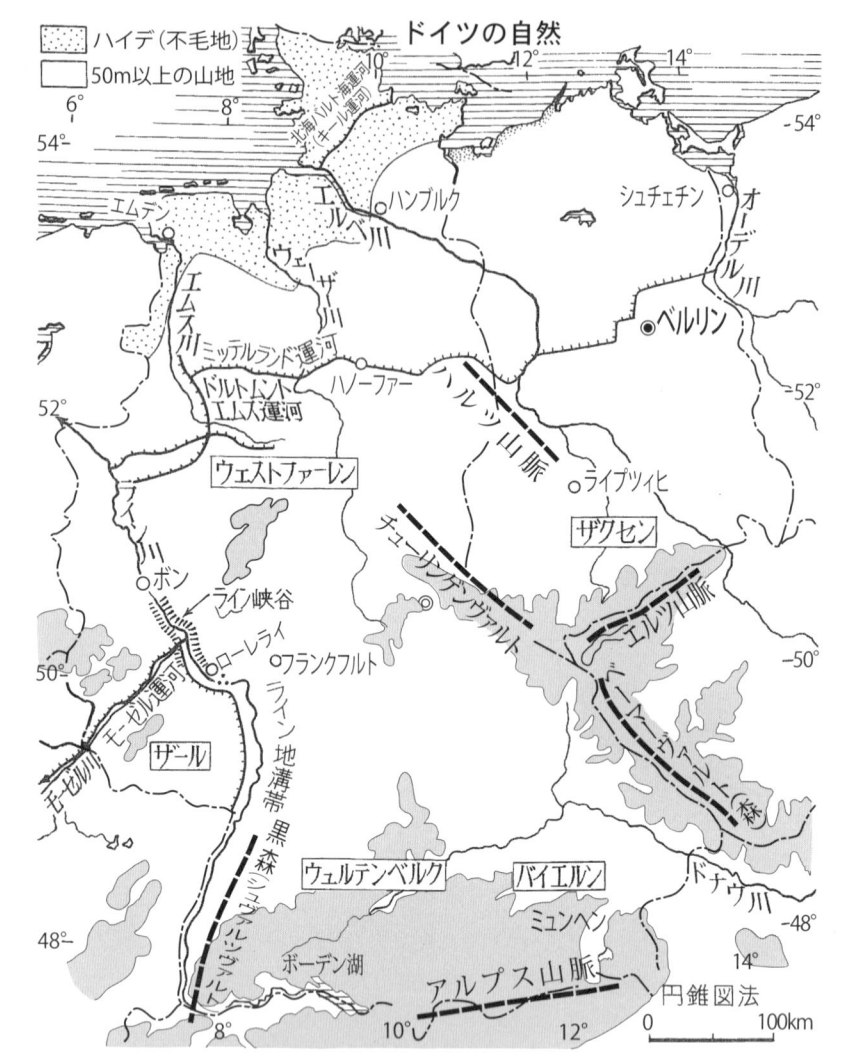

地図凡例:
- ハイデ（不毛地）
- 50m以上の山地

地図上の地名:
エムデン、ハンブルク、シュチェチン、エルベ川、エムス川、ミッテルランド運河、ドルトムント・エムス大運河、ウェストファーレン、ハノーファー、ハルツ山脈、ライプツィヒ、ザクセン、ベルリン、オーデル川、ボン、ライン峡谷、ローレライ、フランクフルト、チューリンゲンヴァルト、エルツ山脈、モーゼル川、ザール、ライン地溝帯黒森（シュヴァルツヴァルト）、ウュルテンベルク、バイエルン、ミュンヘン、ボーデン湖、アルプス山脈、ドナウ川、円錐図法、100km

ドイツ連邦共和国

【地勢】

(1) 北ドイツ平原：広大な低地．
  ① バルト海沿岸，ユーランド半島，北海沿岸，リューネンブルクとその北西部は，氷河の侵食によるゲースト（モレーン），ハイデ地帯，土地改良，多肥料により主要農耕地，森林地帯，放牧地．
  ② フリージア諸島は砂丘地帯，エルベ川河口，三角江．
  ③ ライプツィヒ，ケルン，ミュンスター盆地などは起伏の多いボーレ（レス：黄土）地帯．
(2) 中央高地：弧状形高地の一部．高原，丘陵，盆地，平地が複雑に交錯．
  ① ハルツ地塁山地，ヘッセン凹地，ローレラインの奇岩などは，第三紀の造山地帯．
  ② 火山活動地域として，アイフェル高原，ヘッセン高地．
  ③ ライン地溝帯はケスタ地形．
(3) アルプス前山：① アルプス山麓からレーゲンスブルクの低地は穀倉地帯．
  ② レーゲンスブルクとミュンヘンの間はホップ栽培，牧草地．
  ③ シュヴァルツヴァルトの東側にバイエルンヴァルト，ベーマー（ボヘミア）ヴァルト．
(4) アルプス地域：① 海底が隆起，褶曲．
  ② 鋸歯状山稜群，最高峰ツークシュピッツ山（2,963m）．

【気候】

(1) 西岸海洋性気候（Cfb），バルト海は冬凍結する．
(2) 南・東部はやや大陸性気候．
(3) マインツ〜上ライン地溝帯は冬でも温暖，ブドウ栽培が盛ん．
(4) バイエルン地方の冬は最も厳寒，フェーン現象で早春地域．

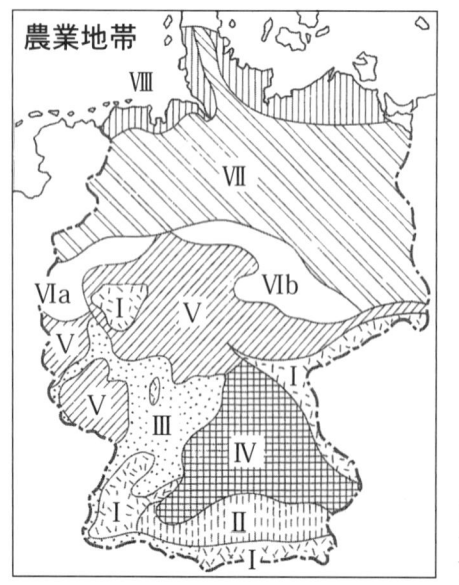

農業地帯

（地図：I〜VIII の地域区分）

【経済環境】

(1) 農・牧・林・水産
  ① 家族経営の典型的混合農業
  ② 化学肥料の投下が多い，土地生産性，労働生産性が高い．
  ③ 経営規模の拡大と生産性向上のため，構造改革が進行．
  ④ 東部（旧東ドイツ地域）はライ麦中心の農業，土地生産性が低い．

北ドイツ地方：ライ麦，ジャガイモ，テンサイ，豚の飼養（EU最大）．
ライン地溝帯（ドイツの温室）：ブドウ（南斜面で階段耕作）小麦，蔬菜，ワイン生産盛ん．
南東部：最も生産性が高い地域…小麦，大麦，ホップ（ビールに使用），果樹，蔬菜．
南西部：河谷，盆地…小規模農地が散在．
アルプス南麓・北部海岸地域：酪農．

(2) 天然資源：石炭，鉄鉱石，ウラン，チタン，石油，天然ガス他．

I：山地，II：南部酪農地帯，III：上ライン穀物・果樹地帯，IV：ライ麦・大麦地帯，V：ライ麦地帯，VI：大麦・テンサイ地帯（a：牧畜と酪農を伴う，b：テンサイの生産が多い），VII：ライ麦・ジャガイモ地帯，VIII：北部酪農地帯．

ドイツの鉱・工業

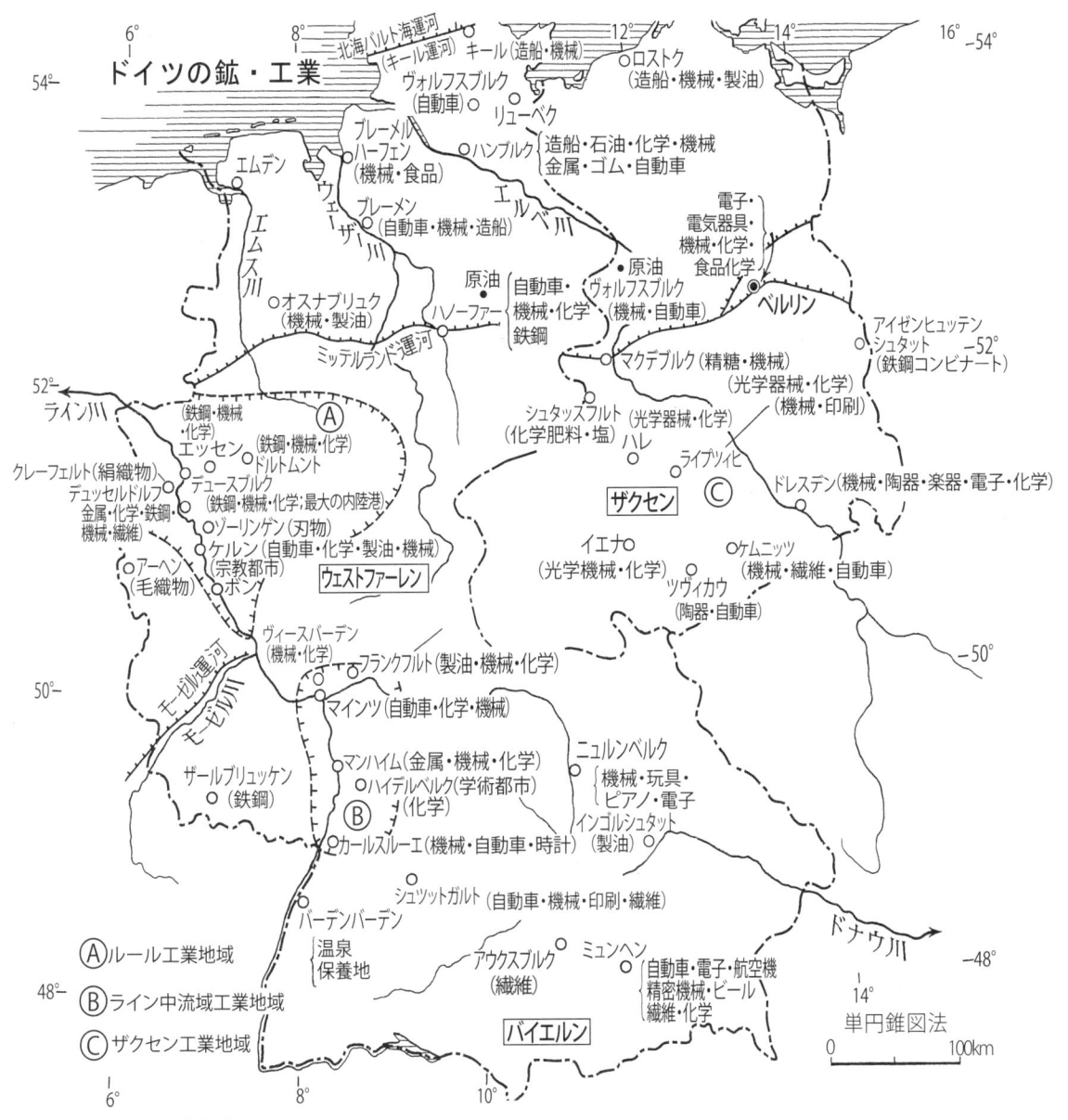

地図中の記載：

- キール（造船・機械）
- 北海バルト海運河（キール運河）
- ロストク（造船・機械・製油）
- ヴォルフスブルク（自動車）
- リューベク
- ブレーメルハーフェン（機械・食品）
- ハンブルク（造船・石油・化学・機械・金属・ゴム・自動車）
- ブレーメン（自動車・機械・造船）
- エムデン
- エムズ川
- ヴェーザー川
- エルベ川
- オスナブリュック（機械・製油）
- 原油
- ハノーファー（自動車・機械・化学・鉄鋼）
- ヴォルフスブルク（機械・自動車）
- 電子・電気器具・機械・化学・食品化学
- ベルリン
- アイゼンヒュッテンシュタット（鉄鋼コンビナート）
- ミッテルラント運河
- マクデブルク（精糖・機械）
- （光学器械・化学）（機械・印刷）
- ライン川
- Ⓐ（鉄鋼・機械・化学）
- エッセン（鉄鋼・機械・化学）
- ドルトムント
- シュタッスフルト（化学肥料・塩）
- ハレ（光学器械・化学）
- ライプツィヒ
- Ⓒ
- ドレスデン（機械・陶器・楽器・電子・化学）
- クレーフェルト（絹織物）
- デュッセルドルフ（金属・化学・鉄鋼・機械・繊維）
- デュースブルク（鉄鋼・機械・化学；最大の内陸港）
- ゾーリンゲン（刃物）
- ケルン（自動車・化学・製油・機械）
- アーヘン（毛織物）
- ボン（宗教都市）
- ウェストファーレン
- ザクセン
- イェナ（光学機械・化学）
- ケムニッツ（機械・繊維・自動車）
- ツヴィッカウ（陶器・自動車）
- ヴィースバーデン（機械・化学）
- モーゼル運河
- モーゼル川
- フランクフルト（製油・機械・化学）
- マインツ（自動車・化学・機械）
- ザールブリュッケン（鉄鋼）
- マンハイム（金属・機械・化学）
- ハイデルベルク（学術都市）（化学）
- ニュルンベルク（機械・玩具・ピアノ・電子）
- インゴルシュタット（製油）
- Ⓑ
- カールスルーエ（機械・自動車・時計）
- シュツットガルト（自動車・機械・印刷・繊維）
- バーデンバーデン（温泉・保養地）
- アウクスブルク（繊維）
- ミュンヘン（自動車・電子・航空機・精密機械・ビール・繊維・化学）
- バイエルン
- ドナウ川
- Ⓐ ルール工業地域
- Ⓑ ライン中流域工業地域
- Ⓒ ザクセン工業地域
- 単円錐図法　0　100km

(3) 工業地域と工業都市

ヨーロッパ最大の重化学工業発展地．近年，鉱工業生産に停滞がみられる．原料輸入，製品輸出国．東西ドイツの経済格差は大きい．

工業地域	主要都市と主要工業名	備　考
ルール	エッセン・ドルトムント（鉄鋼，機械，化学），デュースブルグ（鉄鋼，機械，化学；最大の内陸港），ゾーリンゲン（刃物），デュッセルドルフ（金属，化学，鉄鋼，機械，繊維），ケルン（機械，自動車，化学），クレーフェルト（絹織物），アーヘン（毛織物）．	ルーツレ炭田，ライン川水運
ラインラント	フランクフルト（機械，化学），マンハイム（自動車，化学，電子，機械），シュツットガルト（自動車，機械，電子，印刷）	ライン川水運水力発電
ザクセン	ライプツィヒ（機械，印刷），ドレスデン（機械，陶器，電子，楽器），ケムニッツ（機械，自動車，繊維），イェナ，ハレ（光学，機械，化学）	ザクセン炭鉱
ザール	ザールブリュッケン（鉄鋼，機械）	ザール炭田
その他	ベルリン（電気器具，機械，化学，電子，食品），ウォルフスブルク（自動車：フォルクスワーゲン），ハノーファ（ハノーファー）（自動車，機械，鉄鋼），ミュンヘン（自動車，電子，精密機械，ビール），キール（造船，機械），ブレーメン（鉄鋼，造船，自動車），ハンブルク（造船，石油，金属，ゴム），マクデブルク（製糖，機械），アイゼンヒュッテンシュタット（鉄鋼コンビナート），ニュルンベルク（機械，玩具，ピアノ），ロストク（造船）	ロレーヌの鉄鉱石

フランスの自然と産業

フランスの自然

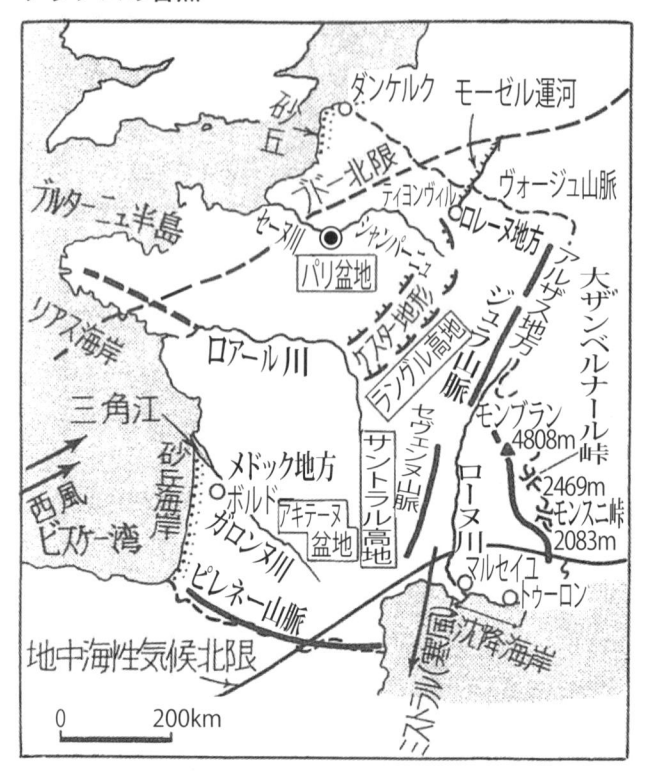

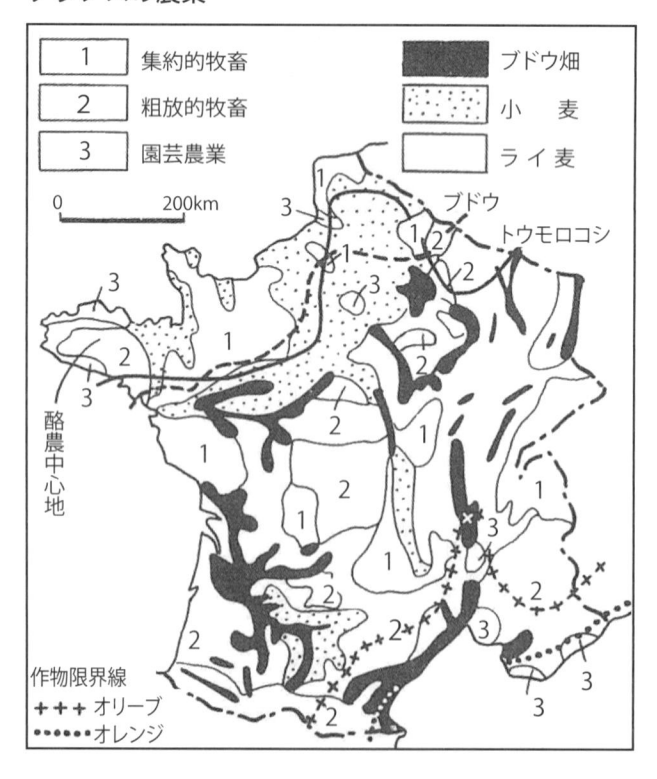

フランス共和国

【地勢】
(1) フランス東部国境：①ヴォージュ山脈は，古生代の山脈，②ジュラ，アルプス，ピレネー山脈は，新生代第三紀の褶曲造山運動．
(2) フランス平原：①国土の約64%が農耕地，②パリ盆地はフランス最大の盆地，ケスタ，コート地形，③アキテーヌ盆地はガロンヌ川流域．
(3) 中央高地：起伏の乏しい山塊，北東部は石灰岩地帯で，断層が多い．
(4) ブルターニュ半島：ケスタ，起伏に富んだ丘陵性台地．

【気候】
(1) 気候区分：①北部と西部；西洋海洋性気候（Cfb），②パリ盆地；やや大陸性の地域，③東部の山岳地帯は気温の較差が大きい，④南部地方；地中海性気候（Cs），アルプス地方からミストラル（乾燥・寒冷風）．

【経済環境】
（工業は化学，機械，宇宙，航空産業，原子力発電（電力の50%程度を占める），衣服，観光，芸術品の比重も高い，南フランスはヨーロッパのサンベルト）

(1) 農・牧・林・水産：①西ヨーロッパ（EU）最大の農業国：EUの穀倉地，食料自給率が高い，②農業経営：家族中心労働，中小規模自作農（土地の細分化が進む北西部，中部以南），小麦，大麦，トウモロコシ，テンサイ，ジャガイモ，牛（EU最大の飼養），豚，ワインなど輸出が多い，③農業に地域的特性北東部（パリ盆地）：機械化の進んだ企業的大規模経営，労働生産性高い．北西部：酪農，借地農が多い．小規模な牛・羊の飼養．南部：地中海式農業（園芸，果樹，蔬菜の生産が盛ん．分益小作農：地主が生産資材（土地，家屋，農具）などを一定期間小作人に貸し，小作料を徴収する．

小作農 ——→ 地主
労働力　収穫数の1/2～1/3

フランスの農業

フランスの鉱業

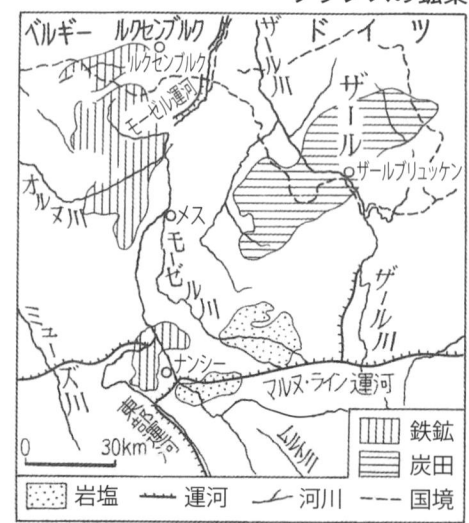

フランスの鉱・工業

【経済環境】
(2) 天然資源：石炭，石油，天然ガス，鉄鉱石，ウラン，金他．
(3) 製造業：主要産業国有化，臨海部に新しい工業地帯．石油化学，鉄鋼業が発展しつつある　南部地方には航空機産業が発展．

地域	主要都市と主要工業	備考
北フランス	リール，ルーベ（羊毛，綿，化学繊維，鉄鋼，製紙，自動車），ダンケルク（鉄鋼，機械，石油化学）	炭田，伝統技術，港湾
ロレーヌ	ナンシー，メス（メッツ）（鉄鋼，金属，化学，自動車，繊維，食品）	鉄山（ミネット）ザール炭田
パリ	パリ（化粧品，装飾品，機械，自動車，航空機，印刷，映画，電子工業）総合工業	消費地指向型工業
アルザス	ルアーヴル（石油，造船），ルアン（衣服，機械，自動車）	
その他	リヨン（絹，化学繊維），サンテチエンヌ（鉄鋼，金属，機械，絹織物），グルノーブル（アルミ），ストラスブール（化学），ボルドー（ワイン，造船，化学，航空機），ミューレーズ（繊維），マルセイユ（軍港，造船，化学），トゥールーズ（航空機），サンテチェンヌ（金属，機械），ナント（金属，化学，車両），ブレスト（造船），フォス（鉄鋼，石油化学）	

フランスの鉱・工業 ▶ 43

スペインとポルトガル

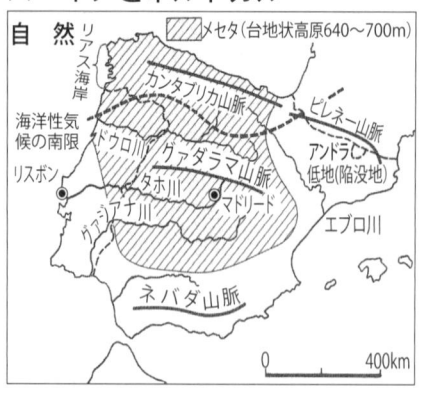

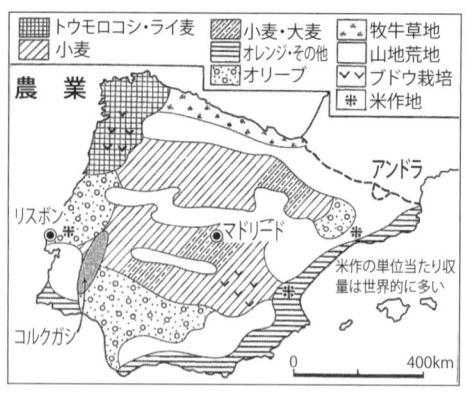

自然
- メセタ(台地状高原640～700m)
- リアス海岸
- カンタブリカ山脈
- ピレネー山脈
- ドウロ川
- グアダラマ山脈
- アンドラ低地(陥没地)
- 海洋性気候の南限
- リスボン
- タホ川
- マドリード
- グアディアナ川
- エブロ川
- ネバダ山脈

農業
- トウモロコシ・ライ麦
- 小麦・大麦
- 牧牛草地
- 小麦
- オレンジ・その他
- 山地荒地
- オリーブ
- ブドウ栽培
- 米作地
- 米作の単位当たり収量は世界的に多い
- コルクガシ

ポルトガル共和国

【地勢】
(1) イベリア半島西端部と火山島のアゾレス、マデイラ諸島。
(2) 北部山地:アルプス・ヒマラヤ造山運動の影響、南部低地:テージョ川以南、台地性平原。

【気候】
(1) 大西洋に面し、地中海性気候(Cs)、地域差が大きい。
(2) アゾレス、マデイラ諸島はステップ気候(BS)。

【経済環境】(近年自動車、電気機械、化学工業などが発展)
(1) 農・牧・林・水産
　①北部:家族経営で10ha以下の小規模零細農家が多い。小麦、大麦、トウモロコシ、雑穀、ジャガイモ、リンゴ、肉牛・乳牛の飼養他。
　②南部:巨大農園(ラティフンド)が多い。ブドウ、オリーブ、オレンジ、コルクガシ、蔬菜他。牧畜:乾燥地を利用して山羊・羊・豚他。水産:タラ、イワシ、タイ、ヒラメ、マグロ、カキ他。
(2) 天然資源:錫、銅、タングステン、石炭、鉄、ウラン他。
(3) 製造業:食品、繊維、金属、造船(リスボン)、ワイン(オポルト)、セメント、石油精製、自動車(リスボン)他。

（地図：ビスケー湾、リアス海岸、アコルーニャ、ヒホン(造船・鉄鋼・化学)、サンセバスティアン(金属・化学・機械・鉄鋼)、オビエド(化学・機械・繊維)、レオシン(亜鉛)、ビルバオ(鉄鋼・製油・造船)、鉄、水力発電地帯、アンドラ・ラベリア、バリャドリード(自動車・繊維・金属・機械)、サラゴサ(機械・化学・繊維)(アンゴラ王国の古都)ピレネー横断鉄道の分岐点、バルセロナ(繊維・化学・鉄鋼)、パナシュケイラ(錫・タングステン・銅)、ポルト、ドウロ川、マドリード(自動車・航空機・電気機器・重化学工業)、タホ川、グアディアナ川、バレンシア(金属・化学・造船・自動車・食品)、リスボン(造船・機械)、アルマデン(水銀)、リナーレス(精錬工業)、セビリア(サラセン文化遺跡)、コルドバ(回教古地)(金属)、グラナダ(サラセン文化遺跡)、カルタヘナ(造船)、マラガ、ウエルバ(製油・化学)、カディス(造船)、ジブラルタル(軍港)、円錐図法、200km)

スペイン

【地勢】
(1) イベリア半島の4/5を占める部分とバレアス諸島、カナリア諸島、チャフアリナス諸島、スペイン領北アフリカ。
(2) 国土の大部分が平原と山地。
(3) メセタ地方:高地、起伏の多い盆地状高原。
(4) 構造平野:ケスタ(楯状地)と沖積平野で農牧地。
(5) ピレネー、ネバダ山脈:アルプス・ヒマラヤ造山運動による。山型は急峻、山麓は農牧地。
(6) ガリシア地方:リアス海岸。

【気候】
(1) 大西洋沿岸は西岸海洋性気候(Cfb)。
(2) 地中海沿岸は地中海性気候(Cs)。

【経済環境】(主要産業が食品加工から自動車、化学等の工業に転換)
(1) 農・牧・林・水産:①北部は小土地所有、小規模経営、南部は大土地所有(4%の地主が農地の60%を所有)、②耕地の大部分は飼料栽培、経営は粗放的で、生産性低い、③大規模な灌漑工事で農業発展。北部地域:トウモロコシ、豚の飼養、南東部沿岸:地中海式農業、オリーブ、コルクガシ、小麦、稲作他。内陸高原:移牧羊(メリノ種)、山羊、ロバ、小麦他。
(2) 天然資源:多様な鉱物の埋蔵がみられるが、未発達。石英、鉄鉱、亜鉛、鉛、アルミニウム、タングステン、マンガン、天然ガス、石油、金、銀他。

(3) 製造業

工業地域	工業都市と工業種類
北部工業地域	サンセバスティアン(鉄鋼、機械)、バリャドリード(自動車)、ヒホン、オビエド(化学、機械)、ビノレバオ(鉄鋼、造船)
カタルーニャ地方(第2の工業地帯)ヨーロッパのサンベルト地帯の一部	ギプスコア(繊維、化学製品、製紙)、バルセロナ周辺(繊維、機械)、スリア、プリスタ(化学工業)
南西部工業地域マドリード周辺	ウィルバ、リオティント、リナーレス(精錬工業)、マドリード(自動車、航空機、電気機器、重化学工業)

イタリア共和国

【地勢】
(1) 地中海に長靴状に突き出した半島と70余りの島々．
(2) アルプス山脈の支脈アペニン山脈が脊梁山脈．
(3) ポー川がつくった広大なパダノ・ヴェネタ平野．
(4) 中央アペニン山脈は険しい，テヴェレ川がローマ市内を流れる．
(5) 南部アペニン山脈はカラブリア半島からシチリア島に伸びる，ヴェズヴィオ山（1,281m），エトナ山（3,330m）．

【気候】
(1) 地中海性気候（Cs）：夏乾燥し，冬降雨．
(2) 北部アルプス山地：年・日較差大きい．
(3) 北部平野：春・秋に降雨が多く，冬は気温が低い．
(4) ビエラ地方：冬季温暖．
(5) アドリア海沿岸：冬寒冷，北東から『ボラ』が吹く．
(6) 南部地方：アフリカからシロッコ（乾燥熱風）が吹く．

【経済環境】（南北経済格差大きい，バノーニ計画進行，第3のイタリア（ボローニャを中心とする伝統産業，北イタリアはヨーロッパのサンベルト地帯）
(1) 農業・牧・林・水産：北部；①機械化の大規模経営，②混合農業：小麦，トウモロコシ，牛，豚，稲作（田畑輪換農法），③パダノ・ヴェネタ平野：イタリアの穀倉，稲作地帯．中南部；①山がち，斜面までよく開発され，利用．②大土地所有制度に基づく分益小作農，遅れた生産技術．⇒低い生産性＝零細農家⇒出稼ぎ（イタリア北部，スイス，ドイツ，南アフリカ，フランス他），移民．③地中海式農業：果樹（オリーブ，オレンジ，ブドウ），野菜，移牧：山羊，羊他．
(2) 天然資源：鉄鉱石，鉛，亜鉛，ボーキサイト，石油（シチリア）他．

テラロッサ：地中海沿岸にみられる石灰岩の風化土．赤色・赤褐色．

(3) 製造業

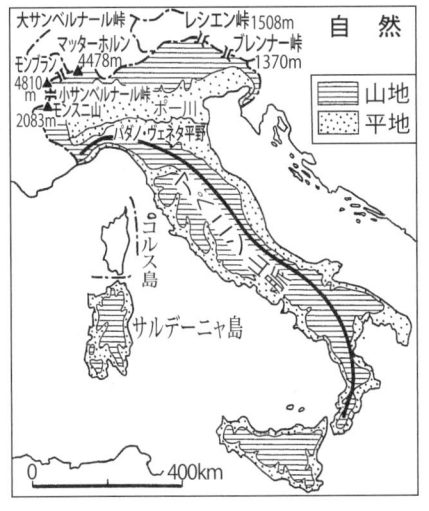

	工業地域・工業都市・工業鱗	備考
北部	先進工業地域：ミラノ・コモ（化学繊維，金属，機械化学），トリノ（自動車，航空機，製鉄，電子工業），フィレンツェ（金属，宝石加工，皮革），ヴェネツィア（精油，化学，アルミ）	重化学工業の巨大産業集積地 三角地帯（ミラノ，トリノ，ジェノヴァ）
南部	発展途上地域：ナポリ（造船，化学，機械，繊維，食品加工），タラント，バリ：南部地方の開発拠点（鉄鋼），クローネ，シラクーザ（化学，肥料，金属）	リビア，アルジェリアからの天然ガス，石油を一部パイプラインで輸送

イタリア ▶ 45

内陸の国々

スイス(内陸国)

地図注記(本土):
- バーゼル：河港、絹・麻・織物・化学
- ライン川
- ボーデン湖
- コンスタンツ（織物・薬品）
- 時計・電気器具、宝石細工、古城・名所旧跡
- 金融、交通上の中心
- チューリヒ／チューリヒ湖
- 絹・綿織物、機械
- サンクトガレン：綿レース、刺しゅう
- ヌーシャテル／ヌーシャテル湖
- 氷河遺跡、チーズ・綿織・時計
- ルツェルン／ルツェルン湖
- クール
- 観光地、4世紀以来古寺
- ベルン●：国際郵便連盟本部、繊維・機械・科学器具
- ジュラ山脈
- ローザンヌ：鉄製品・ビール・タバコ・チョコレート・チーズ・時計
- インターラーケン：観光地、織物・木材・酒類
- ユングフラウ(4158m)
- ライン川／アルプス山脈
- サンゴタルト峠(2108m)、トンネル(15km)
- レマン湖(ジュネーヴ湖)
- 宗教改革後の新教の中心地、時計・宝石研磨・染色、精密機械
- ジュネーヴ：万国赤十字本部、国際労働事務局
- シンプロン トンネル(19.6km)
- ロカルノ：保養地、条約締結地
- マッターホルン(4477m)／モンテローザ(4634m)

山岳垂直分布:
- 万年雪
- 約2800m 岩石
- 約2200m 高原牧場
- 約1800m
- 約1400m 針葉樹林
- 約1100m 広葉樹林
- 農地および園圃

農牧業凡例: 荒地／森林／耕地／果樹／テンサイ／アルプ／牧草／ブドウ／タバコ

言語分布凡例:
- フランス語(B)
- 混合(独が主)
- 混合(仏が主)
- ドイツ語(A)
- イタリア語(C)
- ロマニッシュ語(D)

数字は%(割合)

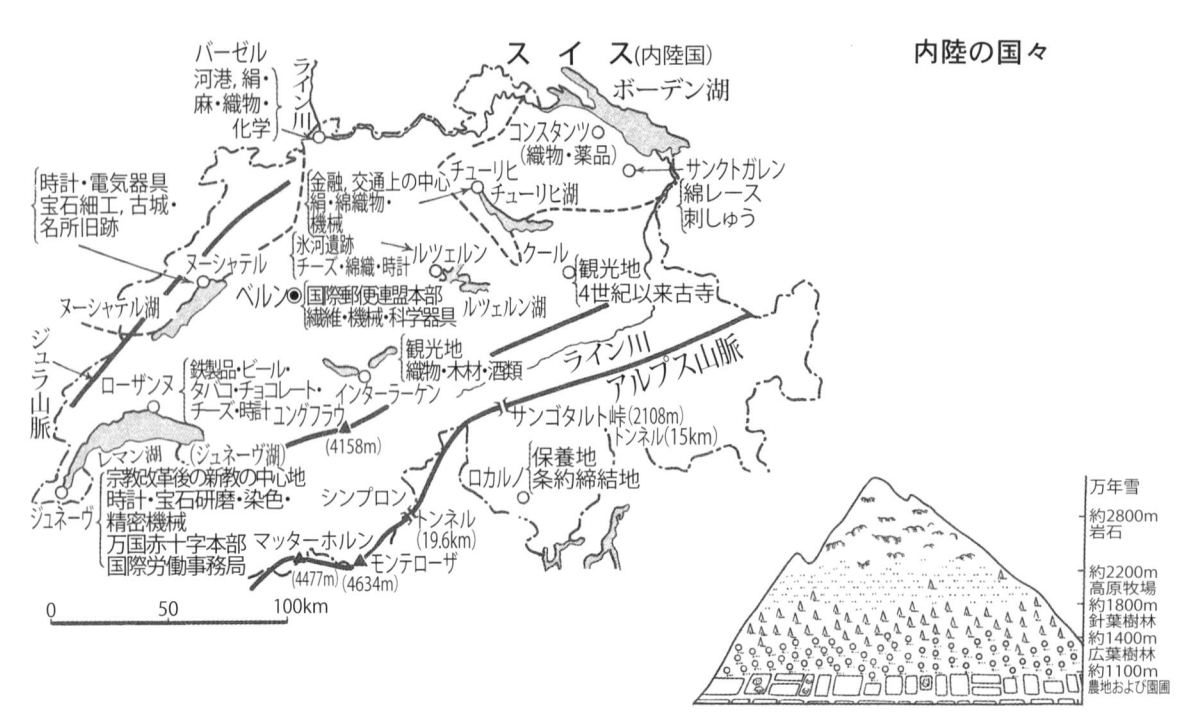

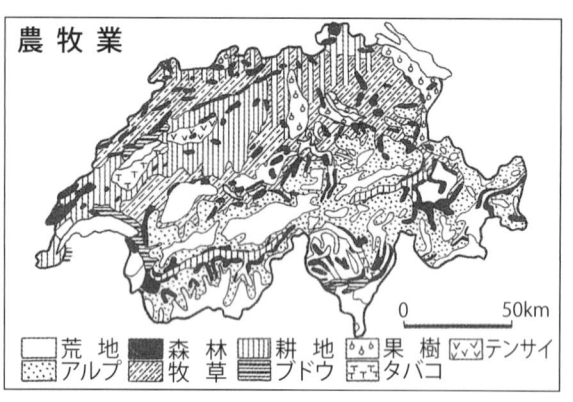

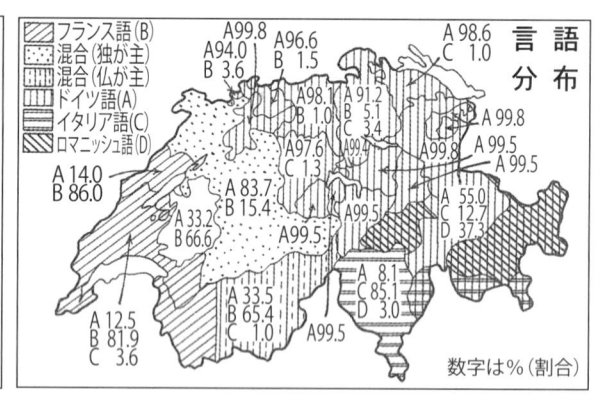

スイス連邦（内陸国）

【地勢】
(1) アルプス山脈（新生代第三紀造山運動）：国土の約60%近く，1,500の氷河湖と140以上の氷河，ローヌ川，ライン川などの源流，森林限界線．最高峰：マッターホルン(4,477m)．
(2) ジュラ山脈地域：国土の10%の高原性山地．
(3) 中間低地：アルプス山脈とジュラ山脈の中間に広がる低地（起伏が多く丘陵的），スイスの高原．

【気候】
(1) 複雑な気候様相．
(2) アルプス山脈は気候上の分水界，高山気候(H)
(3) アルプス山脈南側は地中海性気候(Cs)，比較的温暖．
(4) 北西部は西岸海洋性気候(Cfb)と大陸性混交林気候(Dfb)．

【経済環境】（天然資源が乏しく，原料輸入製品輸出，エネルギー資源は水力，火力，原子力発電）
(1) 農・牧・林・水産（耕地，牧場，牧草地は国土の約39.0%，中小規模の家族経営農業，高地の大部分は飼料栽培に利用．酪農業：移牧形式（夏は高山牧場（アルプ：alp）で放牧し，冬は舎飼）．
　① 中央低地：リンゴ，モモ，蔬菜他．
　② 段丘地帯：ジャガイモ，穀物，ブドウ他．
　③ アルプス山脈北側；落葉樹（500～1,650m）カシ，ブナ，ニレ，カエデ，針葉樹（1,150～2,275m）シロモミ，アカモミ．南側；クルミ，クリ，ナナカマド他．
(2) 天然資源：未開発
(3) 製造業（特殊加工技術の高度化が特徴，世界各地に子会社（機械，化学製品，セメント，食品加工他）を所有）精密機械，一般機械，化学工業，薬品工業，繊維工業，石油製品，セメント，食品加工（チョコレートを含む），酪製品他．

※ 日常会話は複数の言語を使用（ドイツ語，フランス語，イタリア語，ロマニッシュ語）．
※ 1815年　ウィーン会議で永世中立国．

オーストリア共和国（内陸国）

【地　勢】
(1) ヨーロッパの屋根．
(2) 北側：1,000m以下の丘陵地，氷河はない．
(3) 南側：壮年期の山，3,000m以上の高峰が連続，氷河が見られる．
(4) ドナウ北岸：ベーマー（ボヘミア）ヴァルト高原地域．
(5) 東部平野（ウィーン盆地を含む）：アルプス山脈からの沖積土．

【気　候】
(1) 大部分は西岸海洋性気候（Cfb），東部はやや大陸性気候で比較的乾燥．
(2) アルプス山脈地域は高山気候（H）．

【経済環境】（近年自動車，機械，金属，電気機械等の産業が発展し，観光収入を上回る）
(1) 農・牧・林・水産（耕地面積は小さい　農業技術の向上，品種改良，生産性向上に努めた結果，食料自給率が向上した）：小麦，大麦，トウモロコシ，雑穀，ジャガイモ，蔬菜，テンサイ，馬（飼養が盛ん）・牛・豚・鶏，木材他．
(2) 天然資源：鉄鉱，亜鉛，銅，モリブデン，マンガン，岩塩，石炭（褐炭），石油，天然ガス（ウィーン盆地）他．
(3) 製造業：食品・食肉加工，ワイン，酪製品，製紙，用材（ボードの品質高い），石油製品，化学工業，化学繊維，自動車，電気機械他．

【主要言語】ドイツ語．

リヒテンシュタイン公国（内陸国）

国土面積：160km²

【地勢】国土の約2/3が山地で，細長い低地と高地．
【気候】西岸海洋性気候（Cfb）．
【経済環境】（主要産業は観光業，金融業，切手発行近年工業国へ）
(1) 農・牧・林・水産：低地；小麦，蔬菜，ブドウ（フェーン現象利用）他，傾斜地；牛，羊の放牧（山間地）．
(2) 天然資源：未開発．
(3) 製造業：ワイン，精密機械，一般機械，電気機械，化学工業，ガラス，セラミック，織物他．

【主要言語】ドイツ語．

チェコ共和国（内陸国）

【地　勢】
(1) 山地：エルツ山脈，スデーティ山脈，タラト山脈の延長部．
(2) 平地・丘陵：モラヴァ丘陵，ベーマーヴァルト（ボヘミアの森），黄土（レス）：肥沃地．

【気　候】
(1) 西岸海洋性気候（Cfb），東部の一部は大陸性混合林気候（Dfb）．

【経済環境】（旧ソ連時代から工業，武器，機械，化学工業，玩具他）
(1) 農・牧・林・水産：小麦，大麦，ライ麦，雑穀，ジャガイモ，大豆，ブドウ，リンゴ，ホップ，亜麻，馬・牛・豚・羊・山羊・鶏他．
(2) 天然資源：ウラン，銀，鉄，褐炭，原油，天然ガス他．
(3) 製造業：ワイン，ビール，パルプ，化学肥料，石油製品，自動車，一般機械，金属，兵器産業，ガラス，造船他．

スロバキア共和国（内陸国）

【地　勢】
(1) 大部分が高峻な山岳地帯，平地はドナウ，バー，イベリ川流域とティサ川に散在，肥沃な農耕地．
(2) 山岳部はカルパティア山脈の支脈群，タトラ山脈．

【気　候】
(1) 西部地域は西岸海洋性気候（Cfb），東部は大陸性混合林気候（Dfb），中央部は温暖湿潤気候（Cfa）．

【経済環境】（計画経済から市場経済へ，貧富の格差拡大）
(1) 農・牧・林・水産（平地が少ない）：小麦，大麦，ライ麦，雑穀，トウモロコシ，ジャガイモ，アワ，大豆，タバコ，ホップ，園芸植物，馬・牛・豚・羊・山羊・鶏他．
(2) 天然資源：マグネシウム，水銀，鉄鉱，金，亜炭，褐炭，石油，天然ガス，アンチモン他
(3) 製造業：ワイン，酪製品，ビール，繊維，化学肥料，石油製品，自動車，車両，電気機械，一般機械，造船他．

ヨーロッパの小国

モナコ公国
国土面積：2km^2
【地　勢】フランスのニース近郊で丘陵地．
【気　候】地中海性気候（Cs）
【経済環境】（国家収入：観光，カジノ，切手，タバコ）避暑地，海洋博物館（有名），地租，所得税免除）
(1) 農・牧・林・水産：食料をすべて輸入．
(2) 天然資源：未開発．
(3) 製造業：小規模経営，精密機械，繊維，化学，ガラス，印刷他．近年，埋立地に工業団地設立．
【主要言語】フランス語．

サンマリノ共和国（内陸国）
国土面積：61km^2
【地　勢】イタリア中北部の山岳．
【気　候】地中海性気候（Cs）．
【経済環境】（イタリアからの援助と観光，切手収入）
(1) 農・牧・林・水産：山麓を利用，小麦，ブドウ，タバコの耕作と放牧．
(2) 天然資源：なし．
(3) 製造業：ワイン，タバコ，酪製品，印刷，石材他．
【主要言語】イタリア語．

アンドラ公国（内陸国）
国土面積：468km^2
【地　勢】ピレネー山脈に位置，ヴァリア川の谷部がこの国の中心地．
【気　候】一般的に高山気候（H），地域の高低差が気温と日照に格差をもたらす．
【経済環境】（農業は不振，自由関税，輸入品すべて無税）
(1) 農・牧・林・水産：低地；大麦，ジャガイモ，ライ麦，タバコ他，山麓斜面；牛，羊の移牧他．
(2) 天然資源：未開発．
(3) 製造業：繊維工業，タバコ，自動車部品他．
(4) 1993年，外交，国防，治安等，フランス大統領とウルヘル司教が共同代表として統治．他はアンドラ国民による議会制民主主義制度．
【主要言語】カタルーニャ語，スペイン語，フランス語．

バチカン市国（内陸国）
国土面積：0.44km^2
【地　勢】ローマ市内の北西部に位置．
【気　候】地中海性気候（Cs）
【経済環境】（ローマカトリックの総本山，全世界のローマカトリック教徒の献金で運営）
施設：印刷所，売店，貨物駅，倉庫，博物館，各国大使館，法王宮，諸庁舎．
【主要言語】ラテン語，イタリア語，フランス語．

マルタ共和国
国土面積：316km^2
【地　勢】地中海に位置し，マルタ，ゴゾ，コミノ等の島から成る．カルスト地形，表土が薄い．
【気　候】地中海性気候（Cs）．
【経済環境】（観光と造船修理，近年半導体が経済の中心）
(1) 農・牧・林・水産（表土，降水量が少ない．一部の灌漑された低地農牧地）：小麦，大麦，ジャガイモ，タマネギ，豆類，ブドウ，花卉栽培，傾斜地を利用した牛，山羊，羊の放牧と豚などの飼養．
(2) 天然資源：未開発．
(3) 製造業：軽工業中心．織物，レース（伝統的），銀細工，造船，船舶修理（イギリスの軍事基地だった時代），ワイン，電子他．
【主要言語】マルタ語，英語，イタリア語．

キプロス共和国
国土面積：925km^2
【地　勢】地中海に位置．国土は東西に長い．北と南に山脈，中央部は沖積平野．海岸線は岩礁が多い．火山性の肥沃な土壌．
【気　候】地中海性気候（Cs）．
【経済環境】（農牧業は，灌漑設備の発展に伴って耕地化か進む）
(1) 農・牧・林・水産：メサリア平野が中心．小麦，大麦，燕麦，ジャガイモ，綿花，オリーブ，ブドウ，タバコ，オレンジ他，山麓を利用して牛，羊，山羊，豚，鶏を飼養．
(2) 天然資源：銅，鉄鉱，クロム，岩塩他．
(3) 製造業（軽工業中心の小規模経営）：岩塩，セメント，酪製品，油脂，ワイン，銅精錬他．
(4) 北キプロス：独立宣言を行っているが，承認国はトルコ1国のみ．
【主要言語】ギリシャ語，トルコ語．
【宗　教】キリスト教（カトリック），イスラーム（スンニ）．

旧ユーゴスラビア諸国

地図内の注記：
- スロベニア：マリボル（機械・化学・食品・繊維）、リュブリャナ（機械・化学・繊維・製紙・用材）、×（石炭）
- カルスト
- ×（ボーキサイト）
- クロアチア：ザグレブ（機械・化学・繊維・電子・食品）、リエーカ（造船・製油）、オシイェク
- カルスト地方、ディナルアルプス山脈、ダルマチア地方
- ×（ボーキサイト）
- スプリト
- ボスニア・ヘルツェゴビナ：ゼニツァ（鉄鋼・機械・金属・食品）、サラエボ（機械・繊維・製紙・用材・食品・自動車）、モスタル
- ×（アンチモン）、×（鉄）、×（ボーキサイト）
- セルビア：スボティツァ（機械・化学・繊維・食品）、ノヴィサド（機械・繊維・食品）、ベオグラード（機械・化学・繊維・食品）、ニシュ（機械・繊維・食品）
- ×（銅・鉄）
- モンテネグロ：ポドゴリツァ、コトル、×（ボーキサイト）
- コソボ：プリシュティナ
- マケドニア：スコピエ（機械・金属・化学・食品）、×（銅・亜鉛）、×（亜鉛）
- アドリア海

旧ユーゴスラビア諸国
- 2つの文字（ラテン，キリル）
- 3つの宗教（カトリック，セルビア正教，イスラーム）
- 4つの言語（スロバキア語，クロアチア語，セルビア語，マケドニア語）
- 5つの民族（スロベニア人，セルビア人，クロアチア人，モンテネグロ人，マケドニア人）

0　　　300km

地勢	(1) 一般的には山岳・高原・盆地地帯，(2) 山地・山脈は複雑で，アルプス・ヒマラヤ造山帯の支脈，(3) 広い平野はドナウ川流域のヴォイヴォディナ平野とアドリア海沿岸の小規模な海岸平野，(4) アドリア海沿岸のリアス海岸は断層による階段状に沈降したモザイク状の地形で，ダルマチア式と呼ばれる．
気候	(1) アドリア海沿岸地域は地中海性気候(Cs)，(2) 内陸に向かって大陸性気候が加わるため，温暖湿潤気候(Cfa)，西岸海洋性気候(Cfb)，大陸性混合林気候(Dfb)になる (3) アルプス山脈の支脈の山岳地帯はやや高山気候(H)がみられる，(4) アドリア海とディナルアルプスには，冬にボラ（強風）が吹く．

国名（首都名）	気候	経済環境	農林水産	おもな天然資源	おもな製造業
クロアチア共和国（ザグレブ）	アドリア海沿岸は(Cs)内陸に向かって(Cfa)(Cfb)	経済変動が少なく，工業国として発展	小麦，大麦，ライ麦，エン麦，トウモロコシ，ジャガイモ，大豆，トマト，キャベツ，蔬菜，テンサイ，タバコ，オレンジ類，オリーブ，ブドウ，馬，牛，豚，羊，山羊，鶏他が大部分の国で栽培・飼養されている．	石油，天然ガス	食品・食肉加工，油脂，ワイン，酪製品，繊維，化学肥料，電気機械，一般機械，鉄鋼，造船，石油製品
スロベニア共和国（リュブリャナ）	アドリア海沿岸は(Cs)アルプス山脈付近は(H)大部分は(Cfa)(Cfb)	旧ユーゴの中で工業化最先進国		石油，天然ガス	食品・食肉加工，ビール，酪製品，化学肥料，薬品，化学，一般機械，電気機械，冶金，自動車，セメント，タイヤ
ボスニア・ヘルツェゴビナ（サラエボ）	アドリア海沿岸は(Cs)内陸に向かって(Cfa)(Cfb)	内戦により経済衰退から回復しつつある．農業生産は順調に発展．		石炭，鉄鉱石，ボーキサイト，鉛，亜鉛鉱他	食品・食肉加工，酪製品，繊維，用材，鉄鋼，アルミニウム，一般機械，石油製品
セルビア（ベオグラード）	大部分は(Cfa)	民族・宗教などの対立闘争で経済混乱．IMF（世界銀行）に復帰し，経済は発展．		石炭，石油，天然ガス，銅，鉛，亜鉛鉱，金，銀他	食品・食肉加工，皮革，ワイン，酪製品，織物，化学，化学肥料，鉄鋼，冶金，電気機械，一般機械，造船，自動車，セメント，タイヤ，石油製品
モンテネグロ（ポドゴリツァ）	アドリア海沿岸は(Cs)内陸はやや(Cfa)	経済構造改革により順調に発展．		石炭，ボーキサイト	ワイン，食品・食肉加工，織物，用材，鉄鋼，冶金
コソボ共和国（プリシュティナ）	内陸はやや(Dfb)が加わる	経済発展はやや遅れている．農業は小規模・小経営．天然資源開発は遅れている．		石炭，亜鉛鉱，ニッケル	亜鉛，ニッケル，セメント，鉄鋼，一般機械
マケドニア（旧ユーゴスラビア）共和国（スコピエ）	やや(Dfb)が加わった(Cfa)(Cfb)	経済成長は遅れている．主要製造業は鉄鋼業，織物工業．		石炭，亜鉛，鉛，銅，ニッケル他	油脂，ワイン，食品・食肉加工，皮革，織物，用材，化学，化学肥料，ニッケル，鉄鋼，石油製品，セメント

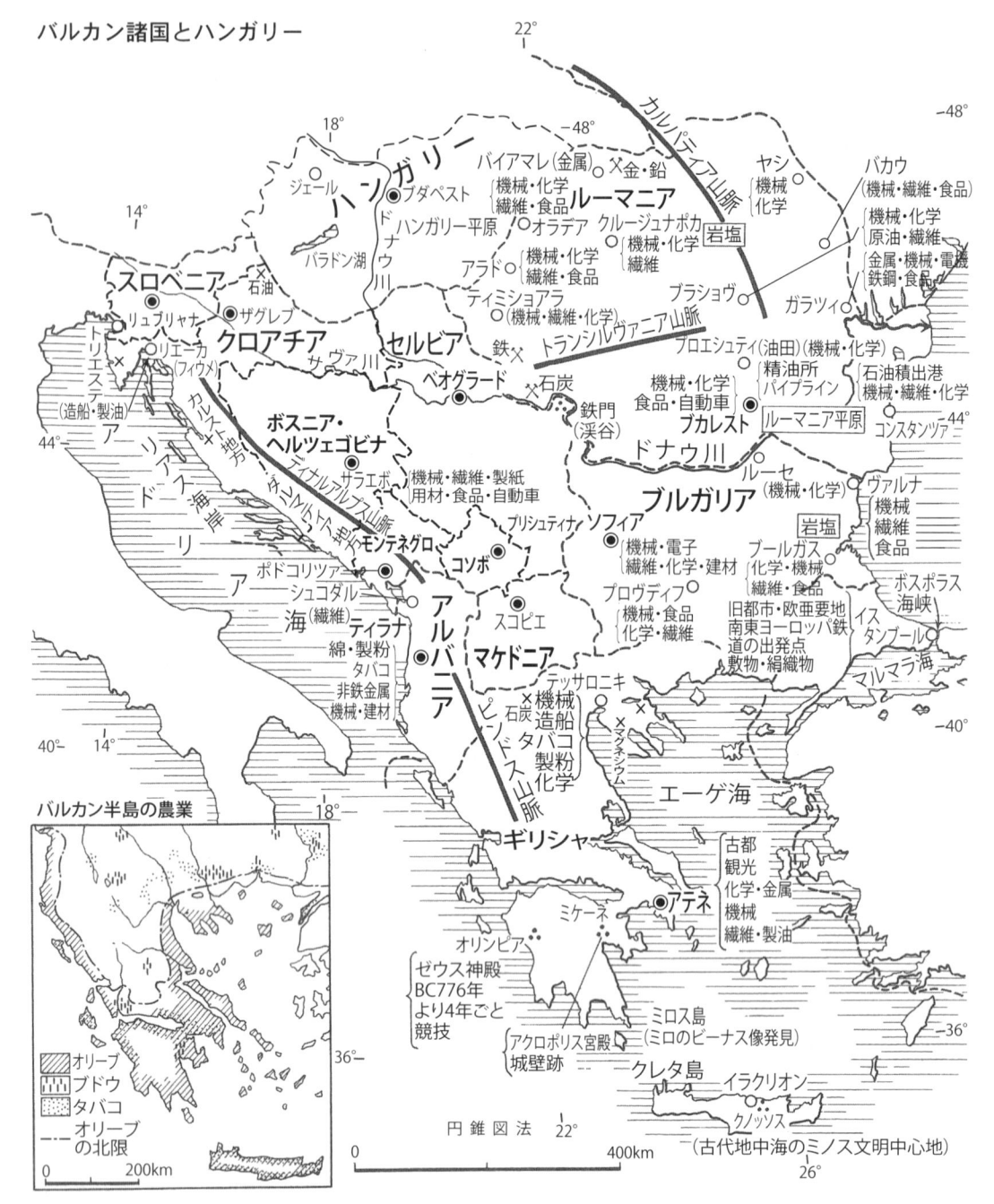

バルカン諸国とハンガリー

ギリシャ共和国
【地勢】
(1) バルカン半島部と3,000以上の島々．
(2) 国土の大部分は山岳，丘陵，盆地，平野地域：河川流域の小範囲．
(3) ピンドス山脈：ディナル・アルプス山脈の支脈．
(4) ペロポニソス半島：褶曲地域．
(5) クレタ島：ピンドス山脈の延長部．
(6) エーゲ海島嶼部：大部分はトラキア山塊とキクラデス山塊の山頂部が島嶼群として海面に現れた．

【気候】
(1) 国土の大部分は地中海性気候（Cs）．
(2) 北部の山岳地域は温暖湿潤気候（Cfa）やや大陸性．
(3) エーゲ海：ボラ，西海岸：シロッコが吹く．

【経済環境】（現在は工業発展に努力）
(1) 農・牧・林・水産（小土地所有で粗放的農業，近年は灌漑，機械化，化学肥料の活用，品種改良などで農産物の生産が向上）：小麦（マケドニア，デイッサリア），大麦・トウモロコシ（イピロス），ジャガイモ（全土），オリーブ（海岸低地，島嶼部），ブドウ（島嶼部），タバコ（マケドニア，アルタ），干ブドウ（アハイア，コリンソン，イリア），綿花（セレ）など．林業，畜産は発展途上．
(2) 天然資源：鉄鉱石，ボーキサイト，マグネサイト，鉛，亜鉛，マンガン，クロム，ニッケル（産出量は少ない．原鉱で輸出が多い）他．
(3) 製造業：繊維工業，石油精製，造船，食品加工，化学肥料．アテネ（化学，金属，電気，機械），テッサロニキ（サロニカ）（造船，タバコ，製粉，化学）他．

バルカン諸国とバルト三国

ハンガリー
【地勢】
(1) ドナウ川が国土の中央を流れる. ①ハンガリー平原（ジュール平原）：北西部は肥沃な主要農牧地, ②トランスダニュービア台地：乏水性台地, ③ハンガリー平原：砂質ステップ（プスタ）地帯は重要な農牧地帯（牧場, 果樹, 穀物, 蔬菜他）, 草原プスタはアルカリ性土壌, 牧畜地帯. ④中帯山地（カルパティア山脈の支脈）：バタチョニュ溶岩台地が有名.
【気候】
(1) 大部分は温暖湿潤気候(Cfa)と西岸海洋性気候(Cfb)で, やや大陸性気候型. 一部は地中海性気候(Cs).
【経済環境】（計画経済から市場経済に変革したため, 生活水準は飛躍的に向上）
(1) 農・牧・林・水産：小麦, 大麦, トウモロコシ, ヒマワリ, ライ麦, ジャガイモ, アワ, 大豆, 蔬菜, ブドウ, テンサイ, リンゴ, タバコ, 牛・馬・豚・羊・山羊・ガチョウ（ドナウ川西岸）, 鶏（生産増大傾向）他.
(2) 天然資源：ボーキサイト, 石炭, 金, マンガン, ウラン, 石油, 天然ガス他.
(3) 製造業（発展途上）：ワイン, ビール, アルミニウム, 鉄鋼, 一般機械, 化学肥料, 薬品, 電気機械, 繊維, 自動車, 石油製品他.
(4) 大部分がマジャール人（アジア系）.

アルバニア共和国
【地勢】
(1) バルカン半島の西部, アドリア海に面する.
(2) 大部分は山岳地帯. 河川はアドリア海に注ぎ, 短く急流. 平野は海岸線近くにラグーン, 三角州, 沼沢地. 山間部の河川流域には狭小な盆地が存在.
(3) ディナルアルプス山脈の延長部：アルバニアアルプス.
【気候】
(1) 多様な気候型をもつ. ①アドリア海沿岸：地中海性気候(Cs), 夏は高温乾燥, 冬は温暖降雨. ②内陸の山岳地帯：大陸性気候型, 雨季と乾季の区別が不明瞭, 冬は降雪がある.
【経済環境】（経済成長率が最も低い）
(1) 農・牧・林・水産業：小麦, 大麦, ライ麦, 雑穀, トウモロコシ, ジャガイモ, 大豆, ヒマワリ, オリーブ, オレンジ, リンゴ, タバコ, ホップ, ブドウ, 綿花, 木材, 牛・馬・羊・山羊・豚・鶏他.
(2) 天然資源（未開発地域が多い）：亜炭, 褐炭, 石油（フローラとその近郊）, ニッケル, クロム, 銅, 鉄鉱, アスファルト, 岩塩他.
(3) 製造業：ワイン, 食品・食肉加工, 酪製品, 皮革, ビール, 石油製品, 化学肥料, 繊維他.

ルーマニア
【地勢】
(1) カルパティア山脈（アルプス・ヒマラヤ造山運動による隆起山脈）, 2,500m以上の山頂に圏谷（カール）, トランシルヴァニア山脈：1,000～2,000mの高地は起伏の多い耕作地.
(2) ドナウ川流域：セルビア国境近くは, ポルティレデフィエル（アイアンガード, 鉄門）の難所. ルーマニア平原はドナウ川による広大な三角州と砂地.
(3) 黒海沿岸は平地, 広い砂浜, 丘陵地, 遠浅海岸で冬温暖.
【気候】
(1) 国土の大半は温暖湿潤気候(Cfa)と西岸海洋性気候(Cfb), 山岳地帯は針葉樹林気候(Dfc).
(2) モルドヴァとルーマニア平原はステップ地帯.
【経済環境】（工業国としての発展政策を実施）
(1) 農・牧・林・水産：小麦, 大麦, ライ麦, 雑穀, 米, トウモロコシ, ジャガイモ, 大豆, 蔬菜, リンゴ, タバコ, ホップ, 牛・馬・豚・羊・鶏他.
(2) 天然資源：石炭, 石油, 天然ガス（プロエシュティ）, 鉛, 亜鉛（バイアマレ）, 銅, ウラン, マンガン他.
(3) 製造業：繊維工業, 化学, 化学肥料, 石油製品, 一般機械, 電気機械, 自動車, タイヤ, セメント, アルミニウム, ベアリング.
(4) 東欧唯一のラテン系民族.

エストニア共和国（バルト三国）
(1) 海外資本大きい.
(2) 酪農・園芸が中心. 沼沢地では混合林.
(3) 製造業：繊維, セルロース, 機械, 電気, 化学肥料, 石油製品, 自動車, 金属他.
(4) 言語文化：エストニア語, 伝承的音楽と文学.

ラトビア共和国（バルト三国）
(1) 農業中心国.
(2) 製造業（旧ソ連時代；消費財, 通信機の生産地）：ワイン, ビール, セルロース糸, 繊維, 自動車, 電気機械, 造船他.
(3) 言語・文化：ラトビア語.

リトアニア共和国（バルト三国）
(1) 伝統的農業と牧畜, 食品・食肉加工が中心. 針葉樹林.
(2) 製造業：ワイン, 酪製品, 繊維, セルロース, 化学肥料, 機械, 電気, セメント, 金属, 自動車, 造船, 石油製品他.
(3) 言語・文化：リトアニア語

ブルガリア共和国
【地勢】
(1) ドナウ川流域平原：ドナウ川とその支流によってつくられた河岸平野, 南に向かって海抜高度が上昇.
(2) スターラ（バルカン）山脈：アルプス・ヒマラヤ造山運動による山脈. 基岩は石英, 石灰石, 砂岩. 最高峰はムサラ山（2,925m）.
(3) 黒海沿岸：カムチャ川やその支流によってつくられた沖積平原, 夏は日照時間が長い, 農業の中心地. 黒海沿岸平原は大部分が砂質地域で, 海岸線は変化に乏しい. 近年避暑地として発展.
(4) ロドピ山脈：マリツァ川・メスタ川などの流域に小平原がみられる.
【気候】
(1) ロドピ山脈以南と黒海沿岸は地中海性気候(Cs)の影響を受け, 夏は乾燥, 冬は降雨. オリーブ, メロンなどを栽培.
(2) ロドピ山脈以北は, 温暖湿潤気候(Cfa)と西岸海洋性気候(Cfb). 両地域ともやや大陸性気候状態, 冬は低温, 夏は高温で気温の較差が大きい. 降雨量は一般に少なく灌漑設備が必要.
【経済環境】（経済構造の改革により, 急速に工業化が進む）
(1) 農・牧・林・水産：①西部地域；タバコ, 野菜の早期栽培, ②北部ドナウ川流域；穀倉地帯, 小麦, 大麦, その他の麦類, 雑穀, トウモロコシ, ヒマワリ他. ③東部地域；蔬菜, 果樹（ブドウ, オレンジ, レモン他）, 米, ジャガイモ, 落花生, ホップ, 牛・馬・豚・羊・鶏他.
植生：①平地；ヤナギ, ポプラ, アカシア他, ②山岳地域；ブナ, カシ, シラカバ, マツ, スギ他.
(2) 天然資源：石炭, 石油, 天然ガス, 鉄, 銅, 鉛, 亜鉛, 金, 銀, 石灰岩, 塩他.
(3) 製造業（近年重化学工業が発展しつつある）：食品加工, 金属, 機械, 繊維, 化学, 鉄鋼, 造船, 石油化学

バルト三国の自然環境

【地　勢】
(1) バルト海沿岸は氷河の影響による砂質地で，砂州，砂丘，湖が点在．
(2) 中央部は沼沢地で，農耕，放牧，牧草地．
(3) 内陸は丘陵地．

【気　候】
(1) 海流の影響で西岸海洋性気候（Cfb）．
(2) 内陸は大陸性混合林気候（Dfb）で年較差が大きい．

【経済環境】
(1) 農・牧・林・水産物：小麦，大麦，その他の麦類，蔬菜，亜麻，リンゴ，馬，牛，豚，羊，山羊，マツ，カシ他．
(2) 天然資源：石油資源以外未開発．

ポーランドとバルト三国

ポーランド共和国

【地　勢】
(1) 標高300m以下の平原と台地．
(2) 南部：ズデーティ山脈・カルパティアの山脈．
(3) 南部山地の北側：台地と丘陵，北に向かって高度が低下．ヴィスワ川とオーデル川の間の台地は，黄土地帯で穀倉地．
(4) ポーランド平原：広い低地とモレーンの丘陵地．
(5) マズール地方：湖沼地帯．

【気　候】
(1) 西岸海洋性気候（Cfb）から大陸性気候への漸移地帯．
(2) 海岸地方はバルト海の影響で温暖．
(3) 東部や南部の山岳地帯は大陸性混合林気候（Dfb）．
(4) 北部の低平地域は，極気団の影響を受ける．

【経済環境】（42年間の旧ソ連中心の経済から解放）
(1) 農・牧・林・水産業（小規模零細農家が多く，生産性が低い）：①ヴィスワ川中流～下流の台地：小麦，テンサイ，②ボンメルン地方（石灰散布）；ジャガイモ，ライ麦，③北東部；亜麻，雑穀，乳牛，④南部山麓，山間地；雑穀，羊，乳牛，⑤南部丘陵地；小型ダムと灌漑路建設が進む．
(2) 天然資源：石炭，褐炭（シロンスク地方），石油（バルト海底油田），亜鉛，鉛（南部山麓），天然ガス（南部），ニッケル，銅，白金，銀，パラジウム，マグネシウム，岩塩他．
(3) 製造業：金属工業，一般機械，化学，石油製品，繊維，車両，セメント，自動車，造船他．

ロシアとその周辺の自然環境

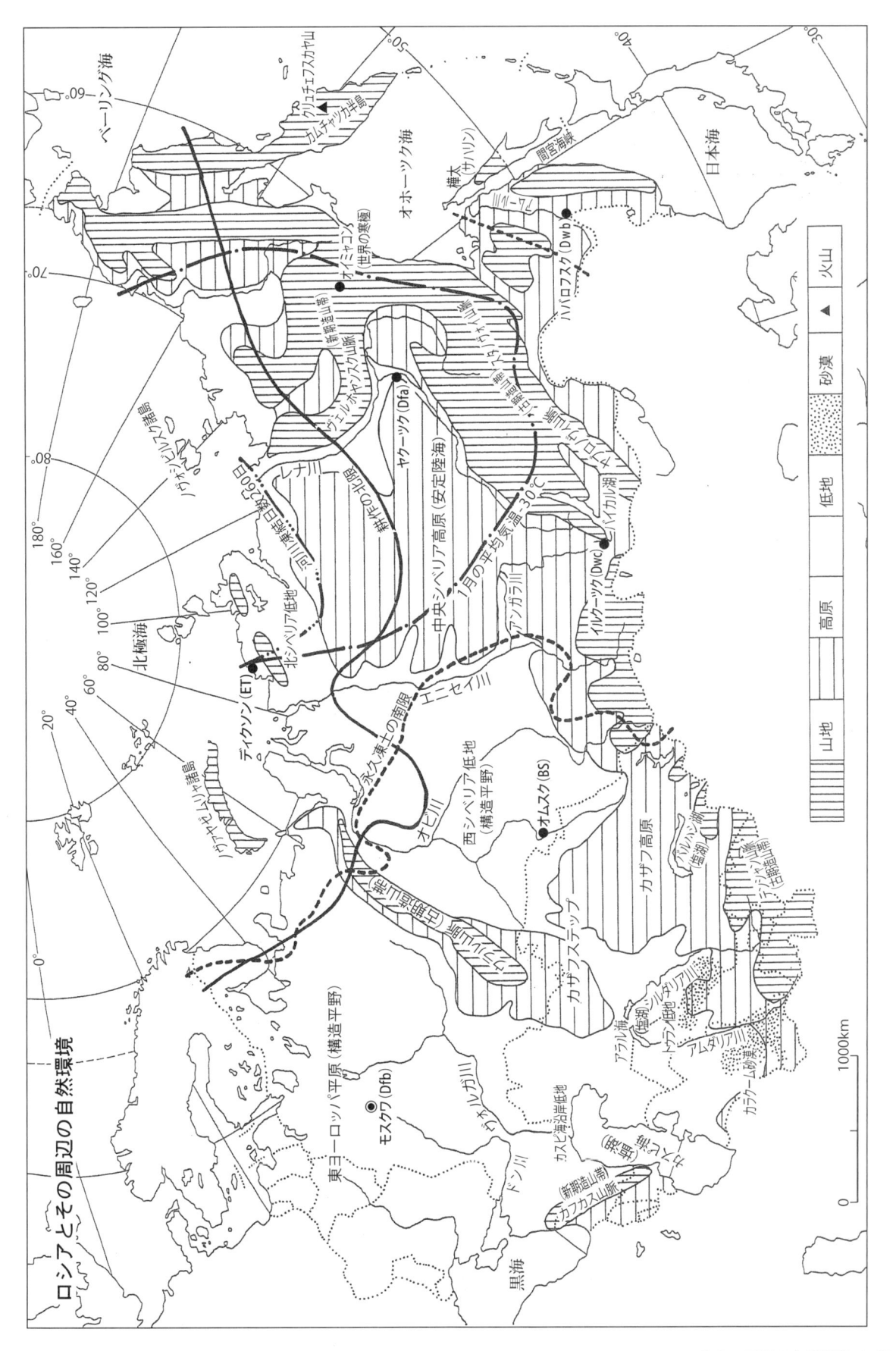

ロシアと周辺諸国の自然環境

東ヨーロッパ平原（ウラル山脈以西）	ウラル山脈（60°E）	西シベリア低地	中央シベリア	極東地方
(1) 安定陸塊 (2) 構造平野，ロシア楯状地（ケスタ），中央部が丘陵 (3) ドン川（黒海へ流入），ヴォルガ川（カスピ海へ流入），ペチョラ川，北ドヴィナ川（北極海へ流入） (4) 南部：油田地帯 (5) 南部アルプス・ヒマラヤ造山帯が南部地域に帯状に存在．	(1) 古期造山帯（低平な山脈） (2) アジアとヨーロッパの境，傾斜は南高北低 (3) ペチョラ川（北極海へ流入） (4) 鉄鉱，石炭豊富	(1) 安定陸塊 (2) 構造平野，シベリア楯状地，南部は断層山地 (3) オビ川，エニセイ川（北極海へ流入） (4) 油田，天然ガス	(1) 安定陸塊 (2) 構造平野，シベリア楯状地 (3) レナ川，オレニョク川，アナバル川（北極海へ流入） (4) 金，ダイヤモンド他 (5) バイカル湖（水深1,743m，透明度405m：世界第1位）	(1) 新期造山帯（環太平洋造山帯の一部） (2) 火山，地震が多い (3) ヤナ川，コルイマ川（北極海へ流入），アムール川（オホーツク海へ流入） (4) 金，銀，錫，油田，天然ガス他

ロシア周辺諸国の気候・土壌・植生

	ツンドラ気候（ET）	大陸性混合林気候（Dfb・Dwb）	針葉樹林気候（Dfc・Dwc）	ステップ気候（BS）
地域	北極海沿岸，極東地方一部，タイミル半島，チュコト半島　オイミャコン（−71.2℃：1933年）	(1) 東ヨーロッパ〜西シベリア地方 (2) 南部　モスクワ，エカテリンブルク	(1) 東ヨーロッパ〜西シベリア地方 (2) 東部　ヤクーツク，サハリン	(1) ウクライナ〜カザフステップ地帯：キエフ，イスタナ
土壌	ツンドラ土，永久凍土，50°N以北 高床家屋	ポドソル土，褐色森林土	ポドソル土	チェルノーゼム（肥沃な黒土） 世界的な小麦，綿花地帯，放牧
植生	冬長く，夏に地衣類，蘚苔類生育；狩猟生活（遊牧）	トウヒ，モミ，ブナ	エゾマツ，トドマツ，カラマツ	

	砂漠気候（BW）	温暖湿潤気候（Cfa）	地中海性気候（Cs）
地域	西シベリア，中央アジア，カラクーム砂漠，キジルクーム砂漠	中央アジア一部，カフカス山脈の両側に帯状に分布	黒海，カスピ海，アラル海沿岸一部
土壌	砂漠土 アルダリア川，シルダリア川の沿岸，灌漑農業（綿花），放牧，遊牧	褐色土 灌漑地帯では，米，綿花などの栽培が盛ん	栗色土， 黒色土（チェルノーゼム）
植生			ブドウ，オレンジ類，園芸農家

ロシアの都市の月平均気温と月平均降水量

	1月	2月	3月	4月	5月	6月	7月	8月	9月	10月	11月	12月	年
ディクソン	−24.8	−25.7	−22.3	−17.4	−7.7	0.5	5.0	5.5	1.7	−7.5	−17.5	−22.7	−11.1
	35.7	29.0	25.5	20.0	21.2	32.5	33.5	40.8	43.2	36.4	27.8	38.0	383.6
オイミャンコ	−46.4	−42.2	−31.1	−13.5	2.7	12.5	14.8	10.4	2.2	−14.5	−35.0	−45.4	−15.5
	6.6	6.2	4.9	6.0	12.7	34.9	43.4	39.6	22.3	14.0	12.9	6.9	210.4
サンクトペテルブルク	−5.5	−5.8	−1.3	5.1	11.3	15.7	18.8	16.9	11.6	6.2	0.1	−3.9	5.8
	44.2	33.3	35.3	31.6	46.4	72.0	80.1	83.3	64.1	66.9	55.6	49.2	662.0
モスクワ	−6.5	−6.7	−1.0	6.7	13.2	17.0	19.2	17.0	11.3	5.6	−1.2	−5.2	5.8
	51.6	43.1	35.2	36.3	50.3	80.4	84.3	82.0	66.8	71.3	54.9	50.3	706.5
オムスク	−16.2	−15.0	−7.3	3.7	12.5	17.9	19.6	16.9	10.4	3.6	−7.0	−13.9	2.1
	23.4	17.8	16.9	19.9	35.2	50.8	65.4	55.9	38.1	30.7	34.8	32.4	421.3
イルクーツク	−17.7	−14.4	−6.4	2.4	10.1	15.4	18.3	15.9	9.1	1.8	−7.9	−15.3	0.9
	14.1	8.1	11.3	18.6	35.8	78.5	109.2	93.1	52.0	21.2	20.6	16.0	478.5
ウラジオストク	−12.3	−8.4	−1.9	5.1	9.8	13.6	17.6	19.9	16.1	9.0	−0.9	−9.0	4.9
	13.4	15.2	24.0	48.0	82.6	107.6	168.8	159.0	112.7	55.6	29.0	21.1	837.0

上段：月平均気温（℃），下段：月平均降水量（mm）．『理科年表』2015年版より．

ロシアとその周辺の農牧業

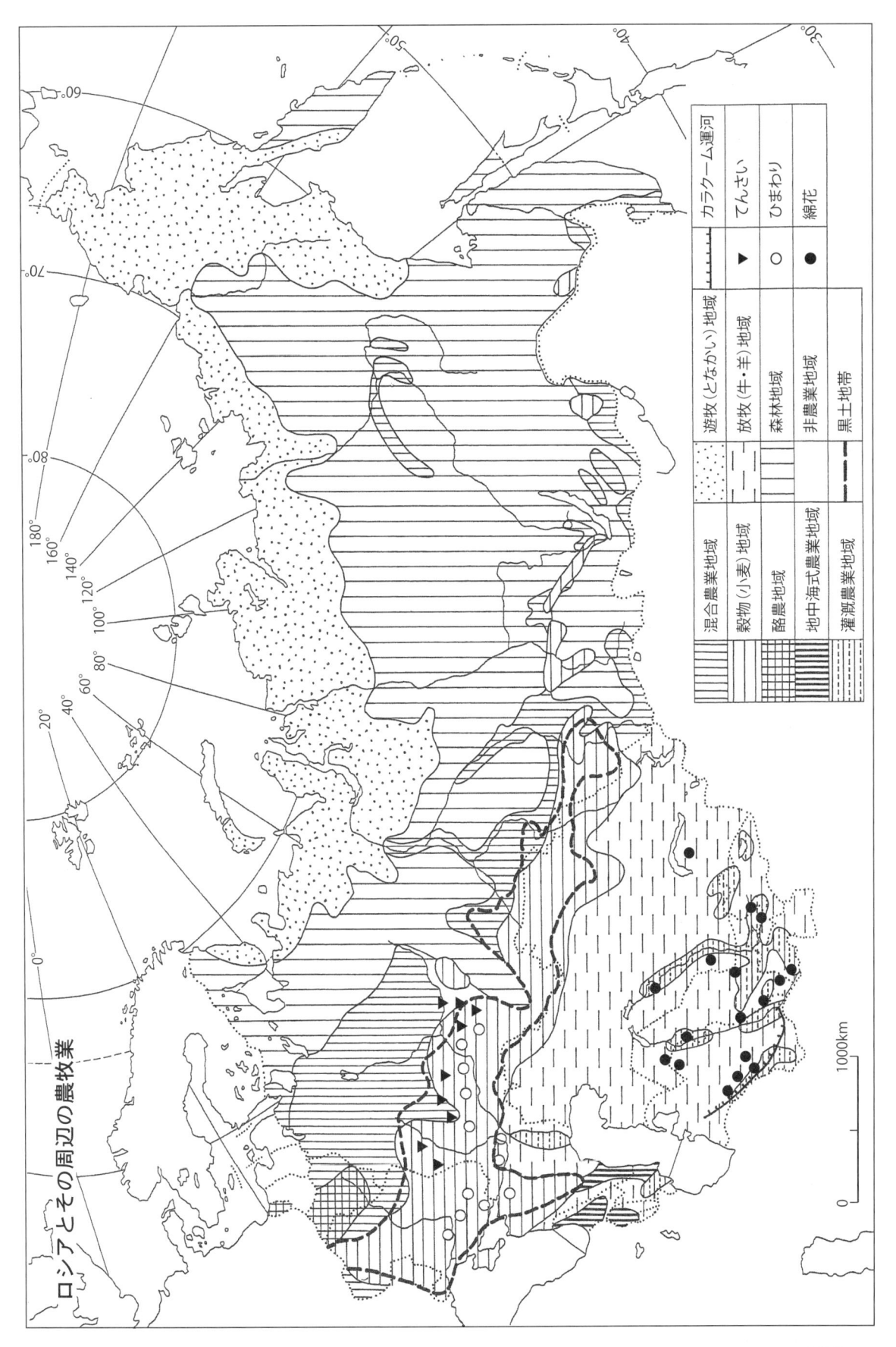

混合農業地域	遊牧（となかい）地域
穀物（小麦）地域	放牧（牛・羊）地域
酪農地域	森林地域
地中海式農業地域	非農業地域
灌漑農業地域	黒土地帯

───	カラクーム運河
▼	てんさい
○	ひまわり
●	綿花

ロシアと周辺諸国の農業区分

(1) 社会主義計画経済による社会解体（1991年），(2) 自由市場化（市場経営）による私有財産制導入，(3) 国営農場（ソホーズ），集団農場（コルホーズ）解体，(4) 農業経営形態：①農業企業（集団作業による大規模機械化中心労働）；穀物，テンサイ，種子栽培中心，②個人副業経営（自宅周辺の土地を利用した小規模自給自足生産）；蔬菜，ジャガイモ，酪農が生産中心，③農民経営（家族中心の集約的労働による自給自足が中心）に区分される．

	混合農業地域	穀物（小麦）地域	酪農地域	地中海農業地域
主要地域	ウクライナ北部，ドネツ丘陵	ウクライナ～シベリア南部	バルト海沿岸，大都市周辺	黒海沿岸，カスピ海沿岸一部
自然環境	混合林帯，ポドソル土とタイガ 南西部 冷涼湿潤地帯	温暖，肥沃なチェルノーゼム，粟色土，ステップ地帯	温暖，砂州，砂丘，牧草地	温暖 夏季乾燥，冬季降雨
生産物	ライムギ，大麦，エン麦，テンサイ，ジャガイモ栽培が中心．乳牛，豚の飼養	春小麦（カザフ地方），冬小麦（ウラル，西シベリア地方），ヒマワリ，トウモロコシ（南部），大麦，アワ，コウリャン（サヤン山麓，乳牛の飼養も盛ん）	クローバーと亜麻の輪作，消費地（ヨーロッパの都市）に近い 園芸農業も盛ん	オレンジ，ブドウなどの果樹，冬小麦，茶，タバコ，トウモロコシなど生産
	灌漑農業綿花地域	遊牧・トナカイ飼養地域	放牧（牛・羊）地域	森林地域
主要地域	60°E以南の中央アジア地域	北極海沿岸と極東地方一部 ツンドラ，タイガ北部 低温冷涼	中央アジア，カスピ海東方	極東地方（東部：50°N以北，ヨーロッパ：65～60°の間）
自然環境	アムダリア川，シルダリア川地域 河川流域の一部灌漑される 年降水量少ない	農耕不適地，60°N以北，人口希薄	砂漠，ステップ地帯	夏：短く冷涼，冬：寒冷地帯 ヴェホヤンスク，イルクーツク，ポドソル土
生産物	果樹小麦，米などの栽培 綿花生産は世界的	トナカイの放牧，飼料は天然存在，クマ，ミンク，キツネなどの毛皮供給地	カザフ人による羊の遊牧が行われていたが 定住，天然の飼料豊富	モミ，エゾマツ，カラマツ，トドマツ：林業，製紙業盛ん，シベリアでは60°N近くまで米の生産可能になった

ロシアと周辺諸国の工業地域

(1) 1991年以降資本主義経済を導入，(2) ソ連邦時代の工業地域の区政にあまり変化がみられない，(3) 工業地域の形態：①コンビナート方式（資源の結合による大規模工業地域），②コンプレクス（関連工場・発電所を効率よく組み合わせた工業地域（生産複合体）．

工業地域	立地条件	生産品
サンクトペテルブルク	1917年以前からの工業地，大消費地，ペチョラ炭田	サンクトペテルブルク（総合，造船，機械，電気）
モスクワ	1917年以前からの工業地，大消費地，モスクワ炭田	モスクワ（総合，航空機，エレクトロニクス），ニジニーノヴゴロド（造船，機械，自動車），イワノヴォ（繊維）
ヴォルガ	ヴォルガ水運，クイビシェフ水力発電，ウラル，ヴォルガ油田（第2バクー）	サマーラ（石油化学，機械），ヴォルゴグラード（アルミ精錬，冶金）
ウラル	ウラルの鉄鉱，ヴォルガ油田	マグニトゴルスク（鉄鋼，金属），ニジニータギル（鉄鋼，車両），チェリヤビンスク（機械），エカテリンブルク（鉄鋼，機械），ウファ（精油，石油化学），ペルミ（石油化学，機械）
クズネツク	クズネック油田，チュメニ油田，テルミタウ鉄鉱石，オビ川の水力発電	ノヴォクズネック（鉄鋼，金属，機械），ノヴォシビルスク（機械，エレクトロニクス），トムスク，ケメロヴォ（機械，石油化学）
アンガラ・バイカル	エニセイ・アンガラ川の水力発電，チェレンホヴォ炭田，シベリア開発の拠点 タイガ地帯	イルクーツク（金属，機械，アルミ，木材），ブラーツク（アルミ，木材），クラスノヤルスク（機械）
極東	石炭，油田，天然ガス，木材	ハバロフスク（石油精製，農業機械，製紙，木材），ウラジオストク（造船，製油，水産加工，食品），オハ（石油精製，LPガス）
ドニエプル	ドネツ炭田，クリヴォイログ鉄鉱，ドニエプル川の水力発電	ドニエツク（鉄鋼，機械，化学），ドニエプロペトロフスク（鉄鋼，機械），クリヴォイログ（鉄鋼），ロストフ（機械，食品），ハリコフ（機械，車両，食品），キエフ（機械，食品），ザポロージェ
バクー	油田（1870年代から）	バクー（造船，石油化学），グロズヌイ，マイコプ（精油，化学）
中央アジア	綿花，油田	タシケント（綿工業，肥料），サマルカンド，ドゥシャンベ（綿工業）
カラガンダ	カラガンダ炭田，鉄鉱，銅	カラガンダ（金属，機械，食品，化学），バルハシ（冶金）

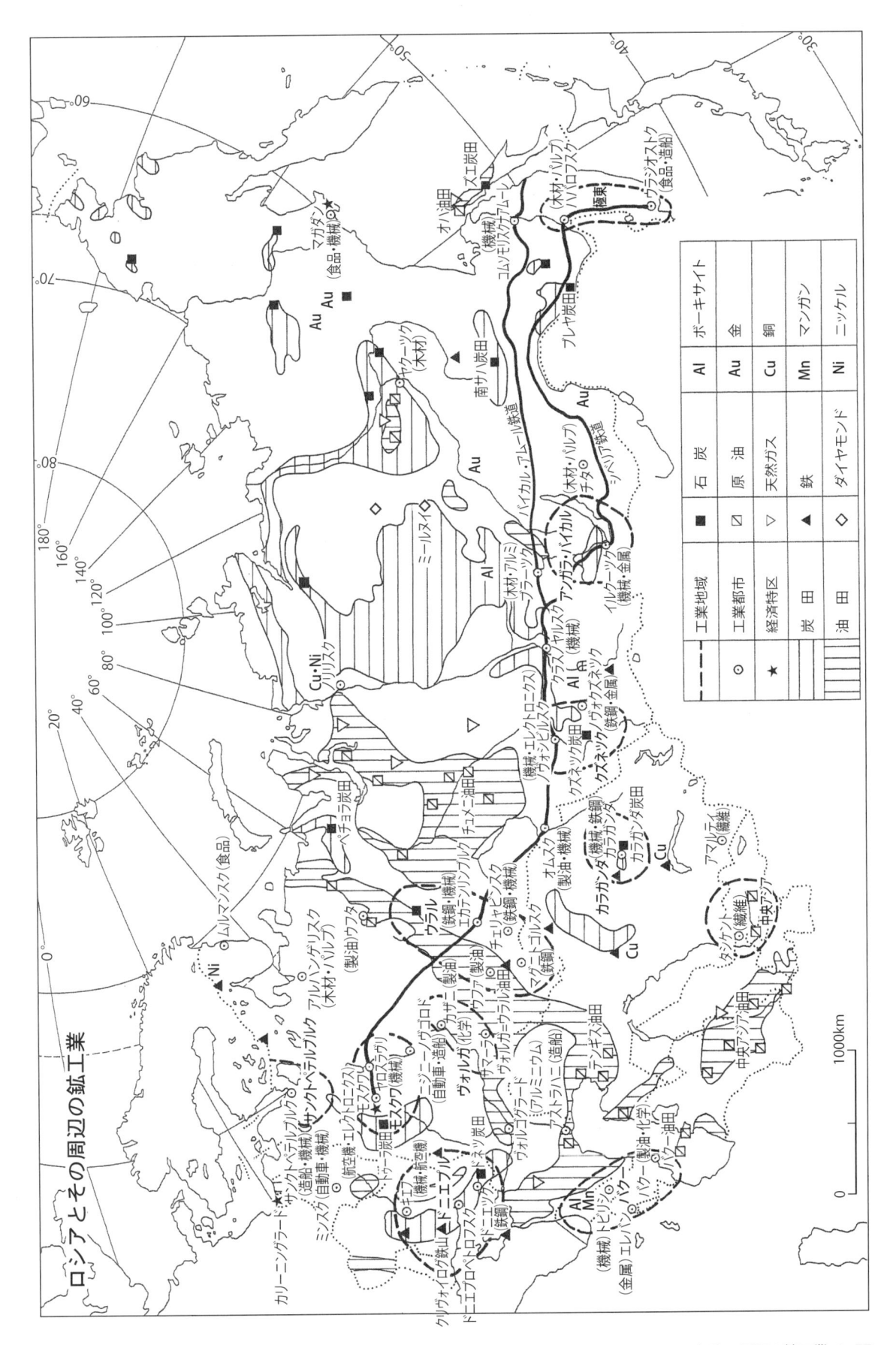

ロシアとその周辺の鉱工業 ▶57

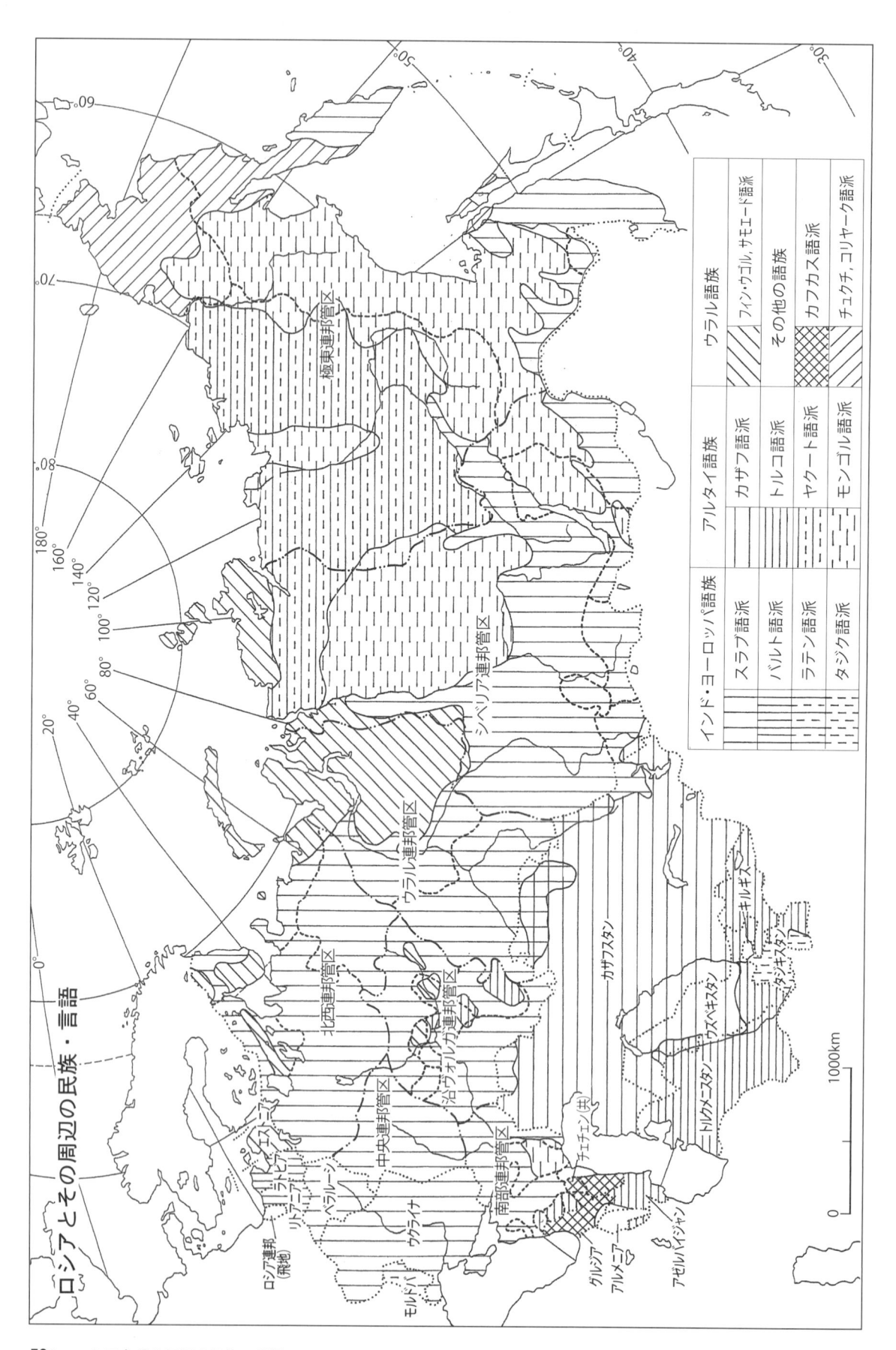

ロシアとその周辺の民族・言語

インド・ヨーロッパ語族	アルタイ語族	ウラル語族
スラブ語派	カザフ語派	フィン・ウゴル、サモエード語派
バルト語派	トルコ語派	その他の語族
ラテン語派	ヤクート語派	カフカス語派
タジク語派	モンゴル語派	チュクチ、コリヤーク語派

極東連邦管区
シベリア連邦管区
ウラル連邦管区
北西連邦管区
中央連邦管区
沿ヴォルガ連邦管区
南部連邦管区

ロシア連邦（飛地）
エストニア
ラトビア
リトアニア
ベラルーシ
ウクライナ
モルドバ
グルジア
アルメニア
アゼルバイジャン
チェチェン(共)
カザフスタン
トルクメニスタン
ウズベキスタン
タジキスタン
キルギス

0 1000km

北アメリカの自然環境

【地　勢】
- 西部の山脈群は，アラスカ山脈以外は南北に走る．アラスカ山脈，標高2,000〜4,000m級の山々，急峻なロッキー山脈（環太平洋造山帯の一部形成），東部のアパラチア山脈（古期造山帯）は比較的緩傾斜．東麓には滝線都市が南北に分布．
- 大陸中央部には，グレートプレーンズ，プレーリー，中央平原．グレートプレーンズとプレーリーの境界は，年降水量500mmの線．
- 大陸中央部から流下するミシシッピ川は，河口部に鳥趾状三角州．中央平原は，構造平野．流域は豊かな穀倉地帯．
- 北東部に広がる安定陸塊：ローレンシア台地（カナダ楯状地），五大湖：氷河湖．沿岸は重工業地域．

【気　候】
- 西経100度付近を境に東西で気候が大きく変化．東側は湿潤，西側は乾燥．
- おもな気候区の特徴
  * ステップ気候(BS)(約11%を占める)：デンヴァー，サンディエゴ，丈の短い草原，3カ月程度の雨季，放牧．
  * 砂漠気候（約4%）(BW)：ラスヴェガス，降水量が250mm以下，気温の日較差大，岩石の風化作用大．
  * 温暖湿潤気候(Cfa)(Cfbの地域と合わせて約11%)：ニューヨーク，ピッツバーグ，オクラホマシティ，ヒューストン，ボストン，大陸東岸部に分布，モンスーンの影響，夏は高温多雨，冬は乾燥．
  * 西岸海洋性気候（Cfb）：シトカ，ヴァンクーヴァー，大陸西岸部に分布，偏西風の影響，1年を通じて湿潤，ブナ気候．
  * 地中海性気候（Cs）(約1%)：サンフランシスコ，夏の乾燥，冬の多雨，果樹栽培．
  * 冷帯湿潤気候（約43%）大陸性混合林気候（Dfa）：ミネアポリス，シカゴ，夏高温，(Dfb)：ウィニペグ，モントリオール，針葉樹林気候（Dfc）：夏冷温，冬低温，ドーソン．

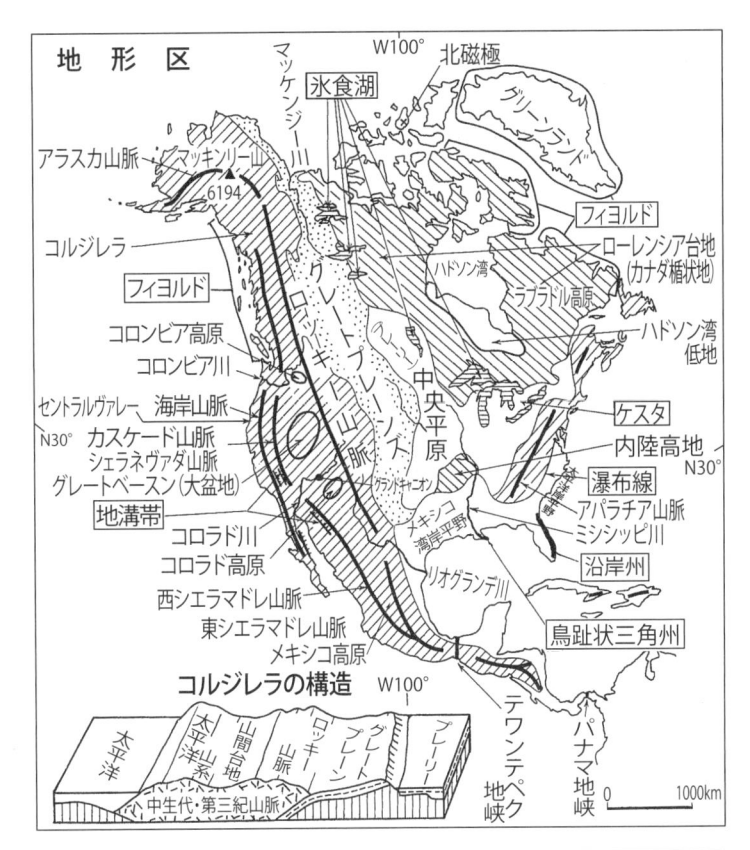

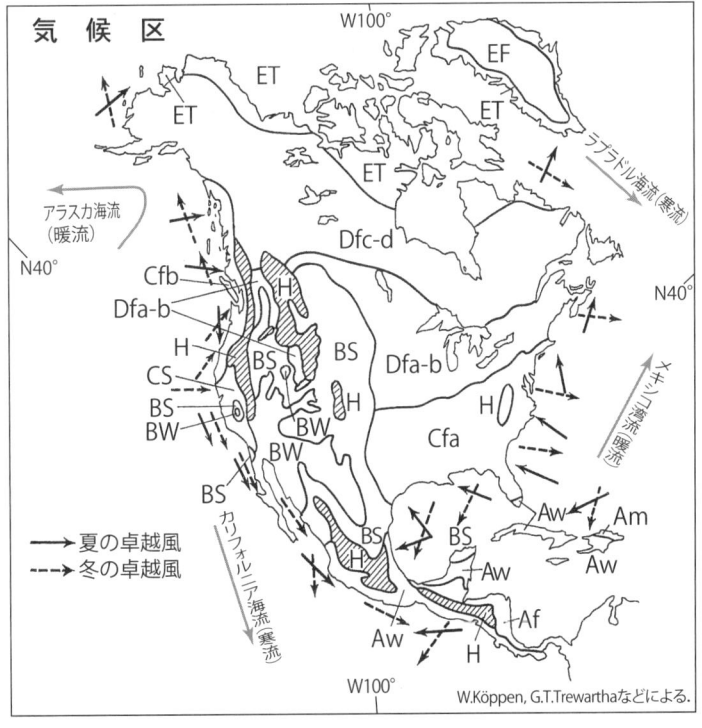

北アメリカの農牧地域 (Baker, James)

春小麦地域
大農法 (100～400ha)
乾燥農法
ガーネット種

針葉樹林

Corn Belt
混合農業
家族中心の経営
30～60ha
北限夏3カ月の平均
気温19℃の線
西限夏の雨量
200mmの線

混合林

地中海式農業
近代的灌漑設備
冬作：野菜・小麦
夏作：ブドウ・モモ
アンズ・オレンジ・レモン
綿花・米

Cotton Belt
北限無霜期間200日の線
南限秋の雨量250mmの線
西限年雨量 500mmの線
(中心テキサス～カリフォルニア)

輸送園芸 (遠郊農業)
オレンジ・ザボン
レタス・トマト

ランベルト図法
0　500　1000 km

1. ツンドラ地域
2. 森林灌木地域
3. 森林牧草地域
4. 北太平洋森林地域
5. 春小麦地帯
6. 酪農地域 (企業的牧畜), 園芸農業
7. トウモロコシ地帯, 大豆
8. 冬小麦地帯
9. トウモロコシ, タバコ
　　冬小麦地帯
10. 綿花地帯, ラッカセイ
11. 放牧灌漑農業地域
　　 (センターピボット, フィードロット)
12. 地中海性作物地域
13. 湿潤亜熱帯作物地域 (米, 柑橘類など)
14. 近郊農業地域
15. 乾燥熱帯作物地域
16. 湿潤熱帯作物地域
17. 湿潤熱帯高地作物地域

北アメリカのおもな土壌

1. ポドソル
2. 灰色褐色森林土
3. 黄・赤色土
4. プレーリー土
5. チェルノーゼム
6. 褐色ステップ土
7. 砂漠土
8. 山岳土

等高線耕作：高低を利用して作付けをする方法．土壌侵食を防ぐ．棚田，段々畑があげられる．
センターピポット：乾燥地帯の地下水利用法．地下水をくみ上げ半径400～500mほどの土地に回転式散水機で水をまく方法．円形状の畑地が多い．
乾燥農法：乾燥地域で播種前に雨水を耕地に十分しみこませ，その上に乾燥土をかけ水分の蒸発を防ぎ，播種時に耕し，毛細管現象を利用して灌漑を行わない粗放的農法．中国，アメリカ，オーストラリアでは2年に1作．
アグリビジネス (農業関連企業)：大規模に農産物の種類を限定，種子の開発，肥料の選定，農耕方法，集荷，貯蔵，運搬，販売などを独占的に行う企業．
ホームステッド法：19世紀，アパラチア山脈以西の開拓のため，5年以上その土地で農業に従事したものに，64haの土地を無償で与える法律．インディアンとの摩擦が多かった．
冷凍船の発明 (1870年代)：企業的農場地が飛躍的に拡大した．

北アメリカの農牧業地域

酪農

1. ニューイングランド地方、五大湖沿岸
2. ニューヨーク、ボストン（大消費地）
3. 冷涼湿潤な気候（年平均気温5～10℃、年降水量600～1000mm、氷河堆積物）のやせた土地。
4. ㋑ 雨が少なく、冬の気温が低い大平原の最北プレーリー部では酪農地帯西半部で飼料作物がつくられる。
   ㋺ 東半部のメガロポリス周辺では牛乳の供給が盛ん。
   ㋩ バター、チーズなどの乳製品を多く生産する。
   ㋥ 経営規模 1戸当たり50ha
   ㋭ 農場では牧草のほか青刈りトウモロコシ、エン麦などの飼料作物がつくられる。
   ㋬ もとは穀物の栽培が中心であったが、小麦地域の西進および北東部の五大湖周辺の工業化により酪農に変わった。

農 春小麦

1. サウスダコタ、ノースダコタ、モンタナ、ミネソタ部
2. ミネアポリス（冬の気温が低い大プレーリー部）
3. 雨がほとんど土地生産性は低いが、機械力を利用するため労働生産性は高い（コンバイン、エレベータ、鉄道、トラクター、コンバイン）。
4. ㋑ 経営規模 1戸当たり500ha（粗放的大規模経営）
   ㋺ 全耕地の75%は麦畑で、小麦のほかはライ麦、エン麦などがつくられる。ふつう2年連作し、1年休閑するか、豆類を植えて地力の維持を図る。
   ㋩ 生育期間がわずか100日という早熟種（ガーネット種）がつくられるようになって、栽培面積が拡大した。

冬小麦

1. ネブラスカ、カンザス、セントルイス、オクラホマ
2. カンザスシティ、セントルイス（小麦の集散地）
3. 気温温暖、夏乾燥
4. ㋑ 糸引線31度南西1001以西のグレートプレーンズ
   ㋺ 耕地の50%に小麦、残りに雑穀、飼料作を栽培し、混合農業的色彩ももつ経営が多い。1戸当たり100ha

トウモロコシ

1. オハイオ、ネブラスカ、アイオワ
2. セントルイス（家畜取引所）、オマハ（肉加工業）
3. 夏の高温（無霜期間140日、夏平均気温21～26℃、夏降水量200～280mm）、豊富な日照時間、肥沃なプレーリー土
4. ㋑ トウモロコシの約80％は市場向けの豚や牛の飼養に使われる。家畜は豚が主であるが、ほかに西部から購入した牛を肥育し、販売する。
   ㋺ 経営規模 南西部：30～60ha、北西部：60～120ha、家族労働
   ㋩ トウモロコシ畑の約40%が大豆、アルファルファ、ライ麦、エン麦の栽培に変わっている。
   ㋥ 近年、世界的需要増加と地力維持のため大豆栽培が急増している。

綿花

1. ミシシッピ、アーカンソー、テキサス
2. ヒューストン（綿花の積出港）
3. 夏の高温500mm以上、年降水量200日以上、無霜期間200日以上、夏降水量500mm以上の沖積土が多い。
4. ㋑ 18世紀後半、イギリスの産業革命（綿花の需要増大）に伴って綿花栽培が発展した。植民地時代から黒人奴隷を利用していたが、賃金が安い黒人労働に依存した。
   ㋺ 第一次世界大戦後、品種改良、機械化、無肥料栽培に伴う地力の低下、機械化によるプランテーション型の綿作から肉牛中心の混合農業に変わっていった。綿花地帯の多くは小麦中心の混合農業に変わってきた。なお、ミシシッピ川下流のほとりに伴う自由市場の下落とそれに伴う自由市場の下落とそれに伴って綿花地帯は西進しつつある。

亜熱帯作物

1. フロリダ半島からメキシコ湾にかけて
2. ジャクソンビル
3. 亜熱帯性、高温多湿、低平なデルタ地帯
4. ㋑ 高速列車の敷設によってニューイングランド地方の都市群に供給可能になった。
   ㋺ 冬野菜、熱帯性の果実が容易に栽培できる。カリフォルニアと競合関係にある。
   ㋩ メキシコ湾岸のサトウキビ、ミシシッピ川下流の米作、フロリダ半島の早期栽培が特徴。

1…主要地域　2…関係都市　3…自然環境　4…特色

100°W

企業的牧畜業

1. テキサス、ネブラスカ、モンタナ、アイダホ、ワイオミング、コロラド、ニューメキシコ、ユタ、ネヴァダ
2.
3. 年降水量500mm以下の西部高原やロッキー山麓（ほぼ西経100°以西の広大な乾燥地帯）
4. ㋑ 肉牛は乾季になると、トウモロコシ地帯に送られて肥育される。主として国内市場を対象とする企業的の肉牛・羊の放牧が行われ、放牧場の面積は800～1000haに及ぶ。
   ㋺ 19世紀後半、ヨーロッパ・合衆国北東部における畜産品の需要が増大する一方、鉄道網の発達・冷凍技術の進歩、牧場の改良、品種の転換（在来種・ヘレフォード種）などによって発展した。
   ㋩ 山地では植物の垂直変化を利用して羊の移牧が盛んである。
   ㋥ 飼養頭数は牛1億頭以上であるが、消費量が多いので輸入している。
   ㋭ 灌漑や乾燥農法による農耕も行われている。

地中海式農業

1. カリフォルニア
2. サンディエゴ　サリナス（レタス集荷所）
3. 夏は乾燥して暑い。冬は温暖で比較的雨が多い。無霜期間240～280日
4. ㋑ 地中海性気候に適した果実をはじめ米の栽培が灌漑とともに発達している。
   ㋺ 東部都市をおもな市場とする遠郊農業として発達した。
   （市場に遠いため耐久性のある作物を栽培⇒オレンジ、ブドウ、レモン、グレープフルーツ、セロリ、キャベツ、アスパラ、レタス他）
   ㋩ 企業化した100ha以上の大農場が多く、季節労働者（メキシコ人が多い）の労働に依存。
   ㋥ 都市近郊では日系、中国系、イタリア系移民による草花・野菜の栽培が盛んである。

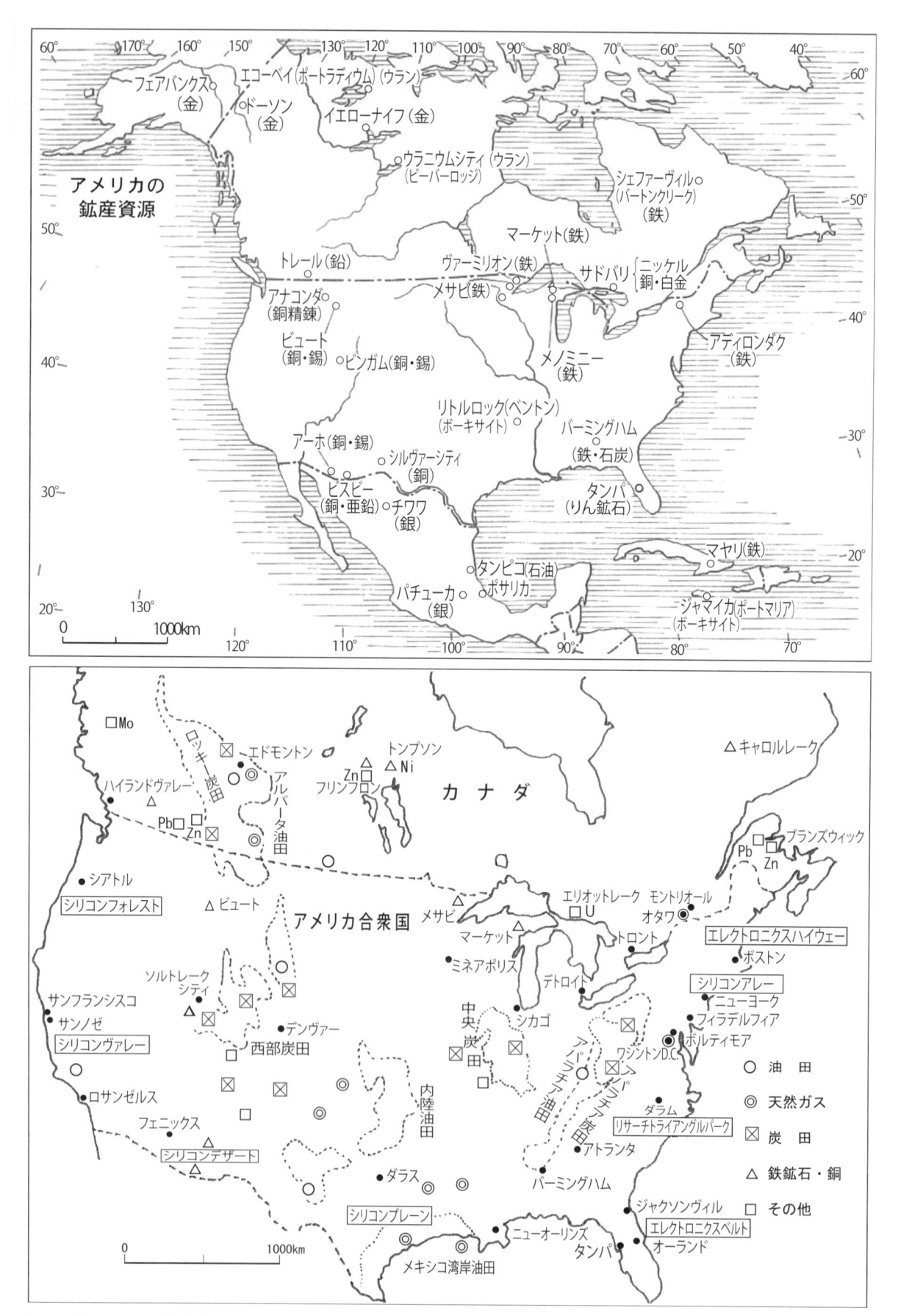

アメリカの鉱産資源

アメリカ合のおもな工業都市

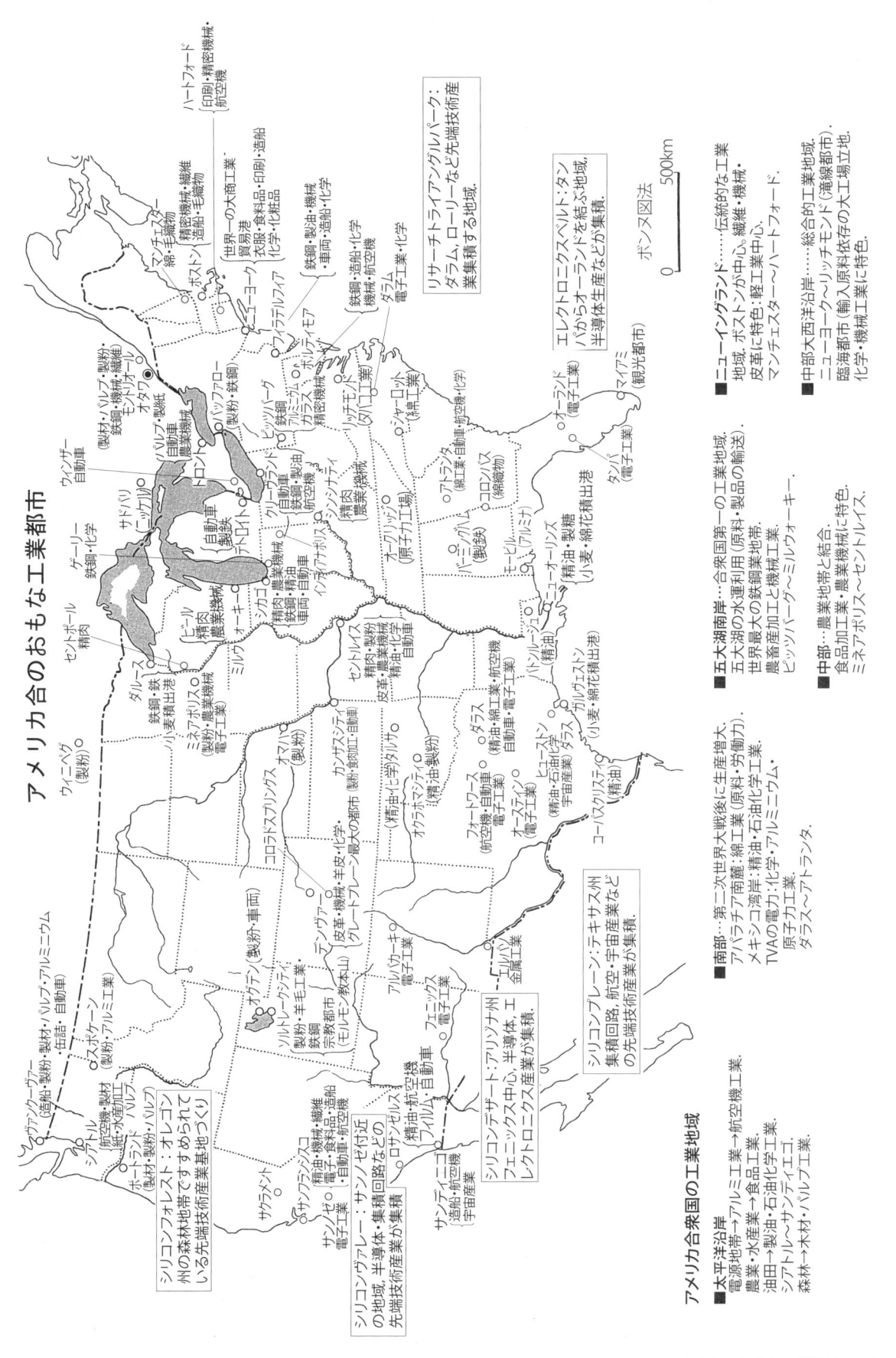

アメリカ合衆国の工業地域

■ **太平洋沿岸**
電源地帯→アルミ工業→航空機工業。
農業、水産業→食品工業。
油田→製油・石油化学工業。
シアトル〜サンディエゴ。
森林→木材・パルプ工業。

シリコンフォレスト：オレゴン州の森林地帯ですすめられている先端技術産業基地づくり。

シリコンヴァレー：サンノゼ付近の地域、半導体・集積回路などの先端技術産業が集積。

シリコンデザート：アリゾナ州フェニックス中心、半導体・エレクトロニクス産業が集積。

シリコンプレーン：テキサス州ダラス中心、航空・宇宙産業などの先端技術産業が集積。

■ **南部**…第二次世界大戦後に生産増大。
アパラチア南部：綿工業（原料・労働力）。
メキシコ湾岸：製油・石油化学工業。
TVAの電力→化学・アルミニウム・原子力工業。
ダラス〜アトランタ。

■ **五大湖南岸**…合衆国第一の工業地帯。
五大湖の水運利用（原料・製品の輸送）
世界最大の鉄鋼地帯。
農畜産物加工と機械工業。
ピッツバーグ〜ミルウォーキー。

■ **中部**…農業地帯と結合。
食品加工業、農業機械に特色。
ミネアポリス〜セントルイス。

■ **ニューイングランド**…伝統的な工業地域。ボストンが中心、繊維・機械・皮革に特色、軽工業。
マンチェスター〜ハートフォード。

■ **中部大西洋沿岸**…総合的工業地域。
ニューヨーク〜リッチモンド（滝線都市）。
臨海都市（輸入原料依存の大工場立地。
化学・機械工業に特色。

リサーチトライアングルパーク：ダラム、ローリーなど先端技術産業が集積する地域。

エレクトロニクスベルト：ボストンからオーランドを結ぶ地域、半導体生産などが集積。

ボンヌ図法
0 ─── 500km

63

合衆国北東部・五大湖周辺の工業

スノー(フロスト)ラストベルト:五大湖周辺の工業地域。ピッツバーグ、デトロイト、バッファローなどの工業地域。現在、工業活動が停滞気味の地域。

大西洋北西部漁場

グランドバンク:最深部-35m。おもな漁獲物:タラ、ニシン、サバ、ニシロウサギ(1713年のユトレヒト条約)漁業基地。

エレクトロニクスハイウェー:精密機械や皮革工業、出版業、電子機器などの産業が、ルート128沿いに集積。

シリコンバレー・マルチメディア産業などを核とする都市再開発の対象地区となっているニューヨーク・マンハッタンにあるソーホー地区が中心。

メガロポリス(巨帯都市・Megalopolis)
1957年開通、地理学者ゴットマンの命名。ニューハンプシャー南部〜バージニア北部の都市化地域(長さ約970km,幅約50〜160km,面積13,700km²)の面積は合衆国全体の1.8%である。

セントローレンス海路
1959年開通 全長約300lm。2万重量トン級の航洋船の通行可能。

エリー運河
1825年ホーク谷を通るエリー運河開通。エリー湖とハドソン川が結合→西漸運動の促進、生産品流通によるニューヨークの繁栄と躍進。

セントローレンス海路

メートル運河 183m スペリオル湖 / ヒューロン湖 176m / 174m エリー湖 急流 75m ハドソン運河 6m / オンタリオ湖 海面 セントローレンス川

凡例
メガロポリスの範囲

0 200 400km

アメリカ領土の拡大

合衆国領土の拡大

独立13州（植民地建設年）
バージニア（1607），マサチューセッツ（プリマス 1620），メリーランド（1634），ロードアイランド（1636），コネチカット（1636）ニューハンプシャー（1639），南・北カロライナ（1663），ニューヨーク（1664），ニュージャージー（1664），ペンシルベニア（1681），デラウェア（1682），ジョージア（1732）．

アラスカ
アラスカ…アリュート族土語の「広大な土地 Alyaska」に由来．日本の約4.1倍の面積．

ベーリング（1681-1741：ロシアの探検家）の発見につづくロシアの開拓…毛皮獣の捕獲．1867年合衆国へ720万ドルで売る．1896〜98年ゴールド・ラッシュ．

1912年準州．1958年合衆国49番目の州に昇格．未開の広地，漁業が第一の産業．豊富な資源（森林・地下資源），対ソ軍事基地化（北方）．北極航空路のコース（アンカレジ）．

アラスカの人口
白　人	66.7%
原住民	14.8%
混　血	7.3%
アジア系	5.4%
黒　人	3.3%

グリーンランド
全島の約85%が氷河におおわれ，同じく85%が北極圏内にある世界最大の島（日本の約6倍）．人口の大部分は南西部に集中し，アザラシ猟からタラ漁や農牧業へ依存．

ブリストル湾のタラバガニ漁業　日本より出漁していたが，1964年国際大陸棚条約の発効と合衆国のバートレット法により，カニは大陸棚資源として規制される．現在日米タラバガニ協定により操業．

イヌイット（エスキモー）の住居　冬…石造りの小屋（固定家屋：イグルー）．氷塊造りの小屋（一時的住居：イグルヤク）．夏…皮製の天幕（ツピク）．カヤーク（皮の舟）．最近は木造の家に住む者が多くなった．

トーテムポール　氏族や同族の紋章のようなものをスギの大木に彫刻したもの．

【おもな州名の由来】
アラスカ：インディアン語の「本土」の意．アレウト・インディアン語．**アリゾナ**：インディアン語説とスペイン語説がある．ピーマまたはパパゴ・インディアン語の言葉で「小さな泉」「乙女の谷」「懲罰の場所」などの意．**カリフォルニア**：スペインのガルシア・オルドニュスの「エスプランディアンの偉業」物語にあるカリフォルニア島より名づけた．**テキサス**：インディアン語の「友人」「味方」「同盟者」の意．**ニューヨーク**：チャールズ2世の弟のヨーク公爵（ジェームス2世）にちなんだ　ヨークは「イチイの木」の意．**ハワイ**：ポリネシア語．由来は不明．ポリネシア人たちの伝説の故郷．**フロリダ**：スペイン語の「花盛り」「花いっぱい」の意．**マサチューセッツ**：アルゴンキン・インディアン語の「大きな丘」の意．**ミシガン**：定説はない．インディアン語の合成語「大きな湖」と「泳いでいるカメ」であろうと思われる．**ミシシッピ**：諸説がある．アルゴンキン，チョクトー・インディアン語の「偉大な川」，「父なる川」の合成語．**ワシントン**：初代大統領ジョージ・ワシントンにちなんで命名．ワシントンはイギリス系の古い姓で「ワッサー族の村」の意．

中央アメリカの自然環境

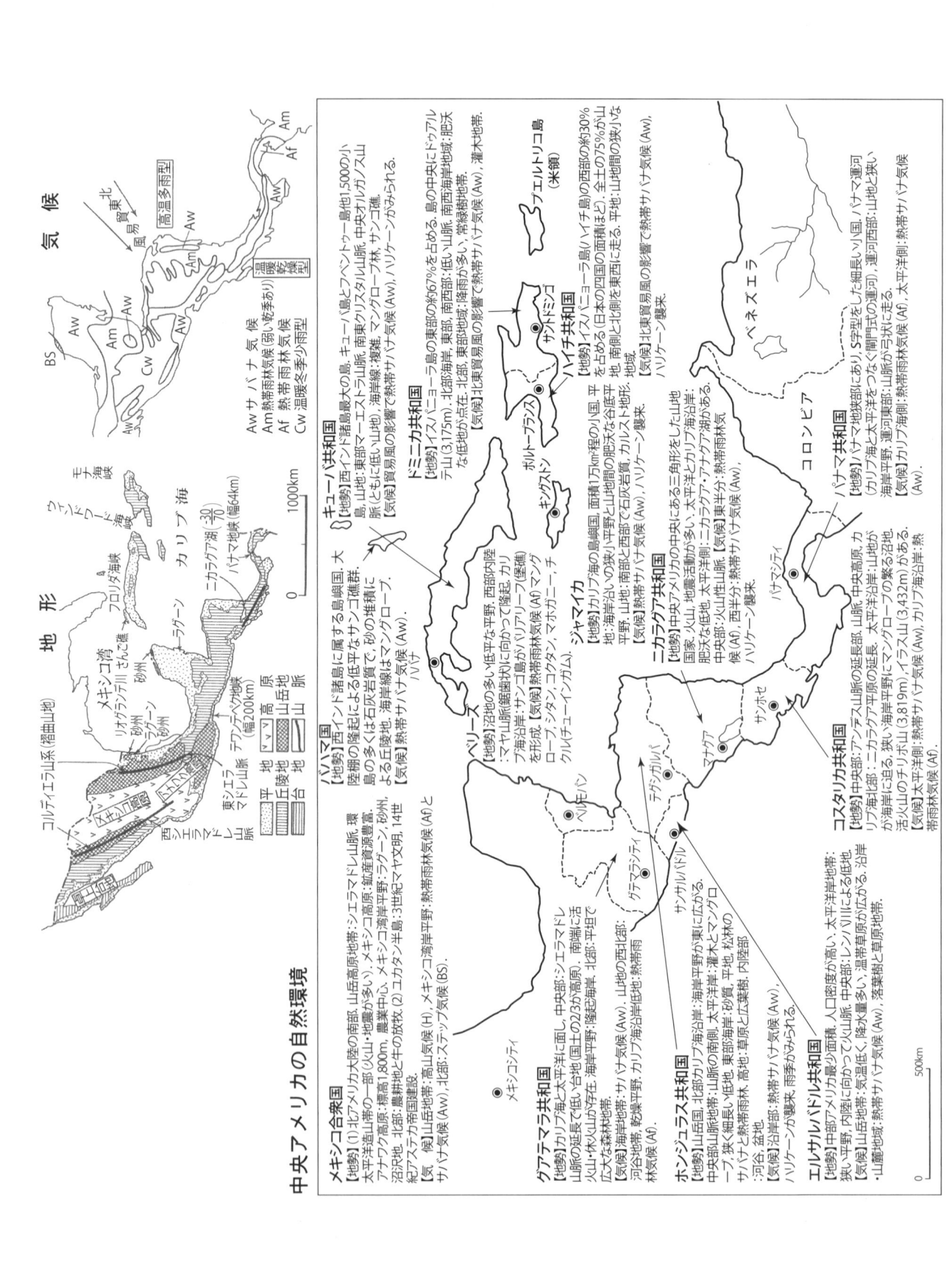

地形

コルディエラ系（褶曲山地）
メキシコ湾
リオグランデ川さんご礁
フロリダ半島
ユカタン半島
砂州
砂州
ラグーン
カリブ海
ニカラグア湖
パナマ地峡（幅64km）
テワンテペク地峡（幅200km）
シエラマドレ山脈
西シエラマドレ山脈
東シエラマドレ山脈
メキシコ高原
モナ海峡
ウィンドワード海峡

凡例：平地／丘陵地／台地／高原／山脈／山岳地

気候

東北貿易風
高温多雨型
温暖乾燥型

Aw サバナ気候
Am 熱帯雨林気候（弱い乾季あり）
Af 熱帯雨林気候
Cw 温暖冬季少雨型
BS

メキシコ合衆国
[地勢] (1)北アメリカ大陸の南部。山岳高原地帯：シエラマドレ山脈、太平洋沿岸の低い台地など。盆地群、砂漠資源豊富。アナワク高原、標高1,800m、農耕中心。メキシコ湾岸平野：ラグーン、砂州、沼沢地。北部：農耕地帯との放牧（2）ユカタン半島：3世紀マヤ文明、14世紀アステカ帝国建設。
[気候]山地気候(H)、高山気候(Aw)、北部：ステップ気候(BS)

グアテマラ共和国
[地勢]カリブ海沿岸と太平洋に面し、中部は山岳地(国土の2/3が高原)。山脈の延長で低い台地：シエラマドレ山脈の延長。海岸平野：隆起珊瑚礁石灰岩。南端に活火山、休火山などが存在。海岸線：砂州、マングローブ。北部：平坦で広大な森林地帯。
[気候]海岸地帯：サバナ気候(Aw)、山地の西側：熱帯雨林気候(Af)

ホンジュラス共和国
[地勢]中央山岳国、北部カリブ海沿岸：海岸平野、太平洋沿岸：中央部山脈の延長山脈の南側：山脈、太平洋側：狭長な低地、東部海岸：砂質海岸、平地、マングローブと熱帯雨林。高地、西半分：熱帯海岸低地。
[気候]サバナ熱帯サバナ気候(Aw)、カリブ海沿岸森林気候、雨季が多い。

エルサルバドル共和国
[地勢]中央アメリカ最小面積、人口密度が高い。太平洋沿岸、狭い平野、内陸に向かっている山脈。レンバリによる山岳地、中央部盆地。
[気候]山岳地気候：気温低く降水多い、温暖草原が広がる沿岸・山麓地：熱帯サバナ気候(Aw)、西部草原と草地地帯。

パナマ
[地勢]陸橋的な役割を果たすさんご礁群国。大陸の多くは石灰岩質で、砂の堆積によるものが多い。
マヤ山脈（褶曲山地）、サンゴ礁が連なる、バリアリーフ(堡礁)、コクラン、マホガニー、チューインガム。
[気候]熱帯雨林気候(Af)マングローブ林、サバナ(Aw)

キューバ共和国
[地勢]西インド諸島最大の島。キューバ島とベントゥベール島と1,500mの山脈。山地：東部マエストラ、クリスタル山脈、南西オルガニスカ山脈、海岸線：低地、海岸線・礁、マングローブ林、サンゴ礁。
[気候]貿易風の影響で熱帯サバナ気候(Aw)、ハリケーンが見られる。

ジャマイカ
カリブ海の島嶼国、面積1万km²程。国土の半分以上を占める狭い平野と山地間の肥沃な谷低地。海岸沿いの狭い平野と西部の石灰岩盆地、カルスト地形。平地、山地：南部と西部で広がる。
[気候]熱帯サバナ気候(Aw)、ハリケーン襲来。

ニカラグア共和国
[地勢]火山、地震活動が多い三角形をした山地国家。火山、地震活動が多い三角形をした太平洋側と肥沃な低地、太平洋地帯：ニカラグア・マナグア湖があり、中央高地、山地：火山性山脈。 [気候]東半分：熱帯雨林気候(Af)、西半分：熱帯サバナ気候(Aw)、ハリケーン襲来。

コスタリカ共和国
[地勢]中央部：アンデス山脈の延長部、中央高原、カリブ海北部：ニカラグア平原の延長、太平洋沿岸：山地がカリブ海に沈む、運河平野、運河東岸側：マングローブ繁茂の、活火山のチリボ(3,819m)、イラスル(3,432m)がある。狭い海岸平野とマングローブ沼地。
[気候]太平洋側：熱帯雨林気候(Af)

ドミニカ共和国
[地勢]イスパニョーラ島の東部のラの国を占める。島の中央にドゥアルテ山(3,175m)、北部海岸、北部、南部海岸：低い海岸地帯、肥沃な低地が点在、北部、東部地域：東西トランス。
[気候]北東貿易風の影響で熱帯サバナ気候(Aw)、常緑樹地帯。

ハイチ共和国
[地勢]イスパニョーラ島(ハイチ島)の西部の島約30%を占める(日本の四国の面積ほど)。全土の75%が山地、S字型をした細長い国。パナマ運河。中南部に比べ東西に走る。平地：山地間の狭い地域。
[気候]北東貿易風の影響で熱帯サバナ気候(Aw)、ハリケーン襲来。

パナマ共和国
[地勢]パナマ地峡部にあり、S字型をした細長い国。パナマ運河：カリブ海と太平洋をつなぐ閘門式の運河、運河西部：山地と狭いカリブ海岸平野、運河東部側：山脈が弓状に走る。
[気候]カリブ海沿岸：熱帯雨林気候(Af)、太平洋沿岸：熱帯サバナ気候(Aw)

プエルトリコ島（米領）
ベネズエラ
コロンビア

中央アメリカの国々と産業・文化

メキシコ合衆国
（農業が主要産業。製造業も発展しつつある）
【経済環境】(1)農・牧・林・水産：換金作物：コーヒー、サトウキビ、トウモロコシ、カカオ他、サイザル麻、カポック、綿花他、主要作物：トウモロコシ、カボチャ、インゲン豆、小麦、米、雑穀、柑橘類、牛、馬、羊、豚、マグロ、アンチョビー、イワシ、エビ他、(2)天然資源：銀（生産量は世界1位）、金、亜鉛、鉄、銅、石炭、石油、(3)製造業：酪農製品、繊維工業、化学肥料、石油製品、機械類、自動車他。【言語・民族・宗教】スペイン語(公)、メスチソ(55%)、スペイン系白人、キリスト教（カトリック）が大半、イスラーム、1821年独立。

グアテマラ共和国
（農産物中心経済で、農業人口が60%以上）
(1)農・牧・林・水産：換金作物：コーヒー、綿花他、主要作物：トウモロコシ、カカオ他、雑穀、落花生、柑橘類、馬、牛、豚、羊、山羊、ジャガイモ、ココナッツ、石油、マグネシウム、金、銀銅他。(3)製造業：食品、食肉加工、用材。【言語・民族・宗教】スペイン語(公)、インディア ン(55%)、メスチソ、キリスト教（カトリック、プロテスタント）、1838年独立。

ホンジュラス共和国
【経済環境】(1)農・牧・林・水産：換金作物：コーヒー、綿花、サトウキビ、コーヒー、バナナ他、主要作物：米、小麦、トウモロコシ、キャッサバ、ジュート、馬、牛、豚、羊、山羊他、(2)天然資源（未開発）：鉛、亜鉛、金、銀他。(3)製造業：食肉加工、化学繊維他、【言語・民族・宗教】スペイン語(公)、メスチソ(90%)、インディアン、キリスト教（カトリック）、1821年独立。

エルサルバドル共和国
（プランテーション農業が中心）
【経済環境】農・牧・林・水産：換金作物：コーヒー、綿花、サトウキビ、バナナ他、主要作物：コーヒー、ココナッツ、トウモロコシ、豆類、ジャガイモ、キャッサバ、馬、牛、豚、羊、山羊他、(2)天然資源（未開発）：動物資源輸出、石油製品、化学繊維、製糸、製紙、機械化、酪製品、食肉加工、衣服。【言語・民族・宗教】スペイン語(公)、メスチソ(90%)、インディアン、白人、キリスト教（カトリック）、1811年独立。

バハマ国
（耕作可能地少ない）
【経済環境】(1)農・牧・林・水産：換金作物：トウモロコシ、キャッサバ、ココナッツ他、柑橘類、バナナ、豚、山羊他、(2)天然資源未開発、(3)製造業：食肉加工、石油製品他、【言語・民族・宗教】英語(公)、クレオール語、黒人(73%)、メスチソ、白人、キリスト教（プロテスタント、カトリック）、1973年独立。

ベリーズ
【経済環境】農業人口が60%以上、柑橘類他、主要作物：米、トウモロコシ、サトウキビ、豆、ジャガイモ、大豆、(3)製造業：食肉加工、繊維工業、マヤ族他、クレオール、メスチソ。【言語・民族・宗教】英語(公)、スペイン語、クレオール、メスチソ、インディアン、キリスト教（カトリック、プロテスタント、ユダヤ教）、1981年独立。

キューバ共和国
【経済環境】（ほぼ国有企業）(1)農・牧・林・水産：換金作物：サトウキビ、ジャガイモ、トウモロコシ、落花生、サイザル麻、茶、馬、コーヒー他、主要作物：米、トウモロコシ、ジャガイモ、落花生、サイザル麻、茶、馬、クロム、鉄他、(2)天然資源（資源豊富）：石油、天然ガス、ニッケル、コバルト、銅、クロム、鉄他、化学肥料、鉄鋼、電気機械、機械、石油製品、造船他、(3)製造業：軽工業中心、クレオール語他：ムラート(24.9%)、黒人(10%)、無宗教スペイン語(公)、白人(65%)、ムラート(24.9%)、1902年独立。

ドミニカ共和国
【経済環境】主要産業は農業と観光。(1)農・牧・林・水産：換金作物：コーヒー、タバコ、サトウキビ他、主要作物：米、トウモロコシ、サイザル麻、ニッケル、コーヒー、リバリ、馬、牛、豚、羊、山羊他、(2)天然資源：ボーキサイト、銅他、(3)製造業：酪農品、セメント、民族・宗教スペイン語(公)、フランス語(公)、黒人(73%)、ムラート、白人、キリスト教（カトリック）、1844年独立。

ハイチ
【経済環境】(1)農・牧・林・水産：換金作物：米、トウモロコシ、バナナ、ココヤシ、コーヒー、カカオ、サトウキビ、バナナ、サイザル麻、ココナッツ他、羊、山羊他、(2)天然資源（未開発）：ボーキサイト、用材、(3)製造業：ハイチラム、酒他、【言語・民族・宗教】フランス語(公)、黒人(95%以上)、ムラート、白人、キリスト教（カトリック、プロテスタント）、1804年独立（世界初の黒人農民の独立国）。

プエルトリコ島
（米領）

パナマ共和国
【経済環境】パナマ運河通航料：1999年アメリカより運営権返還される、運河拡張計画完成後は、(1)農・牧・林・水産：換金作物：バナナ、コーヒー、サトウキビ、ココナッツ、豆類、ジャガイモ他、主要作物：米、トウモロコシ、豆類、キャッサバ、馬、牛、豚、山羊他、(2)天然資源：金、塩（塩田）、(3)製造業：食肉加工、石油製品、酪製品、医薬品、板金、機械化、化学製品。【言語・民族・宗教】スペイン語(公)、メスチソ(62%)、黒人、白人、キリスト教（カトリック、プロテスタント）、1903年独立。

コスタリカ共和国
【経済環境】主要産業は農業、近年、電気機器、精密機械が発展。(1)農・牧・林・水産：換金作物：コーヒー、バナナ、カカオ、サトウキビ、キャッサバ、主要作物：コーヒー、トウモロコシ、豆類、ジャガイモ、キャッサバ、馬、牛、豚、山羊他、(2)天然資源（未開発）：ボーキサイト、(3)製造業：酪製品、板金製品、化学肥料、製紙、製粉、製糖、機械化、酪製品、化学製品、【言語・民族・宗教】スペイン語(公)、メスチソ(90%)、インディアン、白人、ヨーロッパ、キリスト教（カトリック、プロテスタント）、1821年独立。

ニカラグア共和国
【経済環境】主要産業は農業。(1)農・牧・林・水産：換金作物：コーヒー、綿花、落花生、サトウキビ、バナナ、バナナップル他、主要作物：米、トウモロコシ、豆類、キャッサバ、ジャガイモ、羊、山羊他、(2)天然資源（資源豊富）：金、銀（集約的採掘）、石油加工、食肉加工、酪製品、化学製品、民族・宗教スペイン語(公)、黒人(7%)、ムラート、白人、キリスト教（カトリック、プロテスタント）、1838年独立。

ジャマイカ
【経済環境】主要産業はアルミ鉱業と農業、(1)農・牧・林・水産：換金作物：コーヒー、カカオ、サトウキビ、バナナ、ココナッツ、主要作物：トウモロコシ、ジャガイモ、キャッサバ、ショウガ、果物他、主要作物：トウモロコシ、ジャガイモ、キャッサバ、ショウガ、サトウキビ、柑橘類、馬、牛、豚、羊、山羊他、(2)天然資源：ボーキサイト(世界有数)、銅、(3)製造業：食肉加工、セメント、アルミナ、印刷、繊維、ラム酒他、【言語・民族・宗教】英語(公)、黒人(77%)、ムラート、インディアン、白人、キリスト教（プロテスタント、カトリック）、1962年独立。

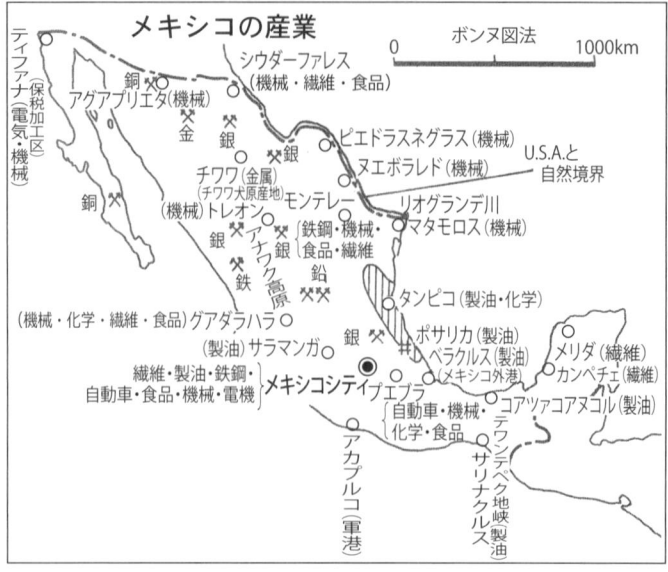

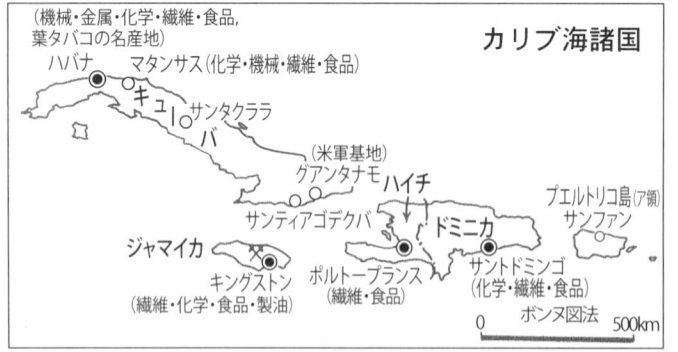

メキシコの産業

ボンヌ図法　1000km

- ティファナ（保税加工区）（電気・機械）
- アグアプリエタ（機械）金 銀 銅
- シウダーファレス（機械・繊維・食品）
- ピエドラスネグラス（機械）
- ヌエボラレド（機械）
- U.S.Aと自然境界
- チワワ（金属）（チワワ犬原産地）
- モンテレー（鉄鋼・機械・食品・繊維）
- リオグランデ川
- マタモロス（機械）
- トレオン（機械）銅 銀 鉄
- アグアス 銀 鉛
- タンピコ（製油・化学）
- ポサリカ（製油）
- メリダ（繊維）
- グアダラハラ（機械・化学・繊維・食品）
- サラマンガ（製油）
- ベラクルス（製油）（メキシコ外港）
- カンペチェ（繊維）
- メキシコシティ　プエブラ（繊維・製油・鉄鋼・自動車・食品・機械・電機）（自動車・機械・化学・食品）
- コアツァコアルコ（製油）
- テワンテペク地峡（製油）
- サリナクルス
- アカプルコ（軍港）

中央アメリカの産業

- グアテマラ　古代マヤ文明中心地　サトウキビ
- バナナ　グアテマラシティ　コーヒー
- ホンジュラス　テグシガルパ　バナナ
- コーヒー
- サンサルバドル　綿花
- エルサルバドル
- ニカラグア　コーヒー・綿花
- マナグア（繊維）ニカラグア湖
- バナナ・ココア・アバカ・コーヒー
- サンホセ（繊維）
- コスタリカ　コーヒー
- バナナ
- 甘蔗
- パナマシティ（食品）
- 木材
- パナマ

ボンヌ図法　500km

カリブ海諸国

- ハバナ（機械・金属・化学・繊維・食品，葉タバコの名産地）
- マタンサス（化学・機械・繊維・食品）
- キューバ　サンタクララ
- （米軍基地）グアンタナモ
- ハイチ
- プエルトリコ島（アメリカ領）サンファン
- サンティアゴデクバ
- ジャマイカ　ドミニカ
- キングストン（繊維・化学・食品・製油）
- ポルトープランス（繊維・食品）
- サントドミンゴ（化学・繊維・食品）

ボンヌ図法　500km

パナマ運河の断面図

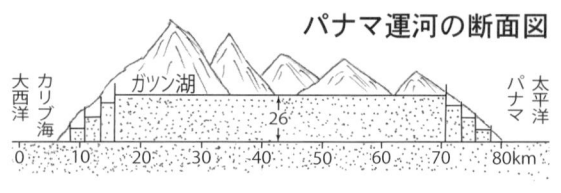

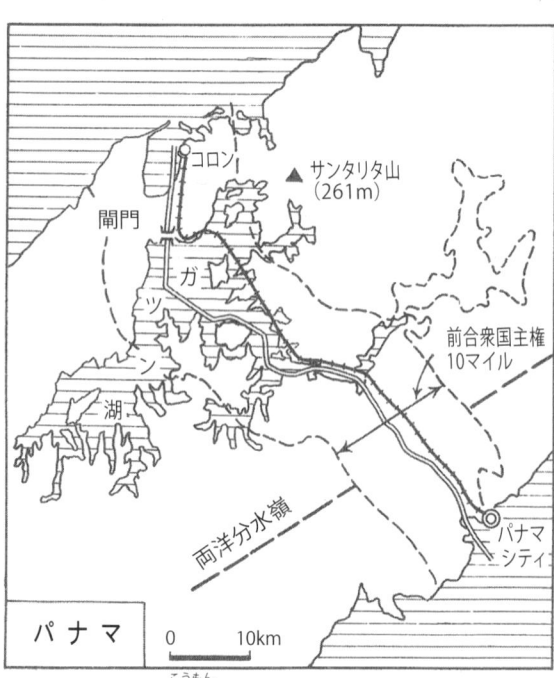

大西洋　カリブ海　ガツン湖　太平洋　パナマ
0　10　20　30　40　50　60　70　80km
26

- コロン
- サンタリタ山（261m）
- 閘門
- ガツン湖
- 前合衆国主権10マイル
- 両洋分水嶺
- パナマシティ

パナマ　10km

パナマ運河は閘門(こうもん)式でパナマ港からガツン湖を経てコロン港に至る全長81km，幅90～350m．船は海抜26mで運河面上に浮き上がる．この運河によって，ニューヨーク～サンフランシスコ間で9,000km以上，ニューヨーク～シアトル間で11,000km以上短縮した．
〔閘門式運河〕高さがちがう水面をもつ運河で，船をを上げ下げして通過させる設備を備えた水門．

小アンティル諸島の国々と島々

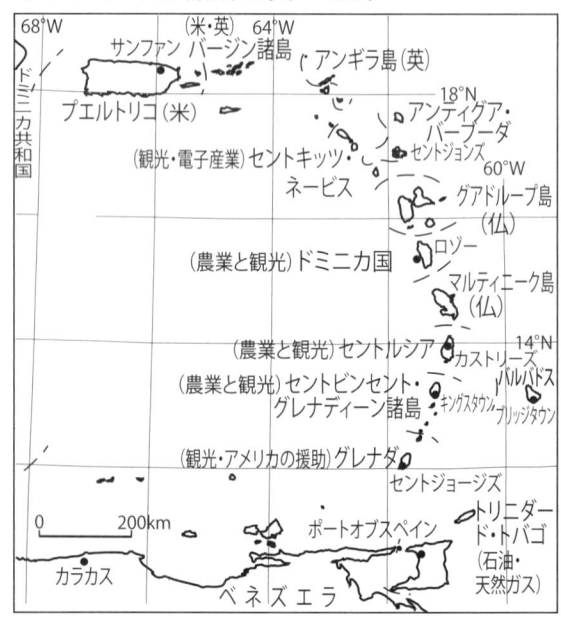

68°W　64°W
- ドミニカ共和国
- サンファン　バージン諸島　アンギラ島（英）
- プエルトリコ（米）　18°N
- アンティグア・バーブーダ　セントジョンズ
- （観光・電子産業）セントキッツ・ネービス　60°W
- グアドループ島（仏）
- （農業と観光）ドミニカ国　ロゾー
- マルティニーク島（仏）
- （農業と観光）セントルシア　カストリーズ　14°N
- （農業と観光）セントビンセント・グレナディーン諸島　キングスタウン　バルバドス　ブリッジタウン
- （観光・アメリカの援助）グレナダ
- セントジョージズ
- トリニダード・トバゴ（石油・天然ガス）
- 200km
- ポートオブスペイン
- カラカス
- ベネズエラ

68 ▶ 中央アメリカの国々と産業

南アメリカの自然環境

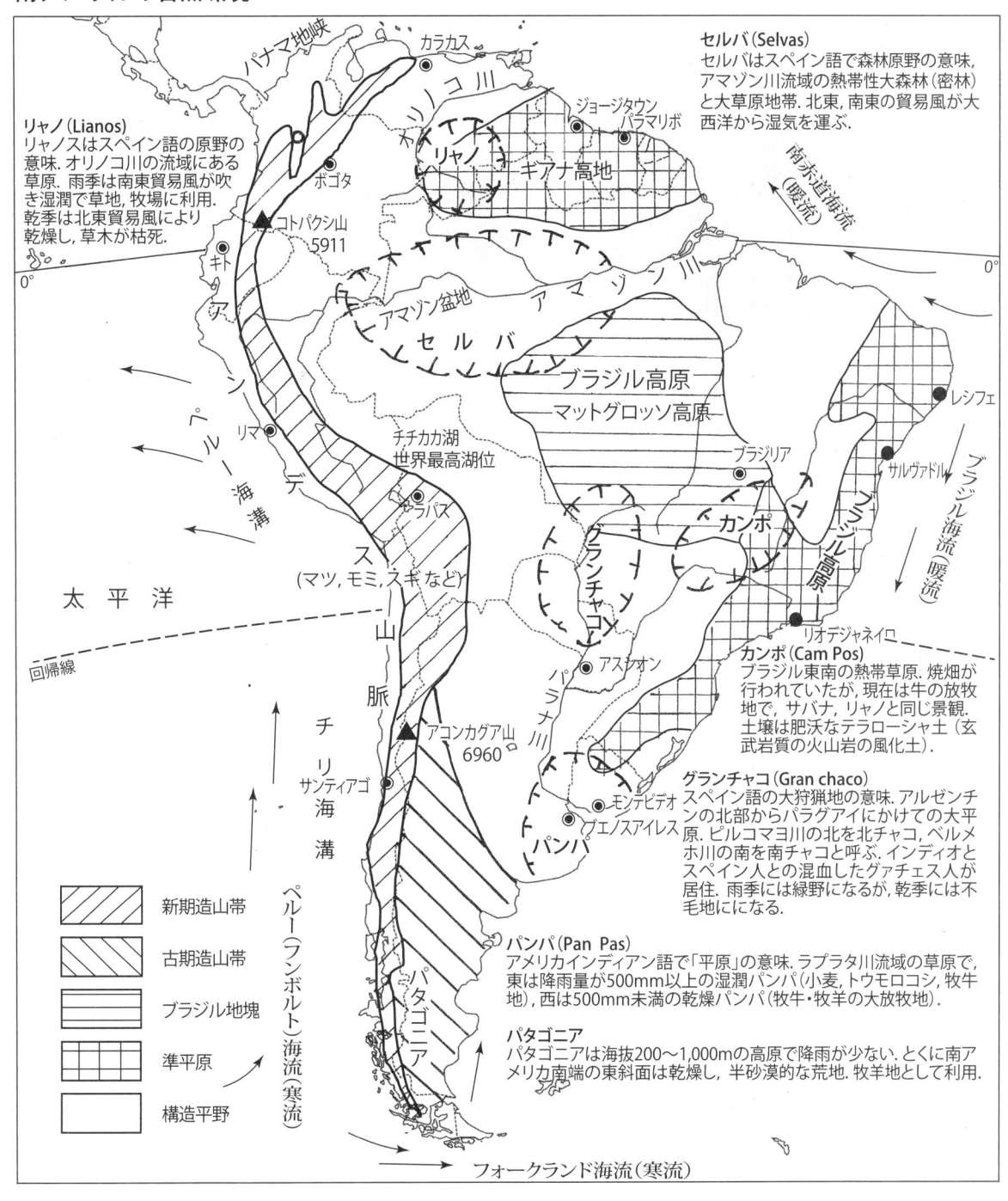

リャノ (Lianos)
リャノスはスペイン語の原野の意味. オリノコ川の流域にある草原. 雨季は南東貿易風が吹き湿潤で草地, 牧場に利用. 乾季は北東貿易風により乾燥し, 草木が枯死.

セルバ (Selvas)
セルバはスペイン語で森林原野の意味. アマゾン川流域の熱帯性大森林 (密林) と大草原地帯. 北東, 南東の貿易風が大西洋から湿気を運ぶ.

カンポ (Cam Pos)
ブラジル東南の熱帯草原. 焼畑が行われていたが, 現在は牛の放牧地で, サバナ, リャノと同じ景観. 土壌は肥沃なテラローシャ土 (玄武岩質の火山岩の風化土).

グランチャコ (Gran chaco)
スペイン語の大狩猟地の意味. アルゼンチンの北部からパラグアイにかけての大平原. ピルコマヨ川の北を北チャコ, ベルメホ川の南を南チャコと呼ぶ. インディオとスペイン人との混血したガウチェス人が居住. 雨季には緑野になるが, 乾季には不毛地になる.

パンパ (Pan Pas)
パンパはアメリカインディアン語で「平原」の意味. ラプラタ川流域の草原で, 東は降雨量が500mm以上の湿潤パンパ (小麦, トウモロコシ, 牧牛地), 西は500mm未満の乾燥パンパ (牧牛・牧羊の大放牧地).

パタゴニア
パタゴニアは海抜200〜1,000mの高原で降雨が少ない. とくに南アメリカ南端の東斜面は乾燥し, 半砂漠的な荒地. 牧羊地として利用.

凡例:
- 新期造山帯
- 古期造山帯
- ブラジル地塊
- 準平原
- 構造平野

アンデス山脈は延長7,500km以上に及ぶ世界最長の褶曲山脈 (環太平洋造山帯の一部). 山脈に沿って火山帯と地震帯, アコンカグア (6,960m, アルゼンチン) はアンデス山脈で最も高い山. コトパクシ (5,911m, エクアドル) は世界最高の火山.

南アメリカは西側: アンデス山脈, 中央部: 低平な平原, 北からリャノス, セルバス, グランチャコ, パンパス, パタゴニアの平野. 東側: 高地で, ギアナ高地, ブラジル高原, パタゴニア高地.

南アメリカの代表的な河川に, アマゾン川がある. 全長6,516kmに及ぶ世界第2位の長流で, 流域面積は世界最大の約705万km². ラプラタ川は全長4,500km, 南アメリカ第2の長流. ラプラタ川の支流であるイグアス川とパラナ川の合流する付近にはイグアスの滝. 高さ平均600mのブラジル瀑布とアルゼンチン瀑布が平時には2つに分かれているが, 雨季には幅4kmの世界第1位の大瀑布.

南アメリカの気候と農業

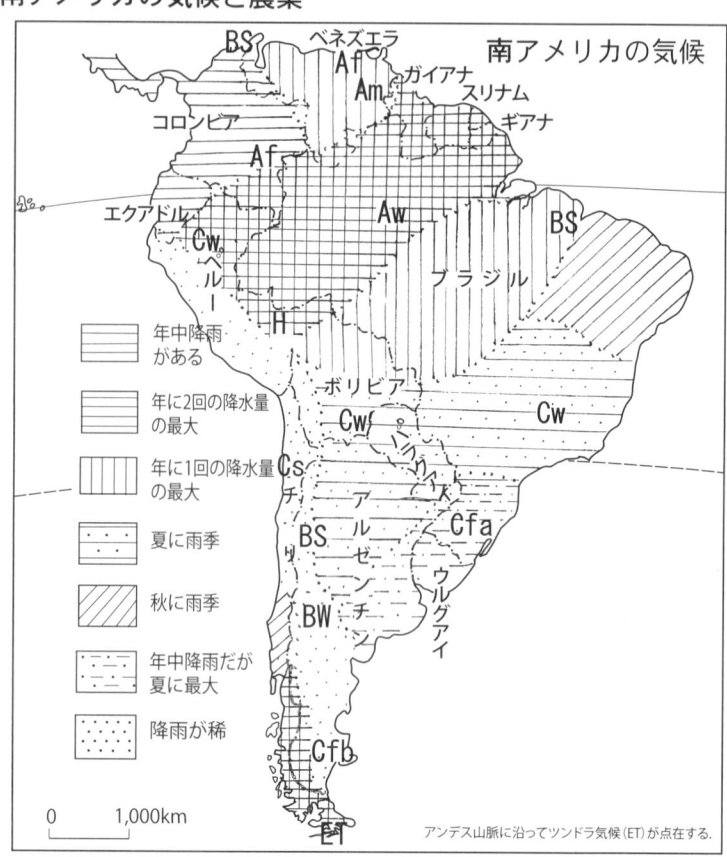

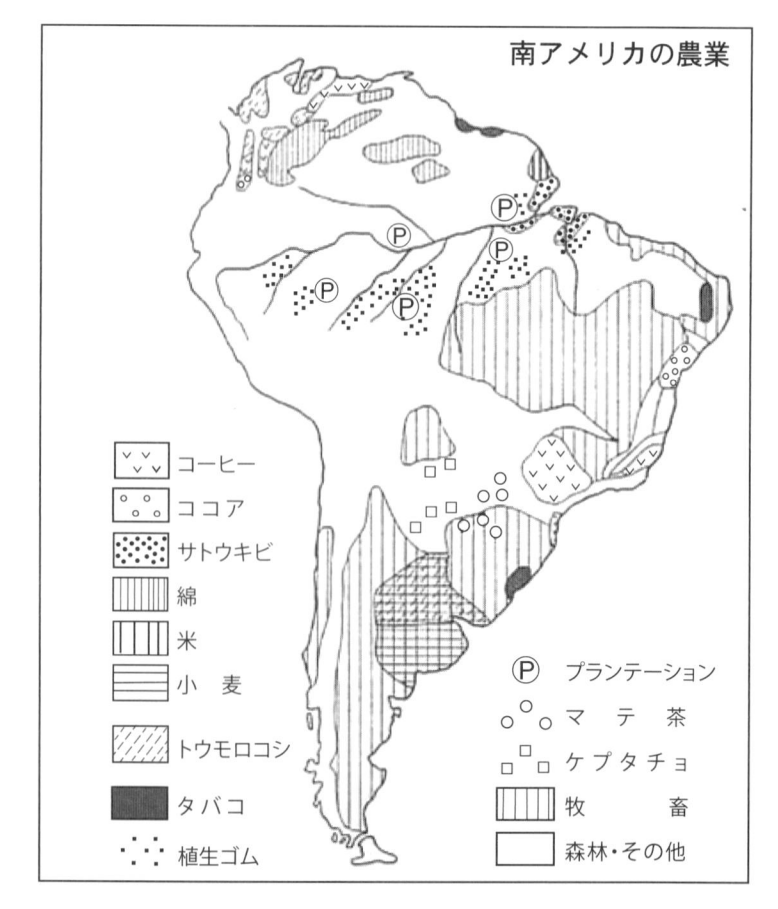

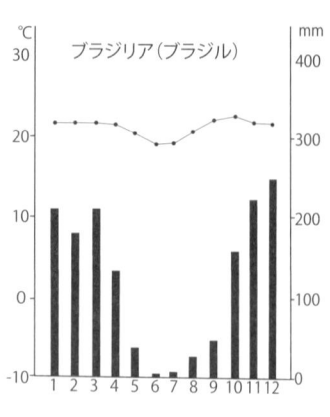

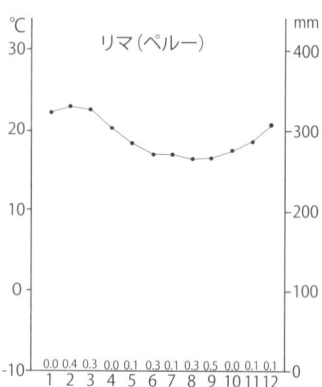

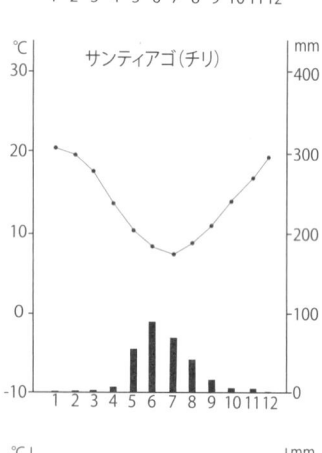

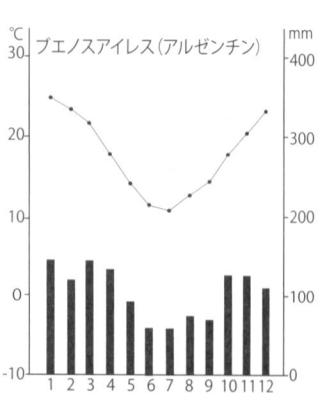

南アメリカの気候

ブラジリア（ブラジル）
リマ（ペルー）
サンティアゴ（チリ）
ブエノスアイレス（アルゼンチン）

凡例：
- 年中降雨がある
- 年に2回の降水量の最大
- 年に1回の降水量の最大
- 夏に雨季
- 秋に雨季
- 年中降雨だが夏に最大
- 降雨が稀

アンデス山脈に沿ってツンドラ気候（ET）が点在する．

南アメリカの農業

凡例：
- コーヒー
- ココア
- サトウキビ
- 綿
- 米
- 小麦
- トウモロコシ
- タバコ
- 植生ゴム
- Ⓟ プランテーション
- マテ茶
- ケプタチョ
- 牧畜
- 森林・その他

南アメリカの国々と産業

【コロンビア共和国】
【経済環境】(農産物と石油, 鉱物資源中心)
(1)農・牧・林・水産；換金作物：コーヒー(生産量世界4位：2011年), カカオ, サトウキビ, バナナ, 花卉, コカ他, 主要作物：米, 小麦, 雑穀, トウモロコシ, ジャガイモ, 大豆, ブドウ, 柑橘類, 牛, 馬, 豚, 羊他, (2)天然資源：石炭, 石油, 天然ガス, 鉄, 銅, (3)製造業：食品・食肉加工, 酪製品, 化学肥料, 石油製品, 自動車.

【ベネズエラ・ボリバル共和国】
【経済環境】(石油産業中心)；(1)農・牧・林・水産；換金作物：コーヒー, サトウキビ, タバコ, 綿花他, 主要作物：米, トウモロコシ, キャッサバ, 柑橘類, バナナ, 落花生, サイザル麻, 馬, 牛, 豚, 羊他, (2)天然資源：石炭, 石油, 天然ガス, 銅, 鉄, ボーキサイト, 金, ダイヤモンド他, (3)製造業：製油(アルバ・キュラソー島：オランダ領), 石油製品, 酪製品, 化学肥料, 自動車.

【ガイアナ共和国】
【経済環境】(プランテーション農業・鉱業が主要産業)；(1)農・牧・林・水産；換金作物：サトウキビ, 主要作物：米, トウモロコシ, キャッサバ, 落花生, 柑橘類, バナナ, 馬, 牛, 豚, 羊他, (2)天然資源：ボーキサイト, マンガン, ダイヤモンド, 金他, (3)製造業：食肉加工, ビール, 用材.

【スリナム共和国】
【経済環境】(経済の中心は鉱産資源：石油, ボーキサイトと農業)；(1)農・牧・林・水産；換金作物：サトウキビ, バナナ, 茶他, 主要作物：米, キャッサバ, 柑橘類, エビ, 牛, 馬, 豚, 羊他, (2)天然資源：石油, 天然ガス, ボーキサイト, 金, (3)製造業：食品加工, 石油製品, 用材, セメント, アルミニウム, 一般機械など.

【エクアドル共和国】
【経済環境】(農産物と石油, 工業国, アシエンダ形式)；(1)農・牧・林・水産；換金作物：コーヒー, カカオ, サトウキビ, バナナ, エビ, 天然ゴム他, 主要作物：小麦, 米, 雑穀, キャッサバ, 綿花, 大豆, 柑橘類, 牛, 馬, 豚, 羊, 山羊他, (2)天然資源：石油, 天然ガス, 金他, (3)製造業：酪製品, 石油製品, 自動車, 造船他.

【ペルー共和国】
【経済環境】(石油, 天然ガスなどと製造業に中心が移りつつある)(1)農・牧・林・水産；換金作物：コーヒー, カカオ, サトウキビ, 綿花, 主要作物：米, 小麦, トウモロコシ, 雑穀, キャッサバ, 柑橘類, タバコ, ジャガイモ, イチュウ(牧草), 馬, 牛, 豚, 羊, 山羊他, (2)天然資源：石炭, 石油, 天然ガス, 鉄, 鉛, 錫, タングステン, モリブデン他, (3)製造業：食品・食肉加工, 酪製品, 化学薬品, 石油製品, セメント, 電気機械, 造船他.

【ボリビア多民族国】
【経済環境】(鉱産物：リチウム, 天然ガス, 錫などと農業が中心)；(1)農・牧・林・水産；換金作物：コーヒー, カカオ, サトウキビ, 綿花他, 主要作物：米, 小麦, トウモロコシ, ジャガイモ(原産地), 雑穀, 柑橘類, タバコ, 茶, 馬, 牛, 豚, 羊, 山羊他, (2)天然資源：石油, 天然ガス, 銅, 錫, タングステン, アンチモン, 金他, (3)製造業：酪製品, 石油製品, 未発達.

【チリ共和国】
【経済環境】(鉱業中心産業)；(1)農・牧・林・水産；換金作物：果実, ブドウ, 野菜他, 主要作物：小麦, 米, 雑穀, トウモロコシ, 柑橘類, タバコ, 亜麻, 馬, 牛, 豚, 山羊他, (2)天然資源：銅, リチウム, 硝石(減少), 鉄, 石炭, 石油, 天然ガス, モリブデン他, (3)製造業：農産加工, 酪製品, 化学肥料, 石油製品, 造船, 電気製品他.

【ブラジル連邦共和国】
【経済環境】(ファセンダ形式, 「BRICS」の一員, 南米最大の経済規模)；(1)農・牧・林・水産；換金作物：コーヒー, サトウキビ, 大豆, 綿花, 柑橘類, 天然ゴム, 胡椒他, 主要作物：米, 小麦, トウモロコシ, 雑穀, キャッサバ, 落花生, バナナ, ジュート, 茶, 牛, 馬, 豚, 羊他, (2)天然資源(資源豊富)：石炭, 石油, 天然ガス, 鉄, 銅, ニッケル, 錫, ダイヤモンド他, (3)製造業：酪製品, 食品・食肉加工, 化学製品, 自動車, 船舶, 機械, 繊維, 航空機他.

【パラグアイ共和国】
【経済環境】(経済の中心は農牧林業)；(1)農・牧・林・水産；換金作物：綿花, 大豆, サトウキビ他, 主要作物：小麦, 米, トウモロコシ, 雑穀, 柑橘類, コーヒー, タバコ, 馬, 牛, 豚, 羊, 山羊他, (2)天然資源：未開発, 鉄鉱石を少量産出. (3)製造業：食肉加工, 酪製品, 用材, セメント他.

【ウルグアイ東方共和国】
【経済環境】(農業が主要産業)；(1)農・牧・林・水産；主要作物：小麦, 米, 雑穀, 大豆, 落花生, 柑橘類, 馬, 牛, 豚, 羊他, (2)天然資源：未発達, (3)製造業：酪製品, 繊維工業, 化学肥料, 石油製品, 自動車他.

【アルゼンチン共和国】
【経済環境】(冷凍船発明→ヨーロッパへ小麦, 牛肉などを輸出, エスタンシア形式)；(1)農・牧・林・水産；換金作物：小麦, 大豆, ブドウ他, 主要作物：米, トウモロコシ, 雑穀, サトウキビ, キャッサバ, 落花生, 柑橘類, 茶, ホップ, 牛, リャマ, アルパカ他, (2)天然資源：石炭, 石油, 天然ガス, 銅, 金, 銀他, (3)製造業：食品・食肉加工, 酪製品, 化学肥料, 石油製品, 電気機械, 自動車他.

南アメリカの鉱・工業

- マラカイボ（自動車・製油）
- アルバ島（オ領；石油精製）
- カビマス（石油精製）
- （中南米第1の産油国, 石油産業は1976年に国有化）
- キュラーソ島（オ領；石油精製）
- バレンシア（化学）
- （石油精製・繊維）
- カラカス
- ガイアナ（ボーキサイトと金）
- ジョージタウン
- ベネズエラ
- スリナム
- パラマリボ（アルミ工業）
- （石炭の埋蔵量は南米最大, 石油, コーヒー生産国）
- カルタヘナ（化学）
- バランキジャ（石油精製）
- （鉄鋼・コーヒー）
- メデジン
- ボゴタ（機械・繊維・自動車・化学）
- コロンビア
- キト（自動車・繊維, 高山都市, 中南米カトリックの中心地）
- エクアドル（石油, 農業）
- グアヤキル（繊維, 原油輸出）
- マラバ Mn（化学・機械・用材・ゴム）
- マナオス
- （金属・ゴム・タバコ・胡椒）ベレン
- 南米最大の経済規模, 鉄鉱石, ボーキサイトなどの鉱物資源が豊富, コーヒーの生産は世界一
- サンルイス（鉄鋼, コーヒー輸出港）
- カラジャス Mn, Ni
- チンボテ（鉄鋼・魚粉）
- （銅, 石油, 天然ガス, 銀, 金などの鉱業）
- リマ（繊維・非鉄金属）
- ポルトヴェーリョ（用材）
- ブラジル
- レシフェ（繊維）
- ペルー
- クスコ（マチュピチュ遺跡）
- マルコナ Pb
- ボリビア（錫, 天然ガス, 亜鉛などの鉱業）
- ラパス（繊維）
- オルロ（鉱山都市）Sn
- サルヴァドル（製油・化学・繊維）
- ブラジリア（金属, 計画都市）
- イタビラ（鉄鋼）
- ヴィトリア（鉄鋼・繊維）
- ベロオリゾンテ（電子・化学・鉄鋼）
- チュキカマタ（三大銅産地の一つ）
- （銅の生産は世界一, その他鉄鉱）
- チリ
- パラグアイ（農牧畜業と林業, 少数の大地主が土地を占有）
- アスンシオン（繊維）
- リオデジャネイロ（電子・化学・製油・機械・繊維, 世界三大美港の1つ）
- サンパウロ（電子・機械・製油・繊維・自動車・化学・食品）
- ニテロイ（化学）
- クリチーバ（電子・化学・製油・自動車）
- フロリアノポリス（繊維）
- ポルトアレグレ（電子・化学・鉄鋼・製油・繊維）
- レシステンシア（化学・繊維）
- コルドバ（機械・化学・食品）
- バルパライソ（貿易港）
- メンドサ（化学・製油・ワイン）
- ロサリオ（鉄鋼・自動車）
- サンティアゴ（金属・機械・繊維）
- アルヘンティエンテ
- コンセプシオン（鉄鋼）
- リオグランデ（繊維）
- ウルグアイ（産業の中心は農牧業）
- モンテビデオ（金属・化学・繊維）
- ラプラタ（製油・化学・金属）
- ブエノスアイレス（金属・自動車・製油・化学・繊維・貿易港）
- バイアブランカ（化学・製油・繊維）
- アルゼンチン
- コモドロリバダビア（化学）
- （主要産業は食肉や大豆, 小麦などの穀物生産）

凡例
- ◇ 近代的経営（集約的灌漑）
- ▦ 温帯の集約的農業
- ▨ プランテーション
- ▤ 集約的な牧畜業
- ⋮ 粗放的な牧畜業
- ▲ 鉄
- △ 銅
- ⊞ 油田
- ⊕ 天然ガス
- Au 金
- Mn マンガン
- Ni ニッケル
- Sn 錫
- Ag 銀
- Zn 亜鉛

0　　　800km

南アメリカの国々と産業

南アメリカの人種

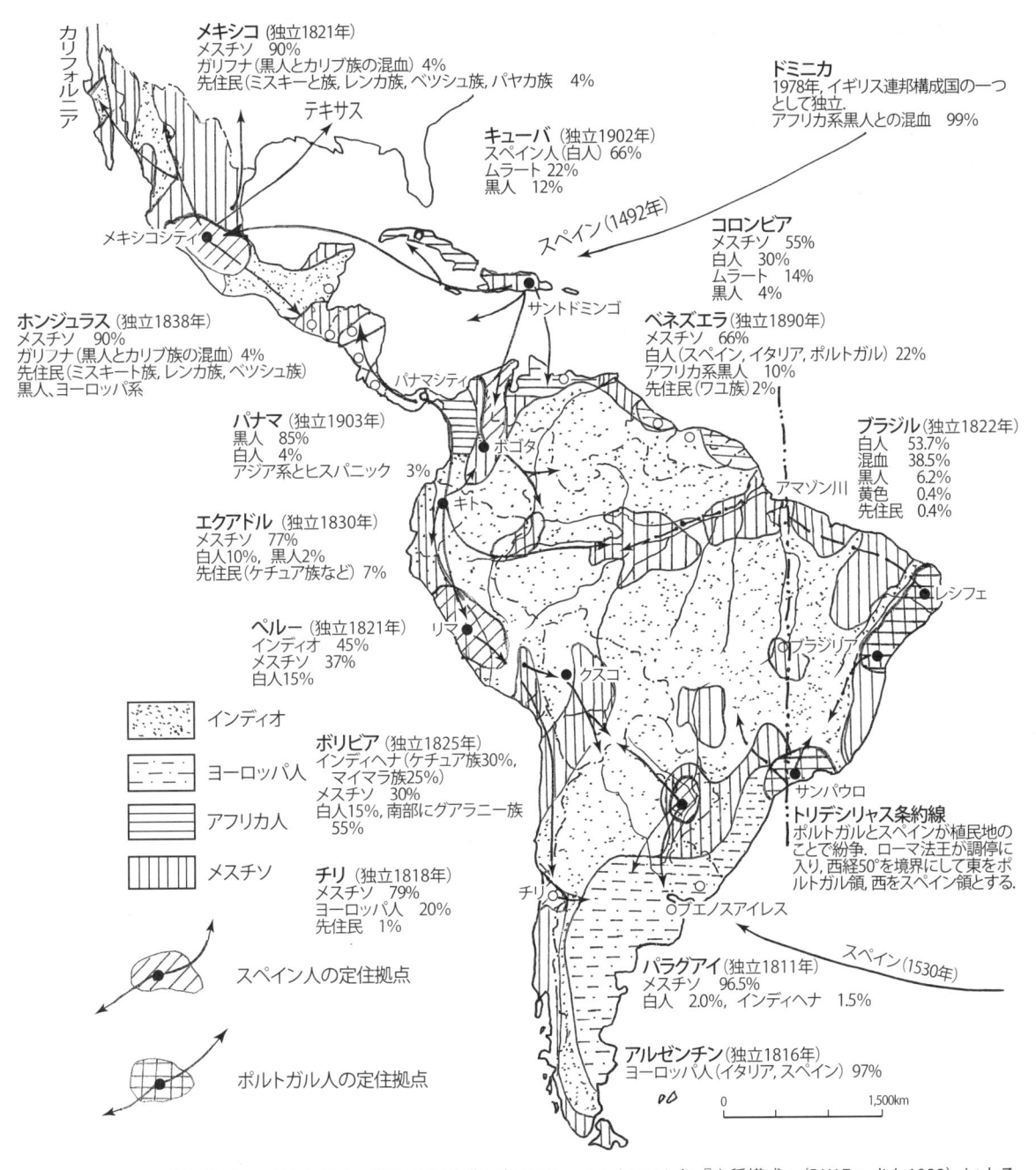

メキシコ（独立1821年）
メスチソ 90%
ガリフナ（黒人とカリブ族の混血）4%
先住民（ミスキート族、レンカ族、ベツシュ族、パヤカ族）4%

ドミニカ
1978年、イギリス連邦構成国の一つとして独立。
アフリカ系黒人との混血 99%

キューバ（独立1902年）
スペイン人（白人）66%
ムラート 22%
黒人 12%

コロンビア
メスチソ 55%
白人 30%
ムラート 14%
黒人 4%

ホンジュラス（独立1838年）
メスチソ 90%
ガリフナ（黒人とカリブ族の混血）4%
先住民（ミスキート族、レンカ族、ベツシュ族）
黒人、ヨーロッパ系

ベネズエラ（独立1890年）
メスチソ 66%
白人（スペイン、イタリア、ポルトガル）22%
アフリカ系黒人 10%
先住民（ワユ族）2%

パナマ（独立1903年）
黒人 85%
白人 4%
アジア系とヒスパニック 3%

ブラジル（独立1822年）
白人 53.7%
混血 38.5%
黒人 6.2%
黄色 0.4%
先住民 0.4%

エクアドル（独立1830年）
メスチソ 77%
白人10%、黒人2%
先住民（ケチュア族など）7%

ペルー（独立1821年）
インディオ 45%
メスチソ 37%
白人 15%

ボリビア（独立1825年）
インディヘナ（ケチュア族30%、アイマラ族25%）
メスチソ 30%
白人15%、南部にグアラニー族
55%

凡例:
- インディオ
- ヨーロッパ人
- アフリカ人
- メスチソ
- スペイン人の定住拠点
- ポルトガル人の定住拠点

チリ（独立1818年）
メスチソ 79%
ヨーロッパ人 20%
先住民 1%

トリデシリャス条約線
ポルトガルとスペインが植民地のことで紛争。ローマ法王が調停に入り、西経50°を境界にして東をポルトガル領、西をスペイン領とする。

パラグアイ（独立1811年）
メスチソ 96.5%
白人 2.0%、インディヘナ 1.5%

アルゼンチン（独立1816年）
ヨーロッパ人（イタリア、スペイン）97%

スペイン（1492年）
スペイン（1530年）

0　　　1,500km

『スペイン・ポルトガルの植民地化移動』（B.W.Bloueetal,1982）と『人種構成』（P.W.Emglish,1989）による.

ラテンアメリカの人種構成

ラテンアメリカの人種構成は奴隷としてのアフリカからの黒人，ポルトガル，スペイン，ヨーロッパからの移民，原住民のインディオ，それにこれらの人々の混血からなっている．
　メスチソ（白人とインディオとの混血），ムラート（白人と黒人の混血），サンボ（インディオと黒人），クリオーリョ（現地生まれの白人）．

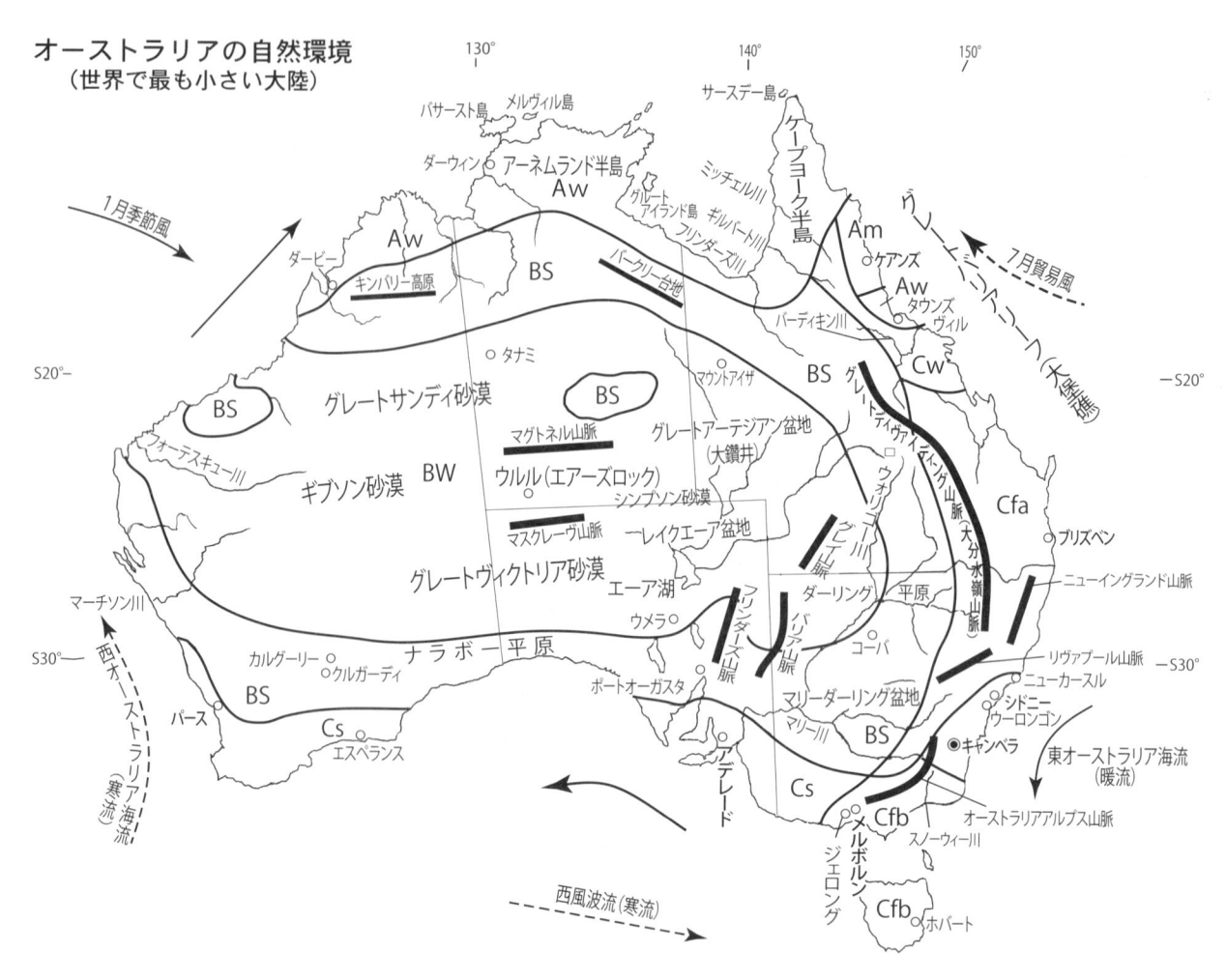

オーストラリアの自然環境
（世界で最も小さい大陸）

地図中の主な地名・気候区分：

- 経度：130°、140°、150°
- 緯度：S20°、S30°
- 1月季節風、7月貿易風（太平洋）、西風波流（寒流）
- 西オーストラリア海流（寒流）、東オーストラリア海流（暖流）

島・半島： バサースト島、メルヴィル島、サースデー島、アーネムランド半島、ケープヨーク半島、グレートアイランド島

河川： フォーテスキュー川、マーチソン川、ミッチェル川、ギルバート川、フリンダース川、バーディキン川、ビクトリア川、マリー川、ダーリング川、スノーウィー川

都市： ダーウィン、ダービー、ケアンズ、タウンズヴィル、タナミ、マウントアイザ、ブリスベン、カルグーリー、クルガーディ、パース、エスペランス、ウメラ、ポートオーガスタ、コーバ、ニューカースル、リヴァプール山脈、シドニー、ウーロンゴン、キャンベラ、アデレード、メルボルン、ジェロング、ホバート

地形： キンバリー高原、バークリー台地、グレートサンディ砂漠、ギブソン砂漠、グレートヴィクトリア砂漠、シンプソン砂漠、マグトネル山脈、ウルル（エアーズロック）、マスクレーヴ山脈、グレートアーテジアン盆地（大鑽井）、レイクエアー盆地、エーア湖、ナラボー平原、フリンダース山脈、バリア山脈、グレートディヴァイディング山脈（大分水嶺山脈）、ニューイングランド山脈、マリーダーリング盆地、オーストラリアアルプス山脈

気候区： Aw、Am、BS、BW、Cw、Cfa、Cfb、Cs

	西部高原	中央低地	東部山地
地勢	先カンブリア代〜古生代 安定陸塊，台地，楯状地 オーストラリア陸塊（ゴンドワナ陸塊の一部）	先カンブリア代〜古生代，オーストラリア陸塊（ゴンドワナ陸塊の一部）	古生代〜中生代 古期造山帯　褶曲山地
おもな気候区	サバナ気候（Aw），ステップ気候（BS），砂漠気候（Bw），地中海性気候（Cs）	サバナ気候（Aw），ステップ気候（BS），砂漠気候（BW），地中海性気候（Cs）	サバナ気候（Aw），熱帯雨林気候（弱い乾季あり）（Am），温暖冬季少雨気候（Cw），温暖湿潤気候（Cfa），西岸海洋性気候（Cfb）
備考	①西部高原：ピルバラ地区鉄鉱石の埋蔵量多い，露天掘．輸出港：ポートヘッドランド，ダンピア，日本へ輸出． ②中央低地：平均高度150m以下，中生代の砂岩層．自噴井戸（鑽井）が発達，帯水層の深さ1,000mあり，塩水を含む（家畜飼育用）． ③東部山地・東部高地：石炭産地多い（モウラ炭田・ボウエン炭田・ニューカースル炭田）		

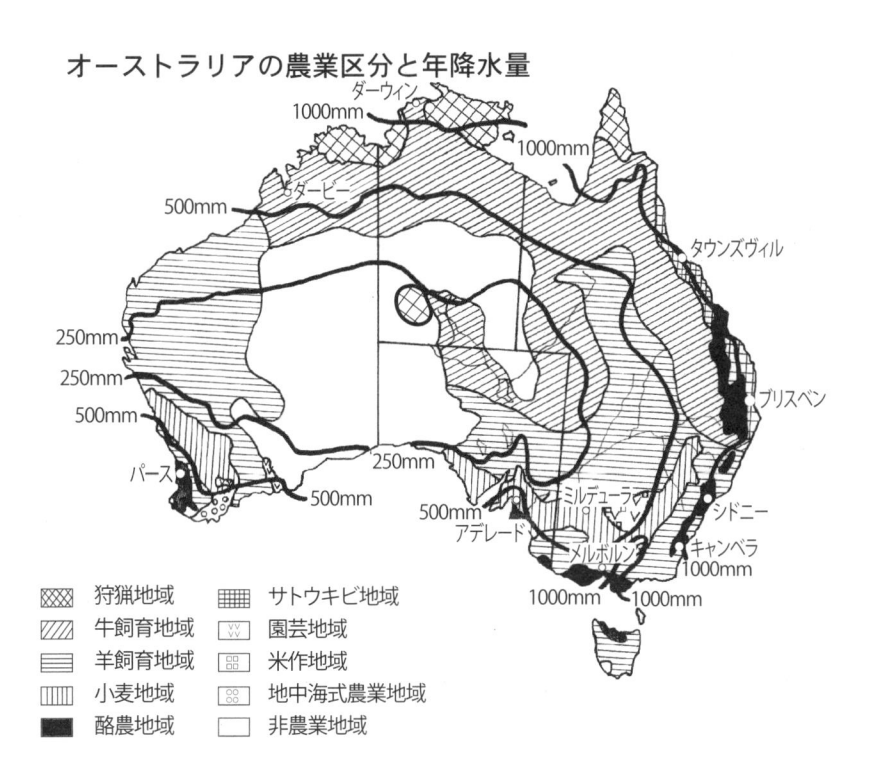

オーストラリアの農業区分と年降水量

凡例：
- 狩猟地域
- 牛飼育地域
- 羊飼育地域
- 小麦地域
- 酪農地域
- サトウキビ地域
- 園芸地域
- 米作地域
- 地中海式農業地域
- 非農業地域

オーストラリアの農牧業

	特　　徴
牧　牛	主要産地：北部サバナ〜ステップ地域． 大規模経営，フィードロット（小麦と羊飼育）．
酪　農	主要産地：東部山地の東南部と都市近郊． 湿潤気候区地域 集約的飼育盛ん．
羊	主要地域：南東部山地の西斜面・中央低地の鑽井地（掘り抜き井戸で給水飼育塩水含む）． 羊と小麦の3〜5年輪作．
混合農業	主要産地：南東部，牧草の生育で放牧地移動，乳牛と農耕．
小　麦	主要産地：南東部と南西部の灌漑地域． 乾燥農法・大規模機械化経営，オーストラリア耕地の60％で作付け，19世紀イギリス穀物条令． メルボルン近郊米作（ジャポニカ種）生産．
サトウキビ・綿花	主要産地：クインズランド州中心． 亜熱帯気候区：北部海岸沿い地域開発． プランテーション経営
果　樹	主要産地：南東部・南西部は地中海式気候地域中心，バナナ，パイナップル，オレンジ，ブドウ他．

1870年代おける冷凍船の発明で農牧地拡大．

オーストラリアの資源と工業都市

オーストラリアの鉱工業
① 第二次世界大戦後，急速に発展．
② 鉱産資源の種類多く，未開発．
③ 石炭グレートディヴァイディング山脈東側，ボウエン，モウラ，ニューカースル地区．露天掘，良質な瀝青炭（日本へ輸出）．
④ 鉄鉱石：西部のピルバラ地区，新鉱床を発見．
⑤ 原油・天然ガス：東南タスマニア沖，北西ダンピア沖，スタート砂漠周辺，一部パイプラインで消費地に輸送．
⑥ その他の鉱産資源（世界生産の順位と％）（2011）

オーストラリアの工業地区
① 工業地区は大部分がグレードディヴァイディング山東岸に存在．
② 工業立地条件として石炭・鉄鉱石産地とその近くの輸出港．
③ 工業都市
　タウンズヴィル（食品・木材），ブリズベン（食品・機械・鉄鋼・化学・木材），ニューカースル（鉄鋼），シドニー（食品・化学・製油・鉄鋼・造船・電気器具・車両），ウーロンゴン（鉄鋼），メルボルン（機械・自動車・鉄鋼・皮革・繊維），ジェロング（機械・製油・化学・自動車），アデレード（鉄鋼・製油・機械・食品・化学・自動車），パース（食品・機械・鉄鋼・化学繊維）．

オーストラリアのおもな天然資源
　石炭，鉄鉱石，石油，天然ガス，錫鉱，銅鉱，金鉱，銀鉱，亜鉛鉱，鉛鉱，ボーキサイト，コバルト，マンガン，リチウム，チタン，ウラン，ニッケル，プラチナ，イリジウム，マグネシウム，ダイヤモンド，アンチモン，タンタル石，タングステン，パラジウム，燐鉱，モリブデン，ニオブ，塩他．

民族・言語・宗教
　民族：先住民（アボリジニー），ヨーロッパ系，アジア系
　言語：英語（公），イタリア語，中国語，ギリシア語，アラビア語，ベトナム語他．
　宗教：キリスト教（カトリック，プロテスタント），仏教，ヒンドゥー教，イスラーム他．

ニュージーランドと太平洋諸国の自然環境

ニュージーランド

酪農国：1870年代冷凍船によるバター, チーズ, 肉類の輸出.

耕地面積：全土の2.1%, 作物は小麦, 大麦, トウモロコシ. 輸出品の約半分は食料品.

製造業：国内市場向けで小規模. 全人口の約86%が都市に集中, それも北島に集中.

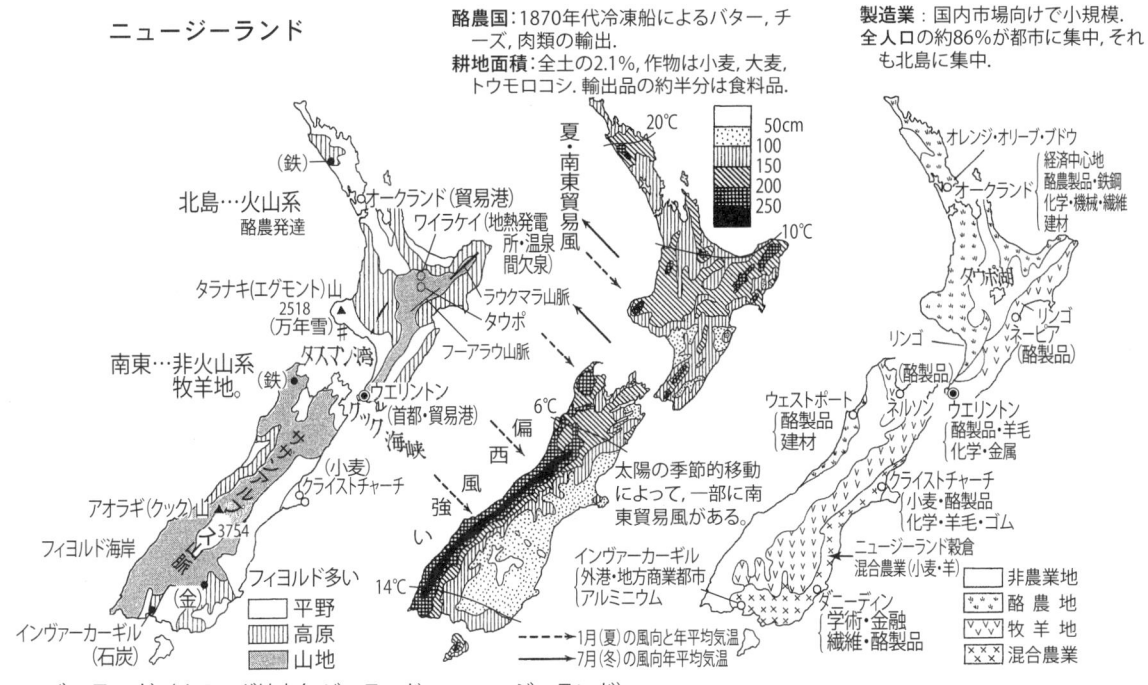

北島…火山系 酪農発達
- (鉄)
- オークランド（貿易港）
- ワイラケイ（地熱発電所・温泉・間欠泉）
- タラナキ(エグモント)山 2518 万年雪
- タスマン湾
- ラウクマラ山脈
- タウポ
- フーアラウ山脈

南島…非火山系 牧羊地
- (鉄)
- クック海峡
- ウェリントン（首都・貿易港）
- クライストチャーチ（小麦）
- アオラギ(クック)山 3754
- フィヨルド海岸
- フィヨルド多い
- (金)
- インヴァーカーギル（石炭）
- 外港・地方商業都市 アルミニウム
- ダニーデン 学術・金融 繊維・酪製品

夏・南東貿易風　偏西風強い

太陽の季節的移動によって, 一部に南東貿易風がある.

20℃ / 10℃ / 6℃ / 14℃

降水量: 50cm / 100 / 150 / 200 / 250

--→ 1月(夏)の風向と年平均気温
—→ 7月(冬)の風向と年平均気温

凡例：平野／高原／山地／非農業地／酪農地／牧羊地／混合農業

- オレンジ・オリーブ・ブドウ
- オークランド：経済中心地, 酪農製品・鉄鋼・化学・機械・繊維・建材
- タウポ湖
- リンゴ
- ネーピア（酪製品）
- リンゴ
- ウェストポート（酪製品・建材）
- ネルソン
- ウェリントン：酪製品・羊毛・化学・金属
- クライストチャーチ：小麦・酪製品・化学・羊毛・ゴム
- ニュージーランド穀倉 混合農業（小麦・羊）

ニュージーランド（オランダ地方名 ジーランド → ニュージーランド）

自然環境	主要産業	言語（公：公用語）・宗教・民族
【地勢】 新生代第三紀の環太平洋造山帯の一部, 火山・地震が多い. 西岸海洋性気候(Cfb) 北島・南島とも偏西風の影響がみられる 北島東岸：暖流, 南島南部；寒流（西風皮流）	**【経済環境】** 農・牧・林・水産（産業中心） 牧畜業）：小麦, 大麦, エン麦, トウモロコシ, ジャガイモ, 馬, 牛, 豚, 羊, 魚介類他. 古くは捕鯨基地.	言語：英語（公）マオリ語 宗教：キリスト教80% 民族：イギリス系ヨーロッパ人70%, ポリネシア系マオリ人8%, その他.
北島（火山系）：酪農 (1) 北部：平坦地広く, 海岸にマングローブ. (2) 東部：高原地域と山地 (3) 中央部：2つに大別される. ①火山（タラナキ(エグモント)山 (2,521m), トンガリロ山 (1,968m) 他. ②ロトルア・タウポ地方：火山性台地（大部分が軽石地, 地熱地帯, 発電所, 温泉地.	**【天然資源】** 石炭, 石油, 鉄鉱石, 金：未開発→工業未発達. **【製造業】** 食品（バター, チーズ, 肉類）, 皮革, 毛羊類, タイヤ, セメント, アルミ他. 〔家畜飼育：羊；メリノ種（毛用）スペイン原産, コサデール種（毛肉両用）ニュージーランド原産〕	
南島（非火山系）：牧羊 (1) 東部海岸地方：カンタベリー平原, ドゥック草（乾燥草原）が広く分布→牧羊地. (2) 中央部：南北をサザンアルプス山脈. (3) 南西部：山岳・海岸地域に氷河地形みられる. タスマン氷河世界最長, 圏谷, フィヨルド他. (4) 植生：山地；ブナ・カバなどの冷帯林広く分布.		**太平洋のおもな島々**

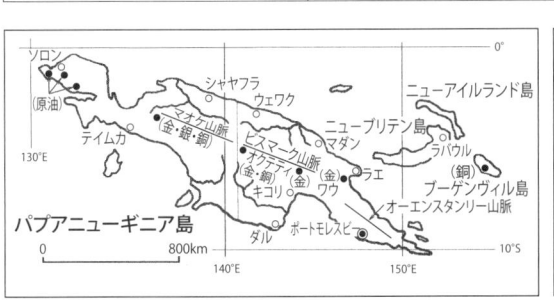

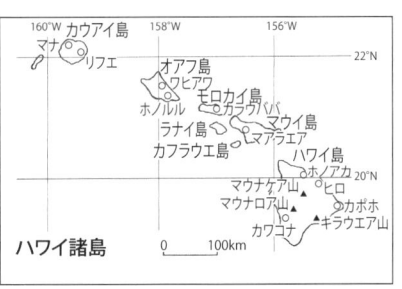

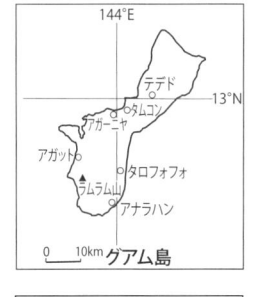

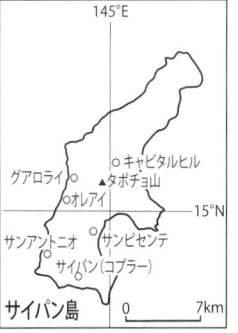

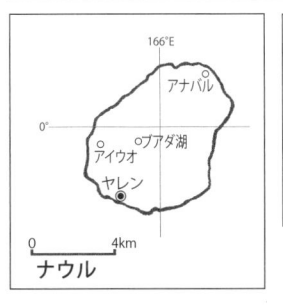

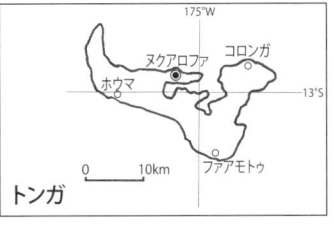

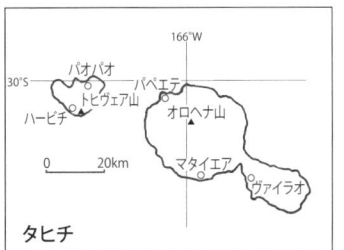

太平洋のおもな島々

パプアニューギニア島: ソロン（原油）, シャヤフラ, ウェワク, ニューアイルランド島, テイムカ, マオケ山脈, ビスマーク山脈, ニューブリテン島, マダン, ラバウル（銅）, 金・銀・銅, 金・銅, ブーゲンビル島, 金（銅）, コキリ, ラエ, オーエンスタンリー山脈, ダル, ポートモレスビー

ハワイ諸島: カウアイ島, マナ, リフエ, オアフ島, ワヒアワ, ホノルル, モロカイ島, カラウパパ, ラナイ島, マウイ島, カフルイ, カフラウエ島, マアラエア, ハワイ島, マウナケア山, マウナロア山, キラウエア山, ヒロ, ホノアウ, カポホ, カワコナ

グアム島: テデド, タムコン, アガーニャ, アガット, ラムラム山, タロフォフォ, アナハン

ナウル: アナバル, ブアダ湖, アイウオ, ヤレン

トンガ: ヌクアロファ, コロンガ, ホウマ, パペエタ, オクテイラ, ファアモトゥ

タヒチ: パオパオ, トビヴェア山, パペエテ, ハービチ, オロヘナ山, マタイエア, ヴァイラオ

サイパン島: キャピタルヒル, グアロライ, タポチョ山, オレアイ, サンアントニオ, サンビセンテ, サイパン（コプラー）

太平洋のおもな島と国々

ミクロネシア（日付変更線以西・赤道以北）
（環太平洋火山帯の古い火山島と珊瑚礁「小さな島という意」）（海洋性熱帯雨林気候（Af）貿易風の影響がみられる）

国　名	自然環境	経済環境	言語（公：公用語）・宗教・民族
グアム島（アメリカ）	海底火山と珊瑚礁．ミクロネシア最大の島．	軍用地，観光，米，コプラ，バナナ，マニオク他．残留日本兵（横田庄一）が30年間ジャングルに潜伏．	言語：英語（公），チャモロ語／宗教：キリスト教／民族：チャモロ人，フィリピン人，白人他
サイパン島（アメリカ）	海底火山と珊瑚礁．	農業　サトウキビ，コーヒー，イモ類，キャッサバ，精糖，衣料品，観光．	言語：英語（公），チャモロ語／宗教：キリスト教（カトリック），民族的伝統的宗教／民族：チャモロ人，カロリアン系，フィリピン人，パラオ人，中国人，韓国人他
ウェーク島（アメリカ，マーシャル諸島が領有権交渉中）	珊瑚礁（環礁）	海底電信基地，アメリカ空軍基地．	言語：英語（公），ミクロネシア系

ポリネシア（日付変更線以東）（火山と珊瑚礁の島）（多くの島という意）（ネグロ系住民）

国名・政体・首・主都名	自然環境	経済環境	言語（公：公用語）・宗教・民族
サモア独立国	2つの大きな火山島と珊瑚礁（鳥取県より小さい面積）．	農業，漁業，出稼ぎ送金，観光による経済　自給自足経済が強い．タロイモ，キャッサバ，ココナッツ，バナナ，カカオ，牛，馬，豚他　自動車部品と食品加工	言語：サモア語（公），英語（公）／宗教：キリスト教（プロテスタント，カトリック）／民族：サモア人（ポリネシア系），ヨーロッパ人，混血他
ニウエ	「ポリネシアの岩」と呼ばれる（徳の島とほぼ同じ面積）．隆起珊瑚礁（裾礁がみられない）．	ニュージーランドからの財政援助と出稼ぎ送金，観光．ニウエ人はニュージーランドの市民権をもつ．バニラ，ジュース，観光．	言語：ニウエ語，英語／宗教：キリスト教（プロテスタント系）／民族：ニウエ人（ポリネシア系）
ガラパゴス諸島（エクアドル）	火山性溶岩島．フンボルト海流のため珊瑚礁はない．	チャールズ・ダーウィンの進化論研究地（研究者のみ上陸許可）	
イースター島（チリ）	火山島	モアイ巨人像（1722年）．主要産業：牧畜，観光．	言語：スペイン語（公）／宗教：キリスト教／民族：ポリネシア系
タヒチ島（フランス）	火山（ポリネシア最大）と珊瑚礁．	パンノキの苗採取（1788年）ポール・ゴーギャン　1891年から2度の滞在「この世のパラダイス」で有名	言語：フランス語（公）／宗教：キリスト教／民族：ポリネシア系
マルキーズ諸島（フランス）	火山性山塊，周囲は珊瑚礁．	農法：ハック耕的，パンのみが主食．	言語：マルキーズ語（公），フランス語（公）／宗教：キリスト教／民族：ポリネシア系

メラネシア（目付変更線以西・赤道以南）（環太平洋火山帯と珊瑚礁）（黒い島の意）（南東貿易風がみられる，熱帯雨林気候（Af））

国名・政体・首・主都名	自然環境	経済環境	言語（公：公用語）・宗教・民族
ソロモン諸島	2列の火山列島と珊瑚礁．地震が多い．約1,000以上の島々（四国の1.6倍）．	主要産業：農・林・水・鉱産の第1次産業の輸出，鉱産資源の開発が遅れている．米，タロイモ，ココナッツ，カカオ，スパイス，コプラ，魚介類，木材　ボーキサイト，金，銀，マンガン，ニッケル，パーム油，食品加工．土地は民族部族共同所有．	言語：英語（公），ピジン英語／宗教：キリスト教（カトリック，プロテスタント）／民族：メラネシア系，ポリネシア系，ミクロネシア系，ヨーロッパ系，アジア系
ナウル共和国	1つの島．最高海抜高度60m．燐鉱石台地．東京都多摩市と同じ面積．	リン鉱石（1990年代枯渇）．採掘跡地復旧が課題．日用品，食料品はすべて輸入．	言語：英語（公），ナウル語（公）／宗教：キリスト教（プロテスタント，カトリック）／民族：ナウル人，キリバス人（ミクロネシア系），中国人・インド人（アジア系）他．
フィジー諸島共和国	330以上の島々（220以上が無人島）．大きな火山島と小さな珊瑚礁（四国とほぼ同じ面積）．	経済の中心．砂糖産業，観光，衣服加工，出稼ぎ送金．米，トウモロコシ，ヤムイモ，イモ類，サトウキビ，柑橘類，バナナ，牛，馬，豚他，製糖，食肉加工，酪製品，金鉱他	言語：英語（公），フィジー語，ヒンディー語／宗教：キリスト教（プロテスタント，カトリック），ヒンズー教，イスラーム／民族：フィジー人（メラネシア系），インド系，ヨーロッパ系（混血），ポリネシア系，中国人他
ニューカレドニア島（フランス）	基岩は古い変成岩と水成岩とからなる．山脈と起伏に富んだ高原，海岸沿いに堡礁（世界最長）．	国民投票により独立か海外領かが決まる．1853年当時は流刑植民地．コーヒー，ココナッツ（プランテーション），タロイモ，トウモロコシ，バナナ他．ニッケル，マンガン，コバルト，クローム，石炭他．芳香油．開発途上．	言語：フランス語（公），メラネシア語系，ポリネシア語系，インドネシア語他／宗教：キリスト教（カトリック，プロテスタント），民族的伝統宗教／民族：メラネシア系カナック人，ヨーロッパ人，ベトナム人，日系，中国人他

太平洋の島々

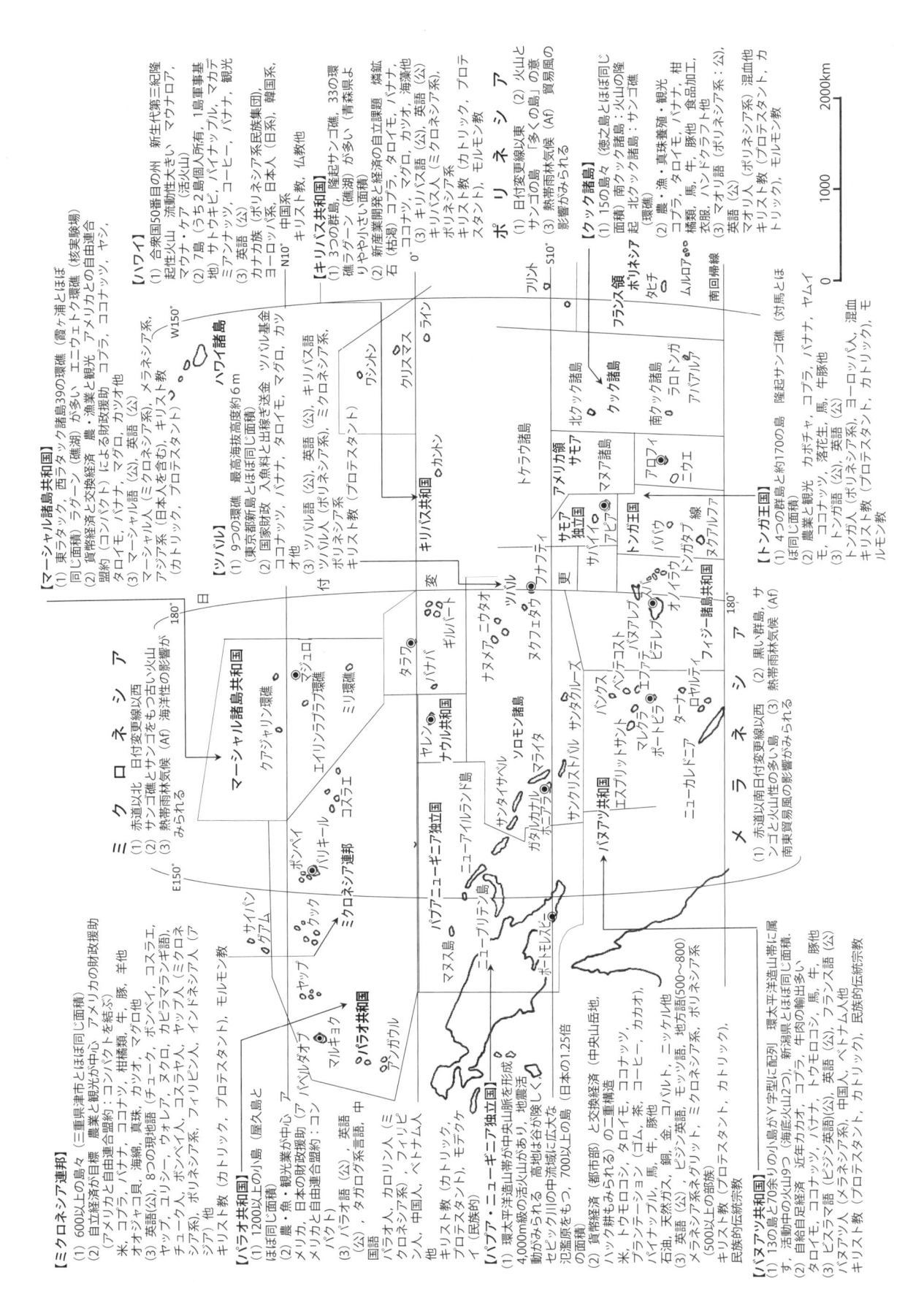

ミクロネシア

【マーシャル諸島共和国】
(1) 東京都とほぼ同じ面積　東ラタック、西ラリック諸島39の環礁（霞ヶ浦とほぼ同じ面積）、西ラタック諸島ラグーン（礁湖）が多い　エニウェトク環礁（核実験場）ビキニ環礁（水爆実験場）
(2) 自立経済と交換経済　農業と観光が中心　アメリカとの自由連合盟約（コンパクト）による財政援助　コプラ、ココナツ、ヤシ、タロイモ、バナナ、マグロ、カツオ、豚（公）
(3) マーシャル語（公）、英語（公）
マーシャル人（ミクロネシア系）、メラネシア系、日本人を含む、欧州系
キリスト教（カトリック、プロテスタント）

【ミクロネシア連邦】
(1) 600以上の島々　（屋久島とほぼ同じ面積）
(2) 自立経済が目標　アメリカとの自由連合盟約：コンパクトによる財政援助
米、コプラ、海藻、真珠、カツオ、マグロ、柑橘類、牛、豚、羊他
オウムガイ貝、8つの現地語（チューク、ポンペイ、コスラエ、ヤップ、ウリシー、ウォレイ、カピンガマランギ、ヌクオロ）、ポンペイ、ヤップ（ミクロネシア系）、ポリネシア系、フィリピン人、インドネシア人、タガログ系（ア）他
キリスト教（カトリック、プロテスタント、モルモン教）

【パラオ共和国】
(1) 1200以上の島々（屋久島とほぼ同じ面積）
(2) 農・魚・観光が中心　日本の財政援助　アメリカとの自由連合盟約：コンパクト
(3) パラオ語（公）、英語（公）、タガログ語（公）
パラオ人、カロリン人、フィリピン人、中国人、ベトナム人他
キリスト教（カトリック、プロテスタント、モルモン教）、民族的伝統宗教

メラネシア

【パプアニューギニア独立国】
(1) 環太平洋造山帯か中央山脈をY字型に配列　環太平洋造山帯に属す、活動中の火山9つ、近年の火山2つ、新潟県とほぼ同じ面積。4,000m級の活火山がみられる。高地帯は谷が険しく、地震活動がみられる。セピック川の中流域に広大な泥湿原地帯（日本の1.25倍の面積）
(2) 自給自足経済　と交換経済（中央高地帯）　ハブ耕作がみられる　ココヤシ、ヤム芋、タロイモ、ゴム、茶、コーヒー、カカオ、サトウキビ、バナナ、マンゴー、トウモロコシ、ブラ、馬、豚、牛、ニッケル（公）他
石油、天然ガス、金、銅、パーム油
(3) 英語（公）、ピジン英語、モツ語、地方語（500～800）メラネシア系ピジン、ミクロネシア系、ポリネシア系（500以上の部族）、民族的伝統宗教
キリスト教（プロテスタント、カトリック）他

【バヌアツ共和国】
(1) 13余りの大きい島が中央山脈をY字型に配列　環太平洋造山帯に属す、活動中の火山9つ（海底火山2つ）、近年の火山1つ
(2) 自給自足経済　近年輸出作物多い　タロイモ、ココヤシ、ブラ、バナナ、トウモロコシ（公）、英語（公）、ヤム芋、馬、豚、牛他
(3) ビスラマ語（ピジン英語）（公）、英語（公）、フランス語（公）
バヌアツ人（メラネシア系）、中国人、ベトナム人他
キリスト教（プロテスタント、カトリック）、民族的伝統宗教

ポリネシア

【ハワイ】
(1) 合衆国50番目の州　新生代第三紀隆起性火山　活動性大きい　マウナロア、マウナ・ケア（活火山）
(2) 7島（うち2個人所有、1島軍基地）　サトウキビ、パイナップル、マカダミアナッツ、コーヒー、バナナ、観光
(3) 英語（公）
カナカ族（ポリネシア系欧州系ヨーロッパ系）、日系人（日本）、中国系、韓国系
キリスト教、仏教他

【キリバス共和国】
(1) 3つの群島、隆起性サンゴ礁、33の環礁　隆起ラグーン（礁湖）がりん酸に出稼ぎ（青森県より多い）　石、燐鉱
(2) 新産業開発と経済の自立課題
石、コブラ、タロイモ、コゴヤシ、カツオ、海藻他
(3) キリバス語（公）、英語（公）
ポリネシア人（ミクロネシア系）
キリスト教（カトリック、プロテスタント、モルモン教）

【ツバル】
(1) 9つの環礁　最高海抜高度約6m　東京都新島　面積とほぼ同じ面積
(2) 国家財政　入漁料と出稼ぎ送金　ツバル基金
ココナッツ、バナナ、タロイモ、カツオ、カツオ才他
(3) ツバル語（ポリネシア系）、英語、キリバス語
ツバル人（ポリネシア系）、ミクロネシア系
キリスト教（プロテスタント）

【トンガ王国】
(1) 4つの群島と約170の島々　隆起サンゴ礁（対馬とほぼ同じ面積）
(2) 農業と観光　カボチャ、コプラ、バナナ、ヤシの実、ココナッツ、落花生、馬、牛豚他
(3) トンガ語（ポリネシア系）、ヨーロッパ系、混血、キリスト教（プロテスタント、カトリック、モルモン教）

【クック諸島】
(1) 15の島々　南クック諸島北クック諸島：サンゴ礁　起り火山島　サンゴ礁
(2) 農・漁・真珠養殖・観光
コブラ、馬、漁、タロイモ、バナナ、柑橘類、コブラ、ヤシの実、豚他、食品加工、パンダクラフト、衣類
(3) 英語（公）
マオリ人（ポリネシア系）混血他、キリスト教（プロテスタント、カトリック、モルモン教）

(徳之島）とほぼ同じ　(2) 火山と隆起サンゴの島　「多くの島」の意
(3) 熱帯雨林気候（Af）　貿易風の影響がみられる

北極・南極

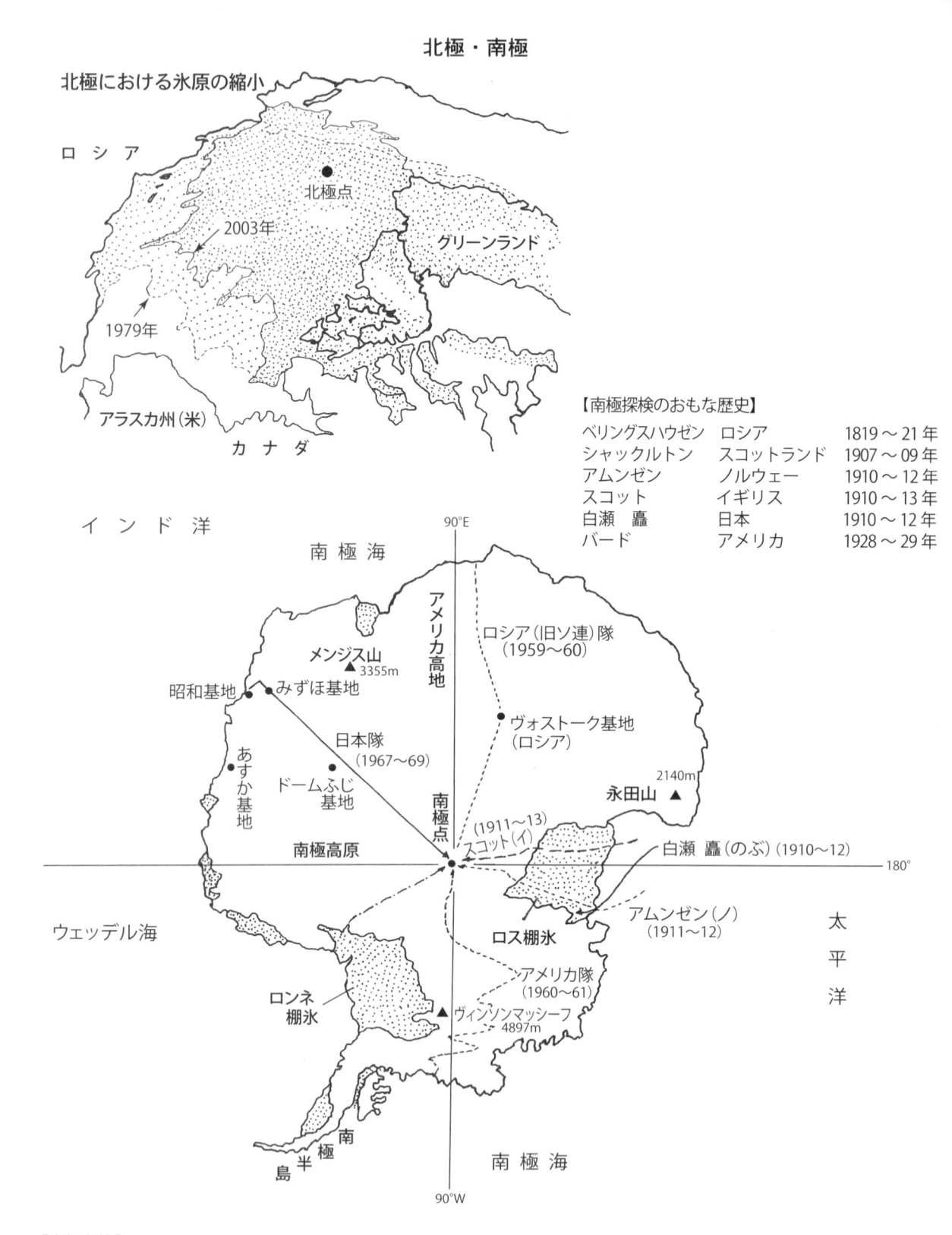

北極における氷原の縮小

ロシア
北極点
2003年
1979年
グリーンランド
アラスカ州（米）
カナダ

【南極探検のおもな歴史】

ベリングスハウゼン	ロシア	1819～21年
シャックルトン	スコットランド	1907～09年
アムンゼン	ノルウェー	1910～12年
スコット	イギリス	1910～13年
白瀬 矗	日本	1910～12年
バード	アメリカ	1928～29年

インド洋
南極海
90°E
アメリカ高地
メンジス山 3355m
昭和基地
みずほ基地
日本隊（1967～69）
ロシア（旧ソ連）隊（1959～60）
ヴォストーク基地（ロシア）
あすか基地
ドームふじ基地
永田山 ▲ 2140m
南極高原
南極点
スコット（イ）（1911～13）
白瀬 矗（のぶ）（1910～12） 180°
ウェッデル海
ロンネ棚氷
ロス棚氷
アムンゼン（ノ）（1911～12）
アメリカ隊（1960～61）
ヴィンソンマッシーフ 4897m
太平洋
南極半島
南極海
90°W

【南極条約】

1930年代から各国が南極の領有権を主張していたが，1959年日本やアメリカ合衆国，ロシア，イギリス，フランスなど12カ国により，南極の非軍事化と非領有権を「南極条約」として定めた．

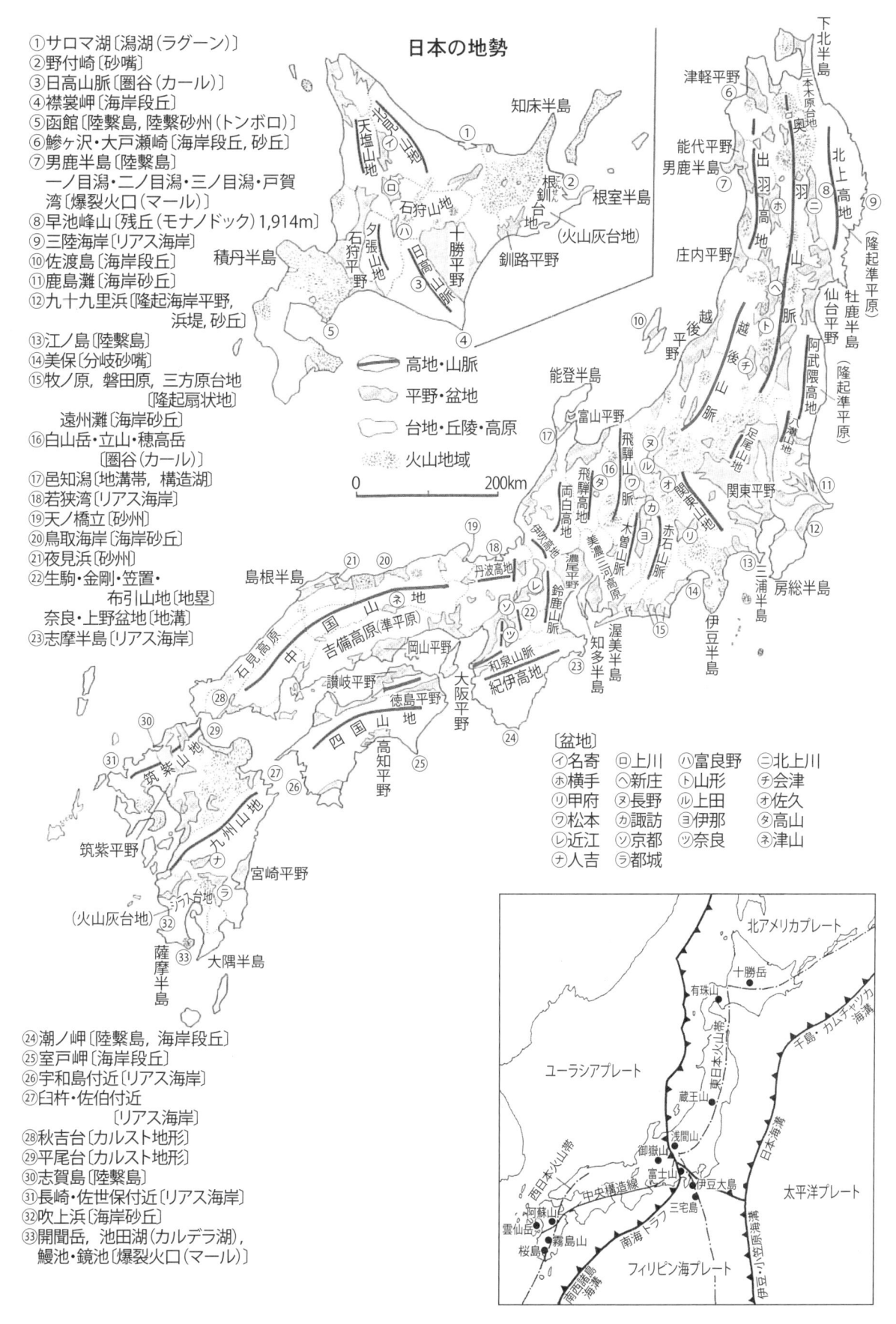

日本の地勢

①サロマ湖〔潟湖（ラグーン）〕
②野付崎〔砂嘴〕
③日高山脈〔圏谷（カール）〕
④襟裳岬〔海岸段丘〕
⑤函館〔陸繋島, 陸繋砂州（トンボロ）〕
⑥鯵ヶ沢・大戸瀬崎〔海岸段丘, 砂丘〕
⑦男鹿半島〔陸繋島〕
　一ノ目潟・二ノ目潟・三ノ目潟・戸賀湾〔爆裂火口（マール）〕
⑧早池峰山〔残丘（モナドック）1,914m〕
⑨三陸海岸〔リアス海岸〕
⑩佐渡島〔海岸段丘〕
⑪鹿島灘〔海岸砂丘〕
⑫九十九里浜〔隆起海岸平野, 浜堤, 砂丘〕
⑬江ノ島〔陸繋島〕
⑭美保〔分岐砂嘴〕
⑮牧ノ原, 磐田原, 三方原台地〔隆起扇状地〕
　遠州灘〔海岸砂丘〕
⑯白山岳・立山・穂高岳〔圏谷（カール）〕
⑰邑知潟〔地溝帯, 構造湖〕
⑱若狭湾〔リアス海岸〕
⑲天ノ橋立〔砂州〕
⑳鳥取海岸〔海岸砂丘〕
㉑夜見浜〔砂州〕
㉒生駒・金剛・笠置・布引山地〔地塁〕
　奈良・上野盆地〔地溝〕
㉓志摩半島〔リアス海岸〕

㉔潮ノ岬〔陸繋島, 海岸段丘〕
㉕室戸岬〔海岸段丘〕
㉖宇和島付近〔リアス海岸〕
㉗臼杵・佐伯付近〔リアス海岸〕
㉘秋吉台〔カルスト地形〕
㉙平尾台〔カルスト地形〕
㉚志賀島〔陸繋島〕
㉛長崎・佐世保付近〔リアス海岸〕
㉜吹上浜〔海岸砂丘〕
㉝開聞岳, 池田湖（カルデラ湖）, 鰻池・鏡池〔爆裂火口（マール）〕

〔盆地〕
㋑名寄　㋺上川　㋩富良野　㋥北上川
㋭横手　㋬新庄　㋣山形　㋠会津
㋷甲府　㋦長野　㋸上田　㋓佐久
㋤松本　㋕諏訪　㋐伊那　㋟高山
㋹近江　㋻京都　㋳奈良　㋧津山
㋖人吉　㋵都城

日本の気候と気候区

日本の気候に影響を与える気団

気団名	発源地	気団の特徴	日本でみられる特徴	気団配置と季節
シベリア気団	シベリア地方	低湿・乾燥で,冬の典型的気団で,春の初め,秋の終わり,冬にみられる.	冬の日本海側は,雪か雨で,太平洋側は,乾燥・晴天で強い北西風.	西高東低 冬
オホーツク気団	オホーツク海,千島列島	寒帯海洋性で低温・湿潤な不安定気団で梅雨期にみられる.	北東風で雨が多い.小笠原気団とオホーツク気団により前線停滞.	停滞前線性 梅雨期
揚子江気団	華中～華北	高温・乾燥でおもに春・秋にみられる大陸性の移動性気団.	好天で西風.	移動性高・低気圧 春と秋
小笠原気団	日本南方,北西太平洋地方	高温・湿潤で一般的に天気が安定しているが,やや不安定になるときもある.	太平洋からの南東モンスーン.好天が続き,南風熱い.	南高北低 夏
赤道気団	赤道地方	高温・湿潤で,おもに夏から秋にみられる.安定型.	短い強風雨がみられる.集中豪雨.	熱帯低気圧 台風

春の低気圧の移動は,1日1,000km,時速40km程度になることもある.

1 日本海型
  - a) オホーツク型
  - b) 東北・北海道型
  - c) 北陸・山陰型

2 九州型

3 南海型（四国南半・紀伊半島・伊豆半島・千葉県南部）

4 瀬戸内型

5 太平洋型
  - a) 東部北海道型
  - b) 三陸・常磐型
  - c) 東海・関東型
  - d) 中央高原型

気候変動区（明確に区分できない区域）日高,北上,福島,中央高地,伊賀,徳島,宇和島,大分の地方.

（関口 武氏による）

気候帯と気候区の名称	気候の地域差を生じさせる原因	降水現象の地域差を大きくする
中緯度気候帯 寒帯	地球におかれた位置	
太平洋型気候区 準太平洋型気候区 日本海型気候区	大陸に対する位置	
多雨区 少雨区	山脈に対する位置	

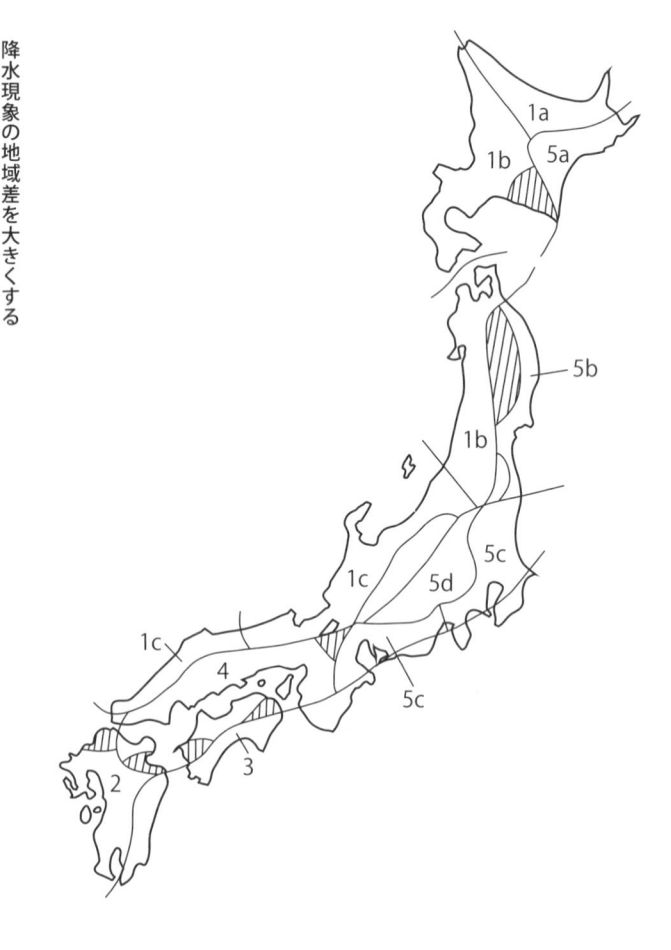

日本の近海と陸水

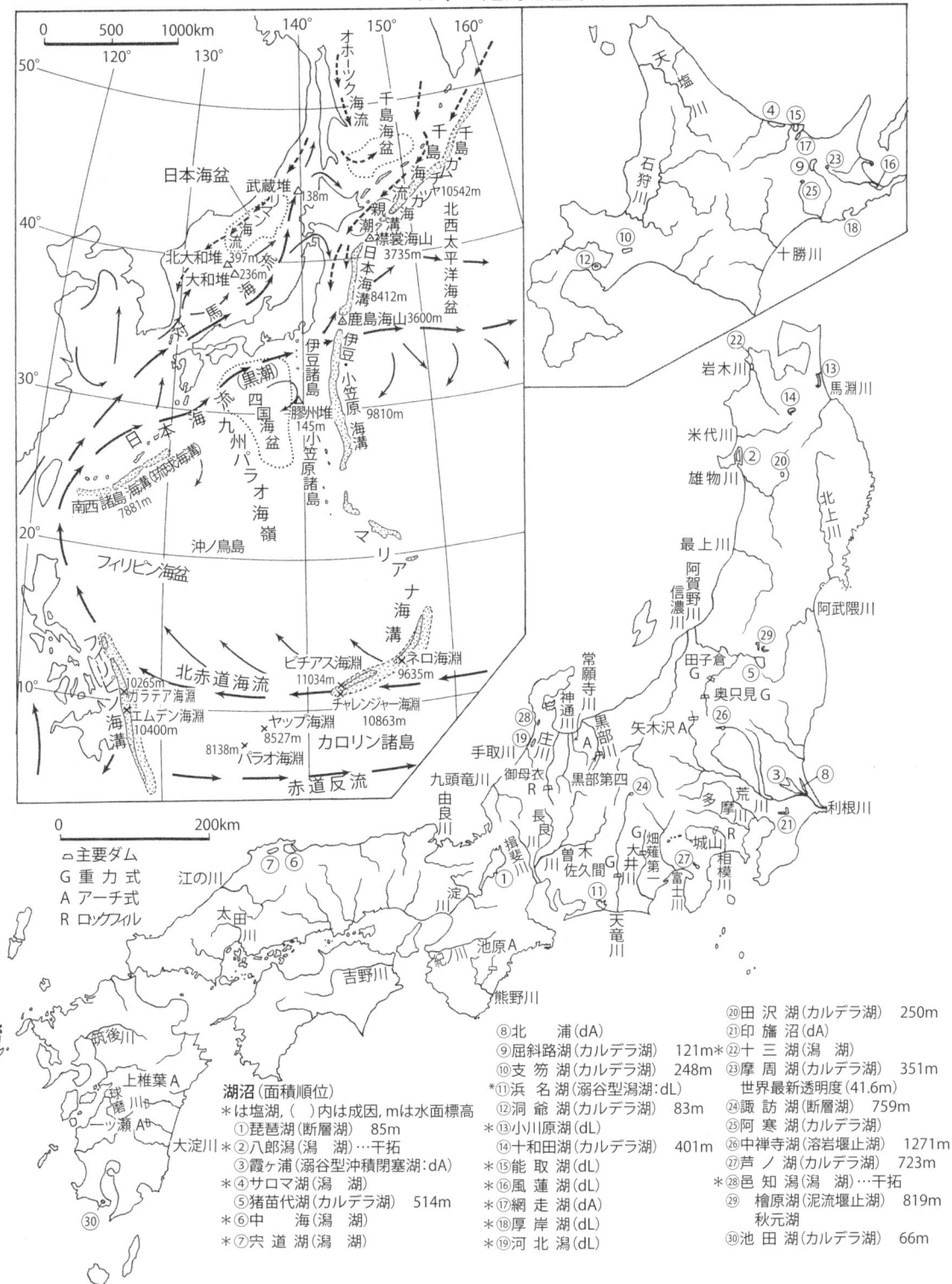

湖沼（面積順位）
＊は塩湖、（　）内は成因、mは水面標高
① 琵琶湖（断層湖）　85m
② 八郎潟（潟　湖）…干拓
③ 霞ヶ浦（溺谷型沖積閉塞湖:dA）
④ サロマ湖（潟　湖）
⑤ 猪苗代湖（カルデラ湖）　514m
＊⑥ 中　海（潟　湖）
＊⑦ 宍道湖（潟　湖）
⑧ 北　浦（dA）
⑨ 屈斜路湖（カルデラ湖）　121m＊
⑩ 支笏湖（カルデラ湖）　248m
＊⑪ 浜　名（溺谷型潟湖:dL）
⑫ 洞爺湖（カルデラ湖）　83m
＊⑬ 小川原湖（dL）
⑭ 十和田湖（カルデラ湖）　401m
＊⑮ 能取湖（dL）
＊⑯ 風蓮湖（dL）
＊⑰ 網　走（dA）
＊⑱ 厚岸湖（dL）
＊⑲ 河北潟（dL）
⑳ 田沢湖（カルデラ湖）　250m
㉑ 印旛沼（dA）
㉒ 十三湖（潟　湖）
㉓ 摩周湖（カルデラ湖）　351m
　世界最新透明度（41.6m）
㉔ 諏訪湖（断層湖）　759m
㉕ 阿寒湖（カルデラ湖）
㉖ 中禅寺湖（溶岩堰止湖）　1271m
㉗ 芦ノ湖（カルデラ湖）　723m
㉘ 邑知潟（潟　湖）…干拓
㉙ 檜原湖（泥流堰止湖）　819m
　秋元湖
㉚ 池田湖（カルデラ湖）　66m

□ 主要ダム
G 重力式
A アーチ式
R ロックフィル

九州地方

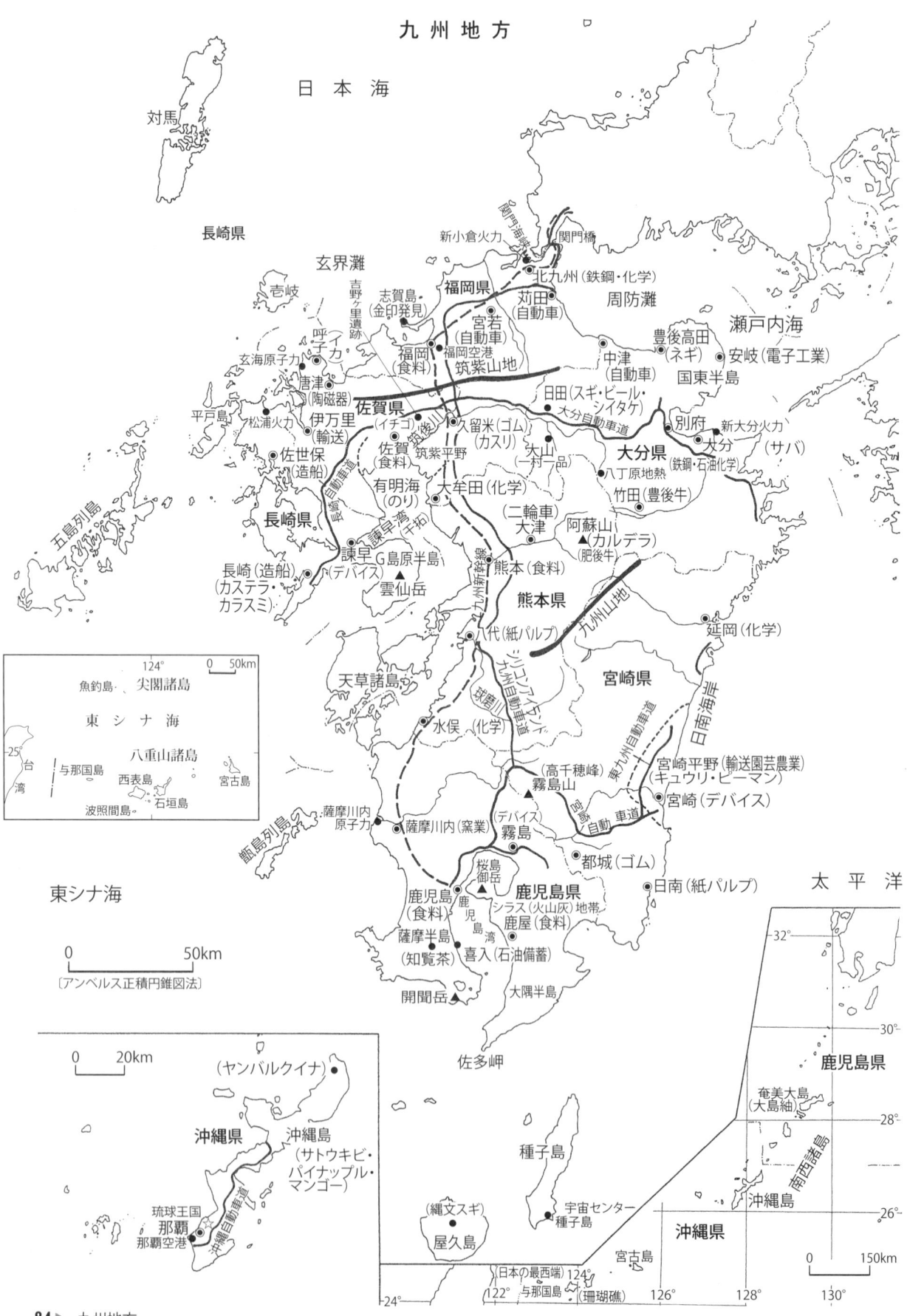

中国・四国地方

地図中の注記

日本海側・島嶼部
- 鬱陵島
- 竹島
- 隠岐諸島
- 松江

島根県
- 島根県 隠岐諸島
- 松江原子力
- 松江（木材）
- 境港（食料）
- 出雲大社
- 出雲（鉄鋼）
- 島根半島（めのう）
- 宍道湖（シジミ）
- 安来（鉄鋼）
- 雲南（たたら製鉄）
- 三瓶山
- 石見銀山
- 浜田（アジ・サバ・ズワイガニ）
- 江の川
- 津和野（和紙）
- 中国山地（準平原）
- 三次（デバイス）
- 浜田自動車道
- 中国自動車道

鳥取県
- 鳥取砂丘
- 鳥取（デバイス）（ラッキョウ）
- 倉吉（二十世紀ナシ）（デバイス）
- 米子（紙パルプ）
- 大山
- 俣野川水力
- 米子自動車道

岡山県
- 岡山県
- 津山（デバイス）
- 岡山平野（ブドウ・モモ）
- 岡山（食料）
- 後楽園
- 倉敷（石油化学・自動車）（造船）
- 備前（窯業）
- 玉野
- 水島（石油）
- 鳥取自動車道

広島県
- 広島県
- 広島（自動車）
- 広島空港
- 東広島（情報）
- 山陽自動車道
- 山陽新幹線
- 原爆ドーム
- 厳島神社
- 呉（鉄鋼）
- 尾道（造船）
- 福山（鉄鋼）
- 広島湾（カキ）

山口県
- 山口県
- 萩（食料）（萩焼）
- カルスト地形
- 秋吉台
- 山口（金属）
- 周南（石油化学）
- 岩国（石油化学）
- 光（鉄鋼）
- 防府（自動車）
- 下関（造船）（フグ）
- 宇部（化学・セメント）
- 周防灘
- 関門海峡大橋

瀬戸内海
- 瀬戸内海
- 瀬戸大橋
- 小豆島（オリーブ）
- 大鳴門橋
- 金刀比羅宮

香川県
- 香川県
- 高松（電機）
- 丸亀（輸送・うちわ）
- 讃岐山脈
- 高松自動車道
- 鳴門（化学）

徳島県
- 徳島県
- 徳島（化学）
- 吉野川（断層）
- 祖谷渓
- 剣山
- 阿南（発光ダイオード）
- 徳島自動車道
- （ワカメ）

愛媛県
- 愛媛県
- 松山（化学）
- 石鎚山
- 今治（造船・タオル）
- 新居浜市（化学）
- 伊方原子力
- 佐田岬
- 宇和海（ハマチ・真珠）
- 宇和島（ミカン）
- 松山自動車道
- 四国山地
- 豊後水道

高知県
- 高知県
- 高知（食料・電子）
- 高知平野（ピーマン・ナス）（輸送園芸農業：二期作が行われいた）
- 室戸（ハマチ養殖・マグロ）
- 四万十川（アユ漁）
- 土佐清水（カツオブシ）
- 足摺岬
- 土佐湾
- 高知自動車道

その他
- 太平洋
- 日本海

〔アルベルス正積円錐図法〕

近畿地方

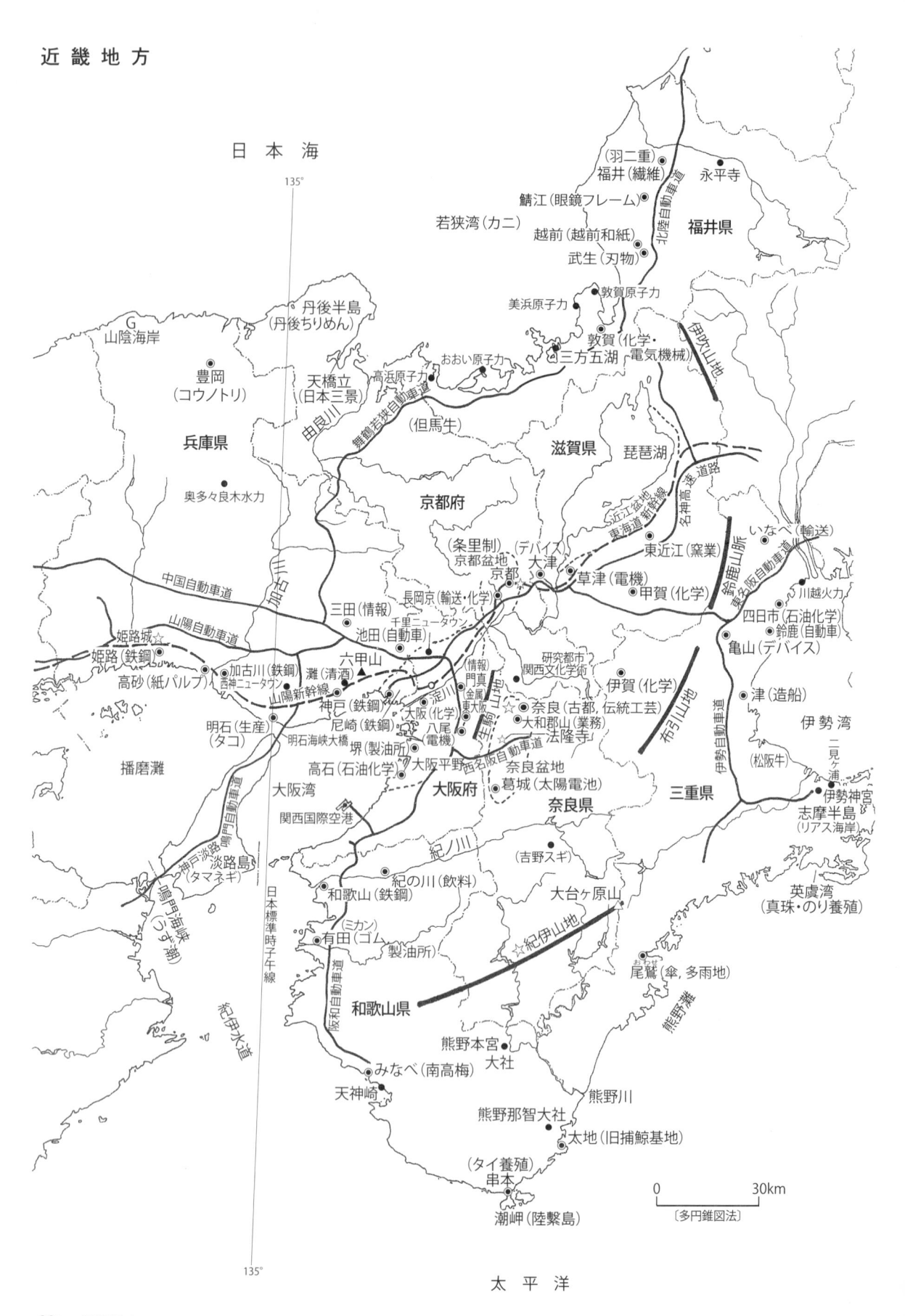

日本海

135°

福井県
(羽二重)
福井(繊維)
鯖江(眼鏡フレーム)
永平寺
若狭湾(カニ)
越前(越前和紙)
武生(刃物)
北陸自動車道
美浜原子力
敦賀原子力
敦賀(化学・電気機械)
三方五湖
伊吹山地

丹後半島(丹後ちりめん)
G 山陰海岸
豊岡(コウノトリ)
天橋立(日本三景)
高浜原子力
おおい原子力

兵庫県
奥多々良木水力
京都府
滋賀県
琵琶湖
由良川
舞鶴若狭自動車道
(但馬牛)
近江盆地
名神高速道路
東海道新幹線
中国自動車道
加古川
(条里制)
京都盆地
(デバイス)
大津
東近江(窯業)
いなべ(輸送)
鈴鹿山脈
三田(情報)
長岡京(輸送・化学)
京都
草津(電機)
甲賀(化学)
東名阪自動車道
川越火力
山陽自動車道
千里ニュータウン
四日市(石油化学)
姫路城☆
池田(自動車)
研究都市
鈴鹿(自動車)
姫路(鉄鋼)
加古川(鉄鋼)
灘(清酒)
六甲山▲
関西文化学術
亀山(デバイス)
高砂(紙パルプ)
神戸ニュータウン
情報
門真
伊賀(化学)
津(造船)
山陽新幹線
神戸(鉄鋼)
淀川
金属
生駒山地
奈良(古都,伝統工芸)☆
伊勢湾
明石(生産)(タコ)
尼崎(鉄鋼)
大阪(化学)
東大阪
大和郡山(業務)
伊勢自動車道
明石海峡大橋
堺(製油所)
八尾(電機)
法隆寺
(松阪牛)
二見ヶ浦
播磨灘
高石(石油化学)
大阪平野
西名阪自動車道
奈良盆地
布引山地
伊勢神宮
志摩半島(リアス海岸)
大阪湾
関西国際空港
大阪府
葛城(太陽電池)
奈良県
三重県
英虞湾(真珠・のり養殖)
阪和自動車道
紀ノ川
(吉野スギ)
神戸淡路鳴門自動車道
淡路島(タマネギ)
和歌山(鉄鋼)
紀の川(飲料)
大台ヶ原山
鳴門海峡(うず潮)
日本標準時子午線
(ミカン)
製油所
紀伊山地☆
尾鷲(傘,多雨地)
有田(ゴム)
熊野灘
紀伊水道
和歌山県
熊野本宮大社
熊野川
みなべ(南高梅)
天神崎
熊野那智大社
太地(旧捕鯨基地)
(タイ養殖)
串本
潮岬(陸繋島)

0 30km
〔多円錐図法〕

135°

太平洋

中部地方

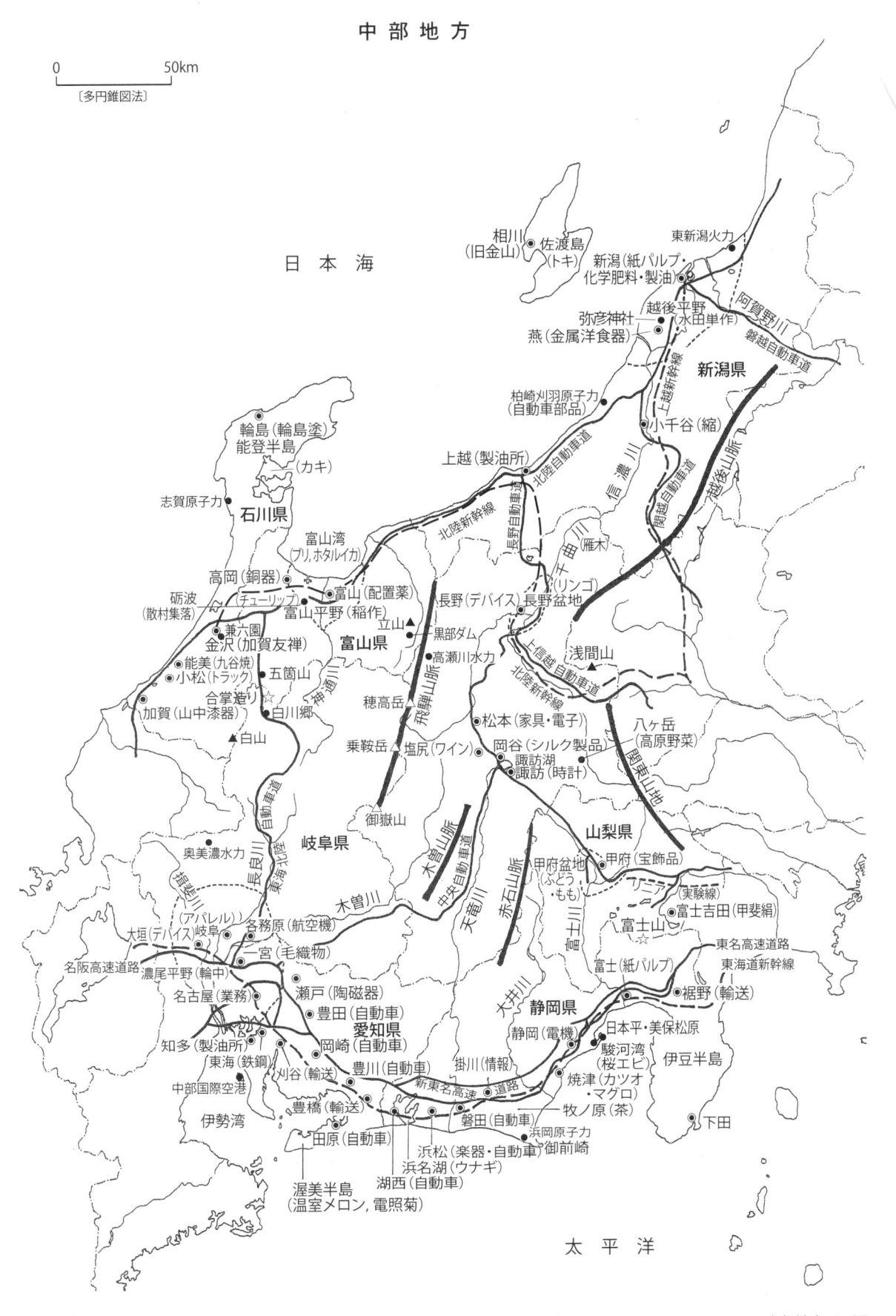

関東地方

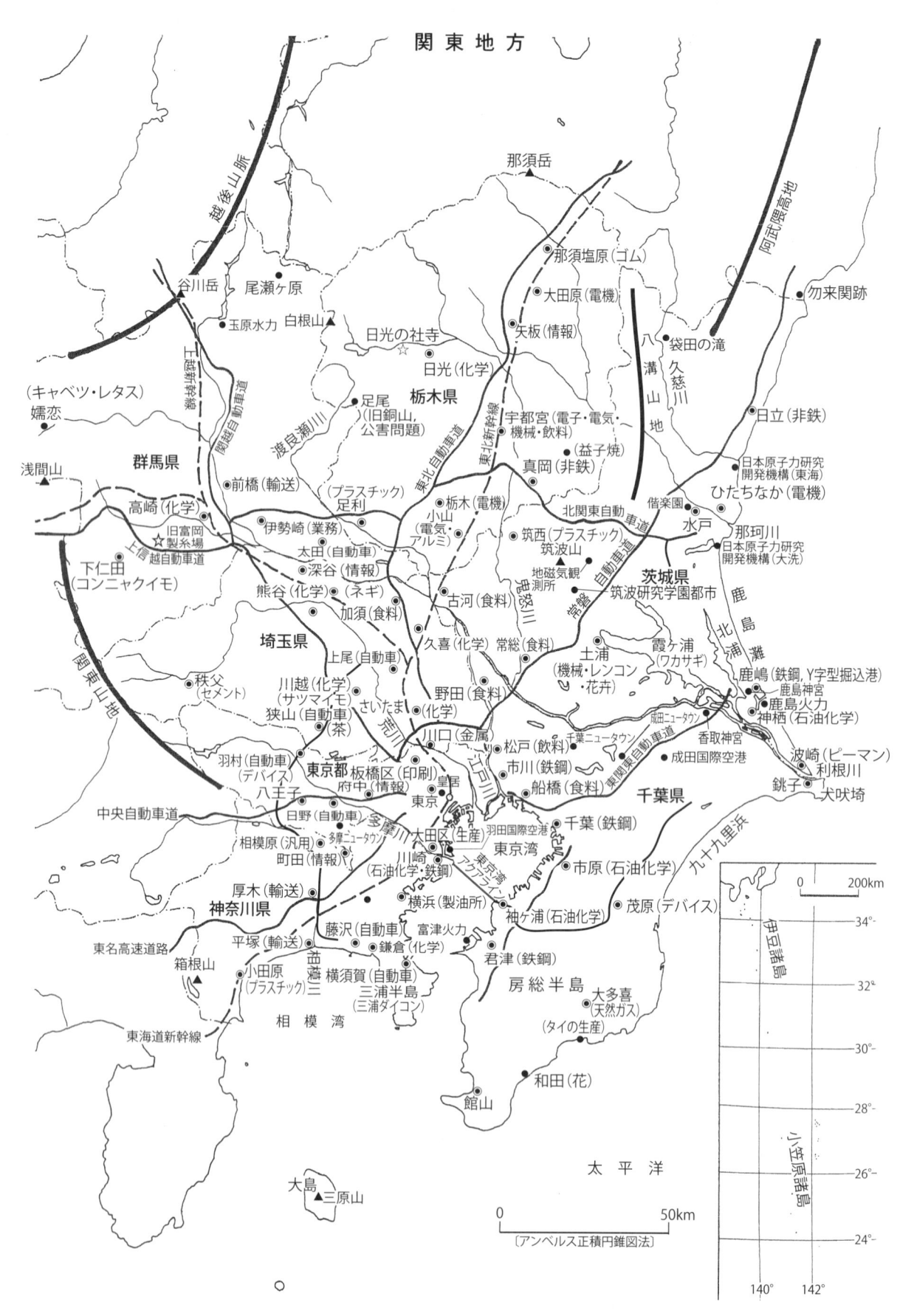

東北地方

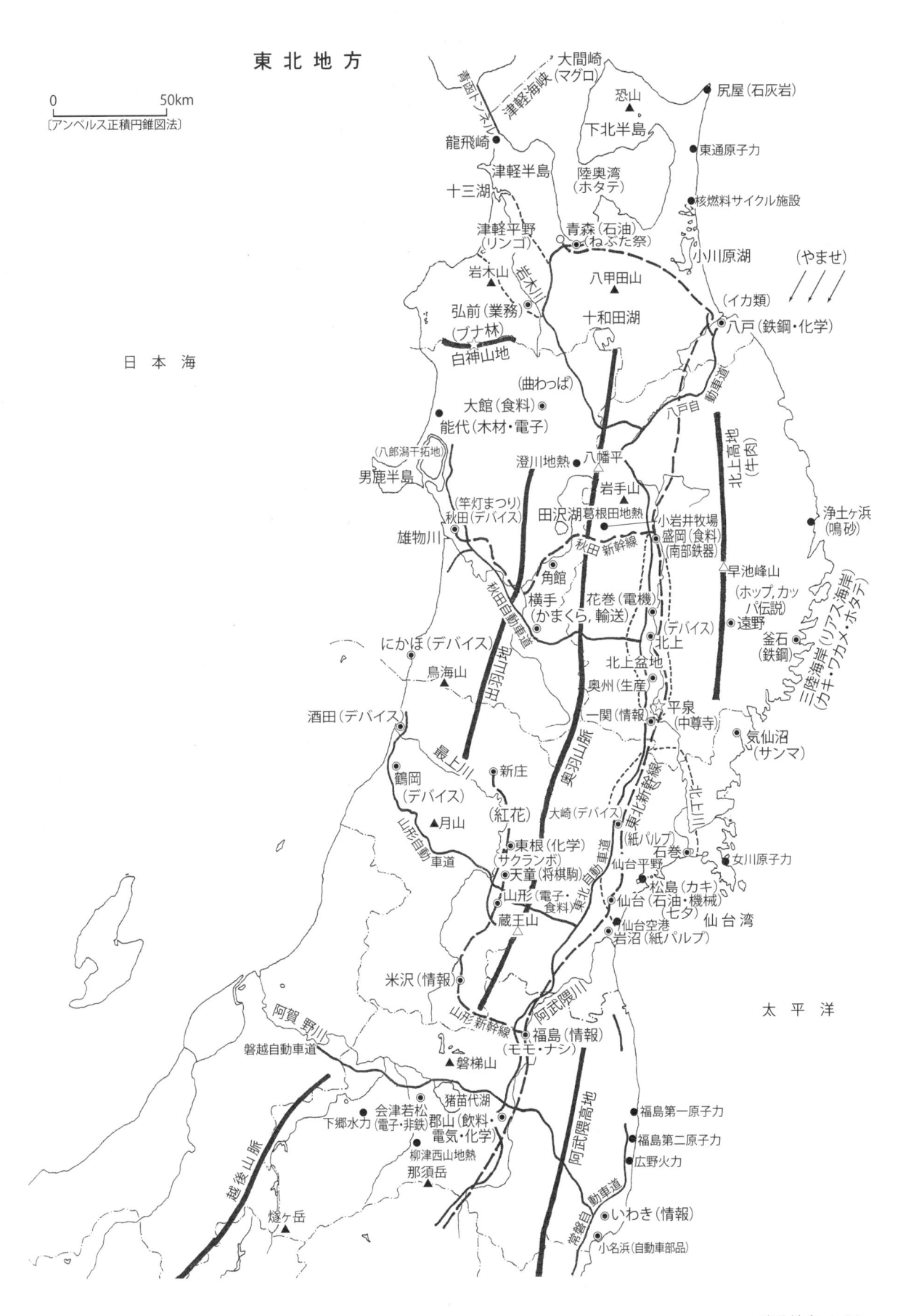

北海道地方

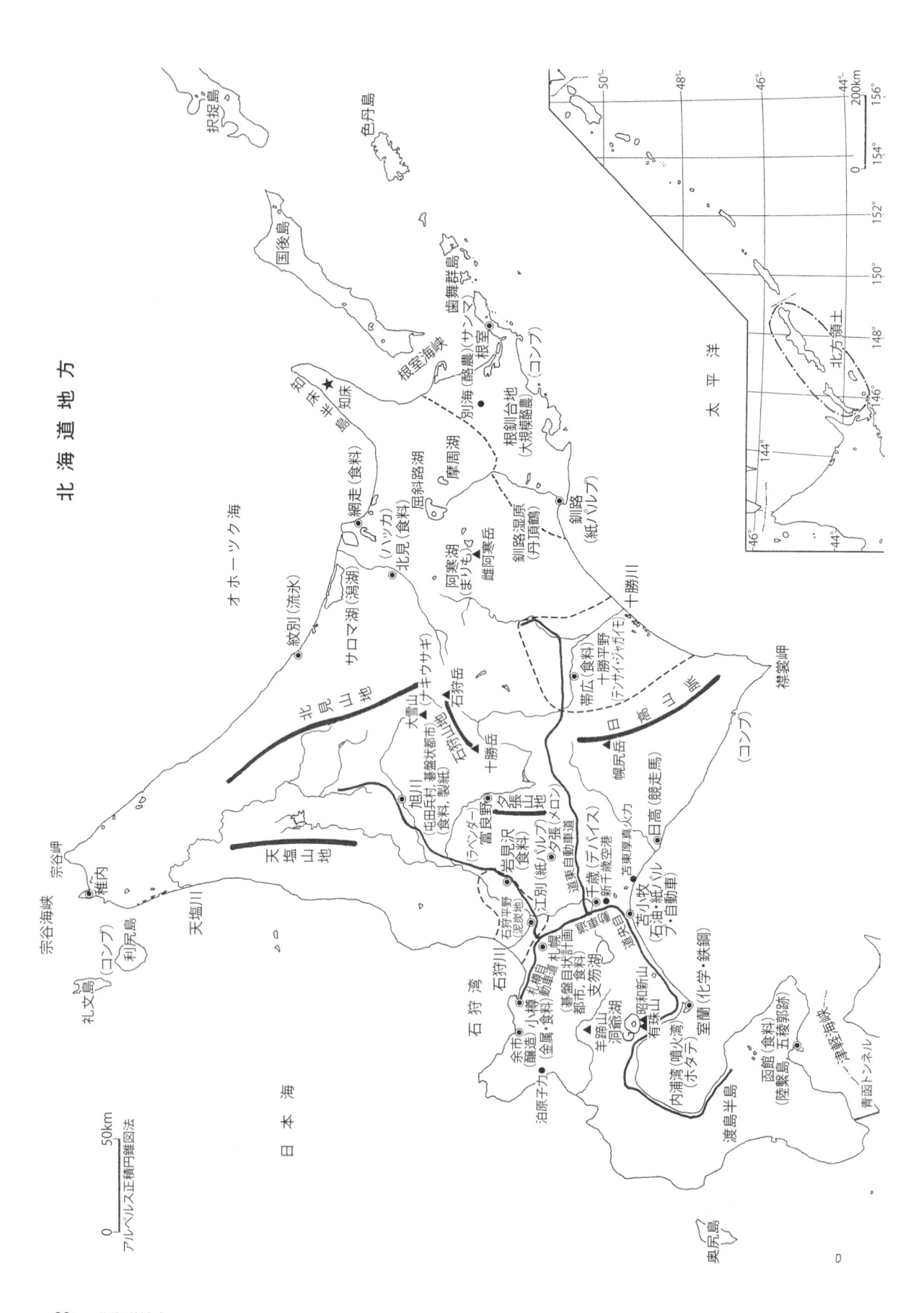

《東京都がすすめる花見名所地図》(24ヵ所)

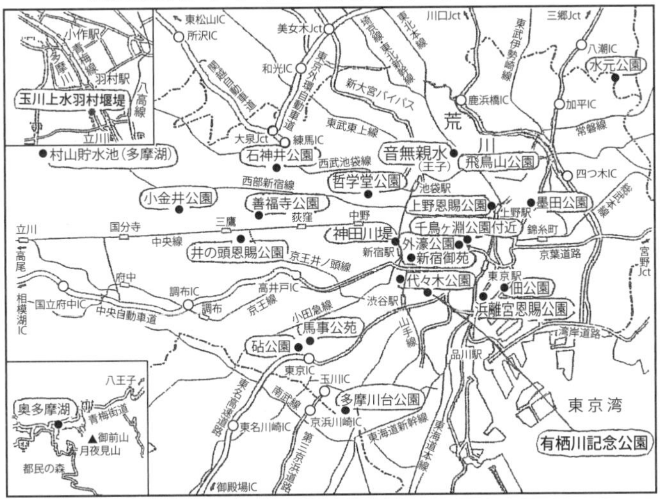

《京都花見名所地図》(18ヵ所)

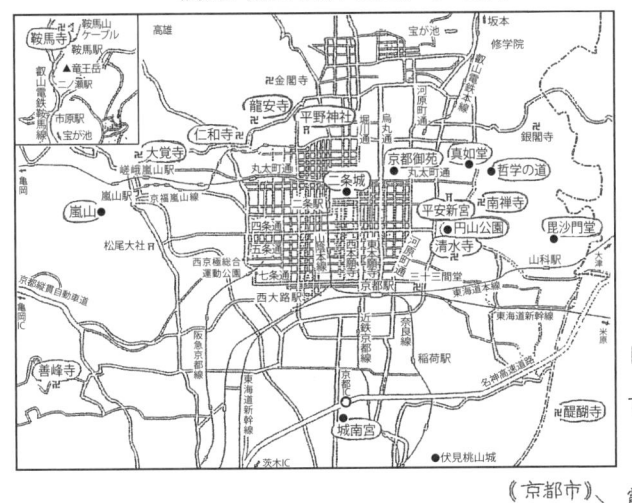

《日本全国桜名所地図》(100ヵ所)

桜前線(1971～2000年平均値)
------ 桜の開花予測

2002年 観測史上最も早い開花
静岡 3/15
東京 3/16
高知 3/17
大阪 3/20

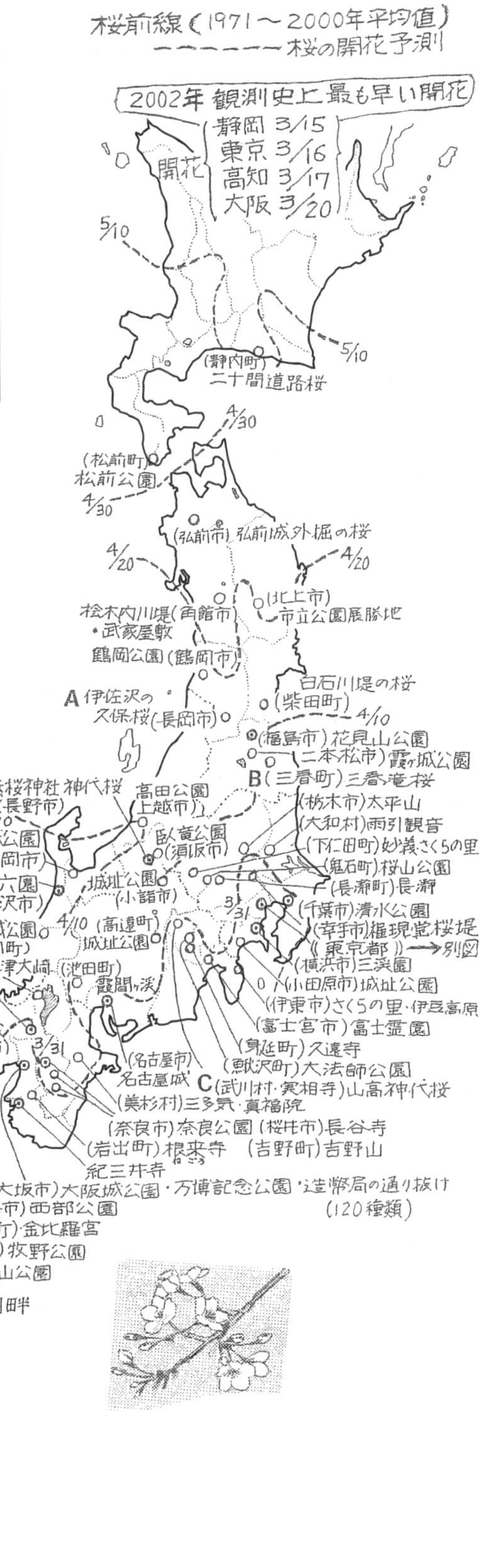

桜に因んだ地名

桜（櫻・さくら）は日本のシンボルともいえる

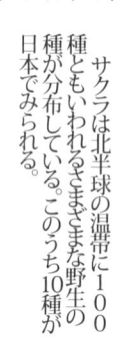

サクラは北半球の温帯に100種ともいわれるさまざまな野生の種が分布している。このうち10種が日本でみられる。

〈日本で見られる野生のサクラ〉
- カスミザクラ
- チョウジザクラ
- ミヤマザクラ
- カンヒザクラ
- **オオシマザクラ**
- ヤマザクラ
- タカネザクラ
- オオヤマザクラ
- マメザクラ
- **エドヒガン**

〈ソメイヨシノ〉
（染井吉野）

発祥の地は江戸染井村（豊島区駒込）．ソメイヨシノは，オオシマザクラとエドヒガンザクラの交配種といわれ，幕末に誕生した．明治時代には，奈良吉野山の山桜との混同を避け，染井吉野という名前に．

駒込駅北口小公園の「染井吉野桜発祥之里」碑

桜に因んだ地名

十二支に因んだ地名

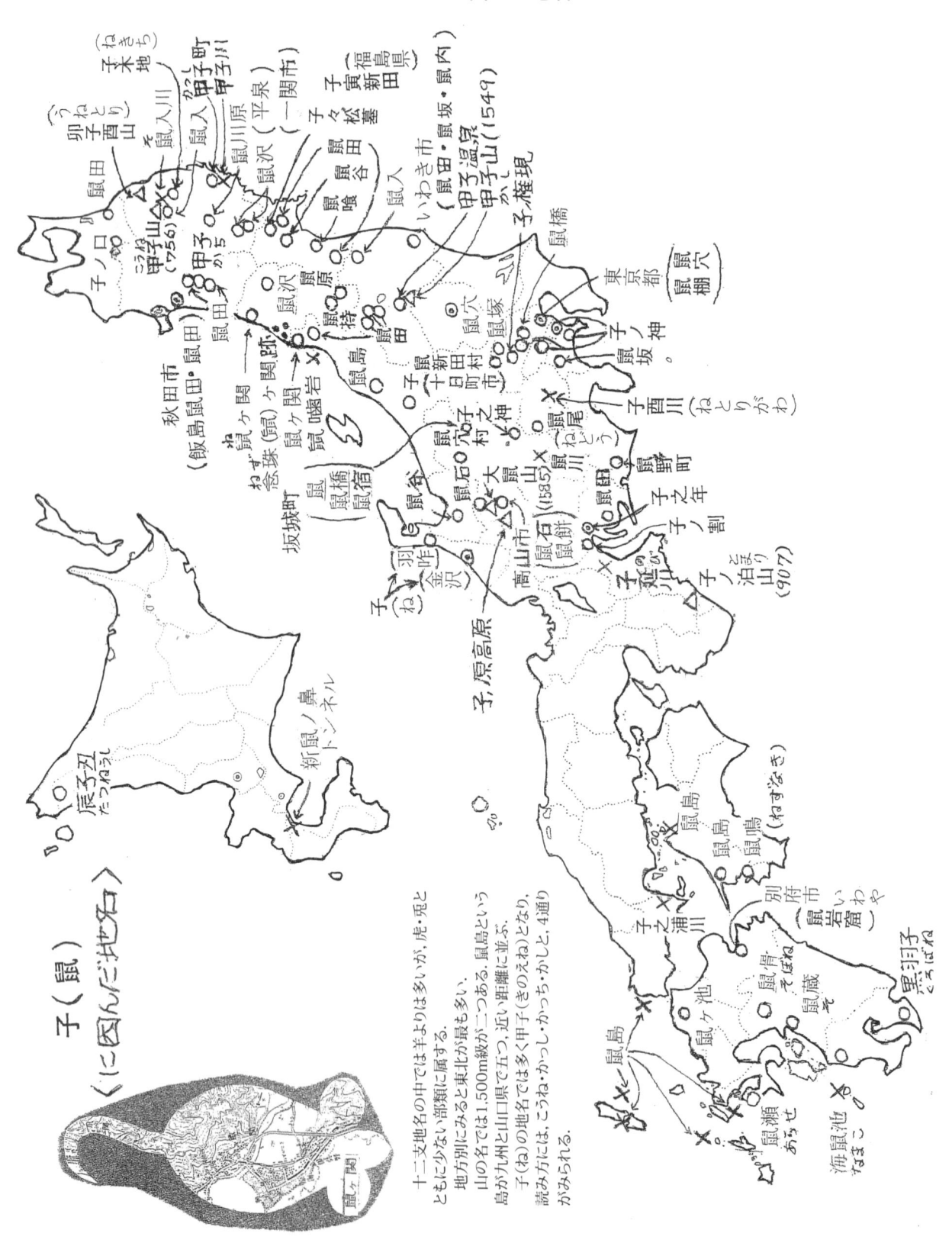

子（鼠）
〈に因んだ地名〉

十二支地名の中では羊よりは多いが、虎・兎とともに少ない部類に属する。
地方別にみると東北地方が多い。
山の名では1,500m級が二つある。鼠島という島が九州と山口県で五つ、近い距離に並ぶ。子（ね）の地名では多く甲子（きのえね）とし、読み方には、こうね・かっし・かっらし・かしと、4通りがみられる。

主な地名（抜粋）:
- 子ノ口
- 鼠田
- 卯子酉山
- 甲子山(756)
- 甲子
- 鼠入
- 鼠入山
- 鼠川原
- 甲子町
- 甲子川
- 子末
- 子地
- 鼠沢（平泉）
- 鼠川（一関市）
- 子々松塞
- 子寅（福島県新地田）
- 鼠喰
- 鼠合
- 鼠入
- 秋田市（飯島鼠田・鼠田）
- 鼠田
- いわき市（鼠田・鼠坂・鼠内）
- 甲子温泉
- 甲子山(1549)
- 子権現
- 鼠橋
- 東京都
- 鼠穴
- 鼠棚
- 鼠ヶ関
- 鼠噛岩
- 念珠（鼠）ヶ関
- 鼠島
- 鼠持
- 鼠谷
- 鼠塚
- 子ノ神
- 鼠坂神
- 坂城町
- 鼠橋鼠宿
- 子・鼠新田
- 十日町市
- 鼠之尾
- 鼠川
- 子酉川（ねとりがわ）
- 鼠石
- 大鼠山(1585)
- 鼠田
- 鼠野町
- 子之年
- 羽咋・金沢
- 子（ね）
- 鼠石・鼠餅
- 高山市
- 子延川
- 子ノ割
- 子ノ詫
- 子ノ泊山(907)
- 子ノ原高原
- 新鼠ノ鼻トンネル
- 辰子巳（たつこみ）
- 鼠島
- 鼠島
- 鼠鳴（ねずなき）
- 子ノ浦川
- 鼠骨
- 別府市
- 鼠ヶ池
- 鼠蔵
- 鼠岩屋窟
- 黒羽子（くろばね）
- 鼠瀬
- 海鼠池（なまこ）
- 鼠ヶ関

〈丑(牛)に因んだ地名〉

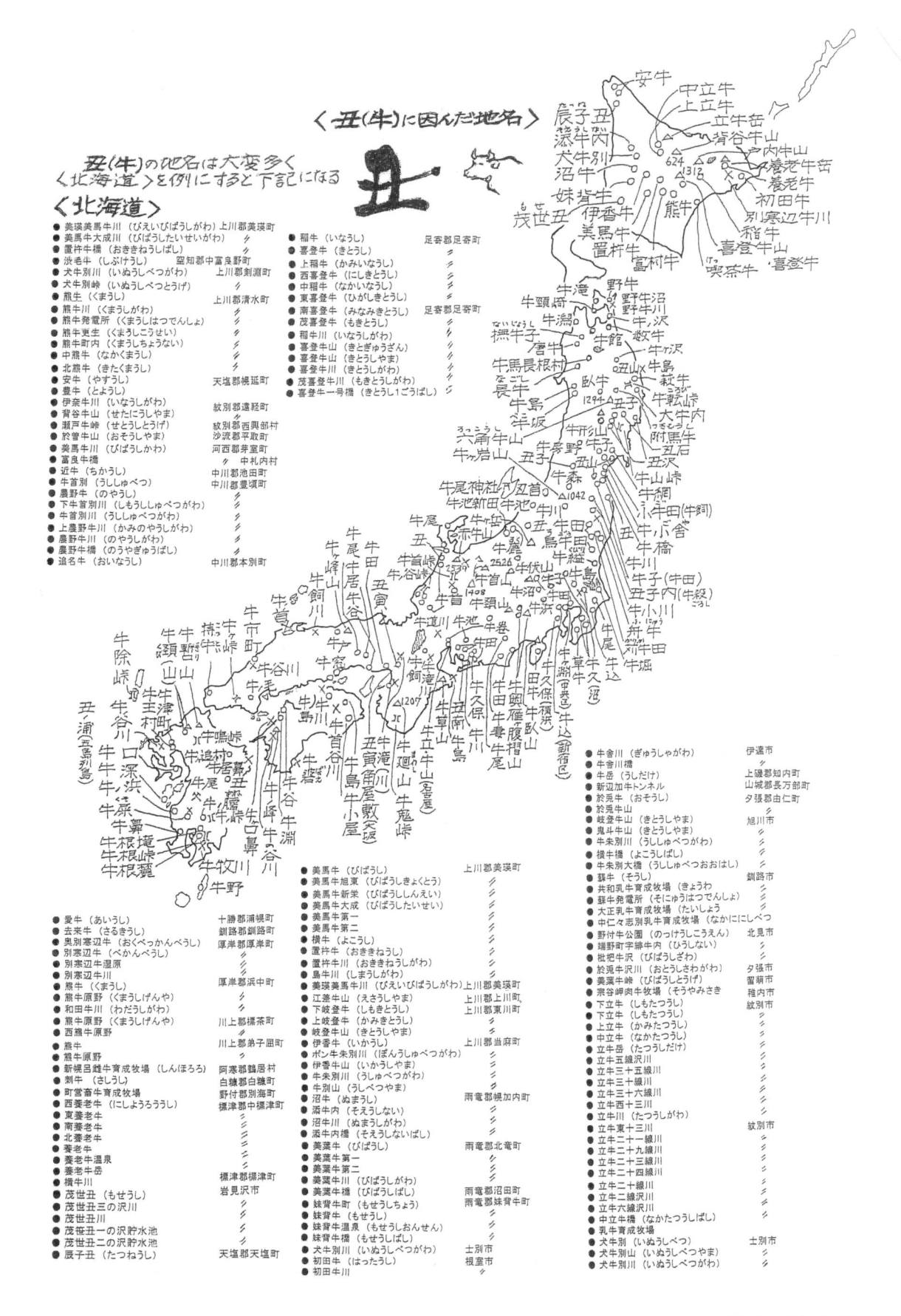

丑(牛)の地名は大変多く〈北海道〉を例にすると下記になる

〈北海道〉

- 美瑛美馬牛川（びえいびばうしがわ）上川郡美瑛町
- 美馬牛大成川（びばうしたいせいがわ）〃
- 置杵牛橋（おききねうしばし）空知郡中富良野町
- 渋毛牛（しぶけうし）〃
- 犬牛別川（いぬうしべつがわ）上川郡剣淵町
- 犬牛別峠（いぬうしべつとうげ）〃
- 熊牛（くまうし）上川郡清水町
- 熊牛川（くまうしがわ）〃
- 熊牛発電所（くまうしはつでんしょ）〃
- 熊牛更生（くまうしこうせい）〃
- 熊牛町内（くまうしちょうない）〃
- 中熊牛（なかくまうし）〃
- 北熊牛（きたくまうし）〃
- 安牛（やすうし）天塩郡幌延町
- 豊牛（とようし）〃
- 伊奈牛川（いなうしがわ）紋別郡遠軽町
- 背谷牛山（せたにうしやま）〃
- 瀬戸牛峠（せとうしとうげ）紋別郡西興部村
- 於曽牛山（おそうしやま）沙流郡平取町
- 美馬牛川（びばうしかわ）河西郡芽室町
- 富良牛橋〃中札内村
- 近牛（ちかうし）中川郡池田町
- 牛首別（うしゅべつ）中川郡豊頃町
- 農野牛（のやうし）〃
- 下牛首別川（しもうししべつがわ）〃
- 上農野牛川（かみのやうしがわ）〃
- 農野牛川（のやうしがわ）〃
- 農野牛橋（のうやぎゅうばし）〃
- 追名牛（おいなうし）中川郡本別町

- 稲牛（いなうし）足寄郡足寄町
- 喜登牛（きとうし）〃
- 上稲牛（かみいなうし）〃
- 西喜登牛（にしきとうし）〃
- 中稲牛（なかいなうし）〃
- 東喜登牛（ひがしきとうし）〃
- 南喜登牛（みなみきとうし）足寄郡足寄町
- 茂喜登牛（もきとうし）〃
- 稲牛川（いなうしがわ）〃
- 喜登牛山（きとぎゅうざん）〃
- 喜登牛山（きとうしやま）〃
- 喜登牛山（きとうしやま）〃
- 茂喜登牛川（もきとうしがわ）〃
- 喜登牛一号橋（きとうし1ごうばし）〃

- 愛牛（あいうし）十勝郡浦幌町
- 去来牛（さるきうし）釧路郡釧路町
- 奥別寒辺牛（おくべつかんべうし）厚岸郡厚岸町
- 別寒辺牛川（べかんべうし）〃
- 別寒辺牛湿原〃
- 別寒辺牛川〃
- 熊牛（くまうし）厚岸郡浜中町
- 熊牛原野（くまうしげんや）〃
- 和牛川（わうしがわ）〃
- 熊牛原野（くまうしげんや）川上郡摩周茶町
- 西熊牛原野〃
- 熊牛〃川上郡弟子屈町
- 熊牛原野〃
- 新砲呂越牛育成牧場（しんほろこし）阿寒郡鶴居村
- 剌牛（さしうし）白糠郡白糠町
- 町営育牛育成牧場〃野付郡別海町
- 西養老牛（にしようろうし）標津郡中標津町
- 東養老牛〃
- 南養老牛〃
- 北養老牛〃
- 養老牛〃
- 養老牛温泉〃
- 養老牛岳〃標津郡標津町
- 横牛川〃岩見沢市
- 茂世丑（もせうし）〃
- 茂世丑三の沢川〃
- 茂世丑〃
- 茂世丑一の沢貯水池〃
- 茂世丑二の沢貯水池〃
- 辰子丑（たつねうし）天塩郡天塩町

- 美馬牛（びばうし）上川郡美瑛町
- 美馬牛旭東（びばうしきょくとう）〃
- 美馬牛新栄（びばうししんえい）〃
- 美馬牛大成（びばうしたいせい）〃
- 美馬牛第一〃
- 美馬牛第二〃
- 横牛（よこうし）〃
- 置杵牛（おききねうし）〃
- 置杵牛川（おききねうしがわ）〃
- 島牛川（しまうしがわ）〃
- 美瑛美馬牛川（びえいびばうしがわ）上川郡美瑛町
- 江笈牛山（えさうしやま）上川郡上川町
- 下岐登牛（しもきとうし）上川郡東川町
- 上岐登牛（かみきとうし）〃
- 岐登牛山（きとうしやま）〃
- 伊香牛（いかうし）上川郡当麻町
- ポン牛朱別川（ぽんうししゅべつがわ）〃
- 伊香牛山（いかうしやま）〃
- 牛朱別川（うしゅべつがわ）〃
- 牛別山（うしべつやま）〃
- 沼牛（ぬまうし）雨竜郡幌加内町
- 添牛内（そえうしない）〃
- 沼牛川（ぬまうしがわ）〃
- 添牛内橋（そえうしないばし）〃
- 美葉牛（びばうし）雨竜郡北竜町
- 美葉牛第一〃
- 美葉牛第二〃
- 美葉牛川（びばうしがわ）〃
- 美葉牛橋（びばうしばし）雨竜郡沼田町
- 妹背牛町（もせうしちょう）雨竜郡妹背牛町
- 妹背牛（もせうし）〃
- 妹背牛温泉（もせうしおんせん）〃
- 妹背牛橋（もせうしばし）〃
- 犬牛別川（いぬうしべつがわ）士別市
- 初田牛（はったうし）根室市
- 初田牛川〃

- 牛舎川（ぎゅうしゃがわ）伊達市
- 牛舎川橋〃
- 牛岳（うしだけ）上磯郡知内町
- 新辺加牛トンネル〃山越郡長万部町
- 於兎牛（おうし）夕張郡由仁町
- 於兎牛山〃
- 岐牛山（きとうしやま）旭川市
- 鬼斗牛山（きとうしやま）〃
- 牛朱別川（うしゅべつがわ）〃
- 横牛橋（よこうしばし）〃
- 牛朱別大橋（うしゅべつおおはし）〃
- 蘇牛（そうし）釧路市
- 共和乳牛育成牧場（きょうわ）〃
- 蘇牛発電所（そにゅうはつでんしょ）〃
- 大正乳牛育成牧場（たいしょう）〃
- 中仁々志別乳牛育成牧場（なかにしべつ）〃
- 野付牛公園（のっけうしこうえん）北見市
- 端野町芽捨牛内（ひろしない）〃
- 枇杷牛沢（びばうしざわ）夕張市
- 於兎牛沢川（おとうしわかがわ）〃
- 美寒牛峠（びばうしとうげ）稚内市
- 宗谷岬肉牛牧場（そうやみさき）〃
- 下立牛（しもたうし）紋別郡
- 下立牛（しもたうし）〃
- 上立牛（かみたつうし）〃
- 中立牛（なかたつうし）〃
- 立牛岳（たつうしだけ）〃
- 立牛五線沢川〃
- 立牛三十五線川〃
- 立牛三十線川〃
- 立牛十五線川〃
- 立牛西十三川〃
- 立牛東十三川〃紋別市
- 立牛二十一線川〃
- 立牛二十九線川〃
- 立牛二十八線川〃
- 立牛二十四線川〃
- 立牛二十線川〃
- 立牛六線沢川〃
- 中立牛橋（なかたつうしばし）〃
- 乳牛育成牧場〃
- 犬牛別（いぬうしべつ）士別市
- 犬牛別山（いぬうしべつやま）〃
- 犬牛別川（いぬうしべつがわ）〃

十二支：うし ▶ 95

寅に因んだ地名

虎

- 幾寅（南富良野町）
- 幾寅川
- 幾寅峠（勇払郡占冠村）
- 白虎橋（日高町）
- 虎杖浜（白老町）
- 虎杖浜隧道
- 寅ノ沢（上ノ国町）
- 寅沢川（函館市）
- 寅向町（松前町）
- 寅平遺跡（深浦町）
- 虎渡（三戸郡）
- 相寅瀬川（岩手町）
- 寅林（岩泉町）とらばし
- 寅沢（西和賀町）
- 虎毛山 1433m
- 虎毛沢（湯沢市）
- 寅（豆理町）
- 虎岩トンネル（白石市）
- 虎捕（飯館村）とらとり
- 虎丸（新発田市）
- 寅卯平（鮫川村）
- 白虎町（会津若松市）
- 虎丸町（郡山市）
- 虎磯（日立市）
- 虎谷（長岡市）
- 寅巳山（宇都宮市）△446
- 虎塚古墳（ひたちなか市）
- 似虎谷（朝日町）
- 虎谷（魚津市）
- 虎（永平寺町）
- 虎斑の滝
- 虎御前（立科町）
- 虎岩（東秩父村）
- 虎御前山（湖北町）
- 千虎川（郡上市）
- 千虎
- 虎秀（飯能市）
- 虎ノ門（東京港区）
- 虎姫町
- 大虎・虎岩（飯田市）
- 虎狛神社（調布市）
- 虎落滝（鳥取市）
- 虎熊（犬山市）
- 虎御前の墓（箱根町）
- 虎臥城大橋（朝来市）こがしろ
- 寅新田（名古屋市）
- 下久堅下虎岩
- 御津虎倉・虎々路（岡山市）みつこぐら こころ
- 雄虎滝（矢掛町）
- 丑寅（茨木市）
- 多治見市
- 虎溪町
- 虎溪山町
- 虎溪大橋
- 虎（福山市）
- 虎島（和歌山市）
- 諏訪精工場
- 虎ヶ崎（萩市）
- 虎ヶ岳（光市）
- 虎ヶ鼻（今治市）
- 虎杖（西条市）
- 虎ヶ峰峠 634m
- 虎ヶ峰 790m
- 虎崎（対馬市）
- 虎坊（小城市）こぶしき
- 中虎（由布市）
- 虎ガ鼻（さぬき市）
- 虎木岬（須崎市）
- 虎丸山
- 虎伏木
- 寅丸（日田市）こく
- 虎杖野（佐川町）
- 〈難読〉
- 虎口（菊池市）
- 虎杖川（梼原町）
- 虎杖 いたどり
- 京都市
- 虎魚 おこぜ（鰧）
- 虎石町
- 虎屋町
- 虎子 おまる
- 虎取（玉名市）
- 虎石山（芦北町）404m
- 虎落 もがり
- 虎星山 225m
- 虎瀬（長島町）
- 虎居（さつま町）
- 虎ヶ尾岡（霧島市）
- 虎列剌 コレラ
- 虎頭岩（沖縄県島尻郡伊平屋村）
- 虎丸（曽於市）
- 虎頭山（那覇市）

96 ▶ 十二支：とら

卯兎

卯(兎)に因んだ地名

北海道
- 兎島
- 於兎牛山
- 於兎牛
- 於兎牛沢川
- 卯原内（うばらない）（網走市）
- 新橋ダム

東北
- 兎沢（むつ市）
- 兎内（五戸町）
- 卯月沢（南部町）
- 兎平・兎（三戸）
- （普代村）
- 股兎沢（またとざわ）
- 卯子酉山424・卯子酉牧野
- 弘前市
- 卯坂峠（久慈市）
- 卯達坂遺跡
- 雫石町
- うさぎだいら
- 兎遺跡（江刺市）
- 卯の木（北上市）
- （秋田市）兎口
- 高烏兎山（藤沢市）
- 卯時田（ぼうじた）（大仙市）
- 卯根倉沢鉱山
- 兎森山
- （一関市）高烏兎山
- 烏兎ヶ森・卯南田
- 卯入道平・烏兎山
- 兎谷
- 兎新田
- 卯八郎受
- 白兎 東中西 長井市 しろうさぎ
- 兎島（石巻市）
- 兎島（七ヶ浜）
- 本吉町卯名沢（気仙沼市）
- 兎山（伊達市）
- 福島市（兎田・白兎・兎平）
- 兎田（相馬・月舘・川俣・飯野）
- 屹兎屋山876
- 須賀川

関東・中部
- 小千谷市
- 津南町
- 卯ノ木
- 新潟市
- 兎坂
- 魚沼市
- 兎岳（白馬村）
- 兎沢
- うさぎだいら（十日町市）
- うさぎ田代（松枝岐村）
- 兎口
- 安中市
- ウサギ谷（とせんじ）（白山市）
- 兎谷戸（うさぎがいと）
- 兎川寺
- 卯月山
- 兎岳（加須市）
- 兎洞
- 飯田市
- 真卯平・日立警察署うさぎ平交番
- 兎島（日光市）兎岳
- 卯の木（鳥山市）・兎の里（さくら市）
- 兎久保・長兎路（笠間市）
- 卯ノ崎（富士河口湖町）

北陸
- うづき 卯敷・卯敷川（隠岐）
- ぼうがき
- 卯月・卯月川 上卯月・下卯月
- 卯辰山公園 卯辰山・卯辰町 卯辰トンネル・卯 金沢市
- 卯垣 一丁目 二丁・三丁 四丁・五丁 鳥取市
- 卯ノ花 卯ノ谷

近畿・中国
- 安来市
- 卯埜（津山市）
- 卯ノ山峠（佐用町）
- 兎並
- 京都市
- うさいだ 卯田（熊南市）
- うさぎ（志摩市）
- 兎島
- 伊那市
- 兎田（幸田）（南久比）
- 兎台谷（たいだに）
- 兎平
- 兎沢
- 卯（北方）
- 一宮
- 曽根
- 兎蕨島村
- 卯ノ木

四国・九州
- 卯（対馬）
- 兎鹿野村（嬉野）
- のごみ人形「うさぎ鈴」（庭島）
- 兎山
- 卯鼻
- 熊本市
- 兎谷 兎谷川
- うつげやぶ 卯継籔（大洲市）
- うさいだ 兎田（野市）
- うたつごえ 卯辰越（鳴門市）
- 卯之町
- ウサギバエ（門川町）
- （奄美大島・徳之島）天然記念島 アマミノクロウサギ

兎 岳（日光14号）

100 0 100 km

十二支：うさぎ ▶97

〈干支に因んだ地名〉
（辰・龍・竜）

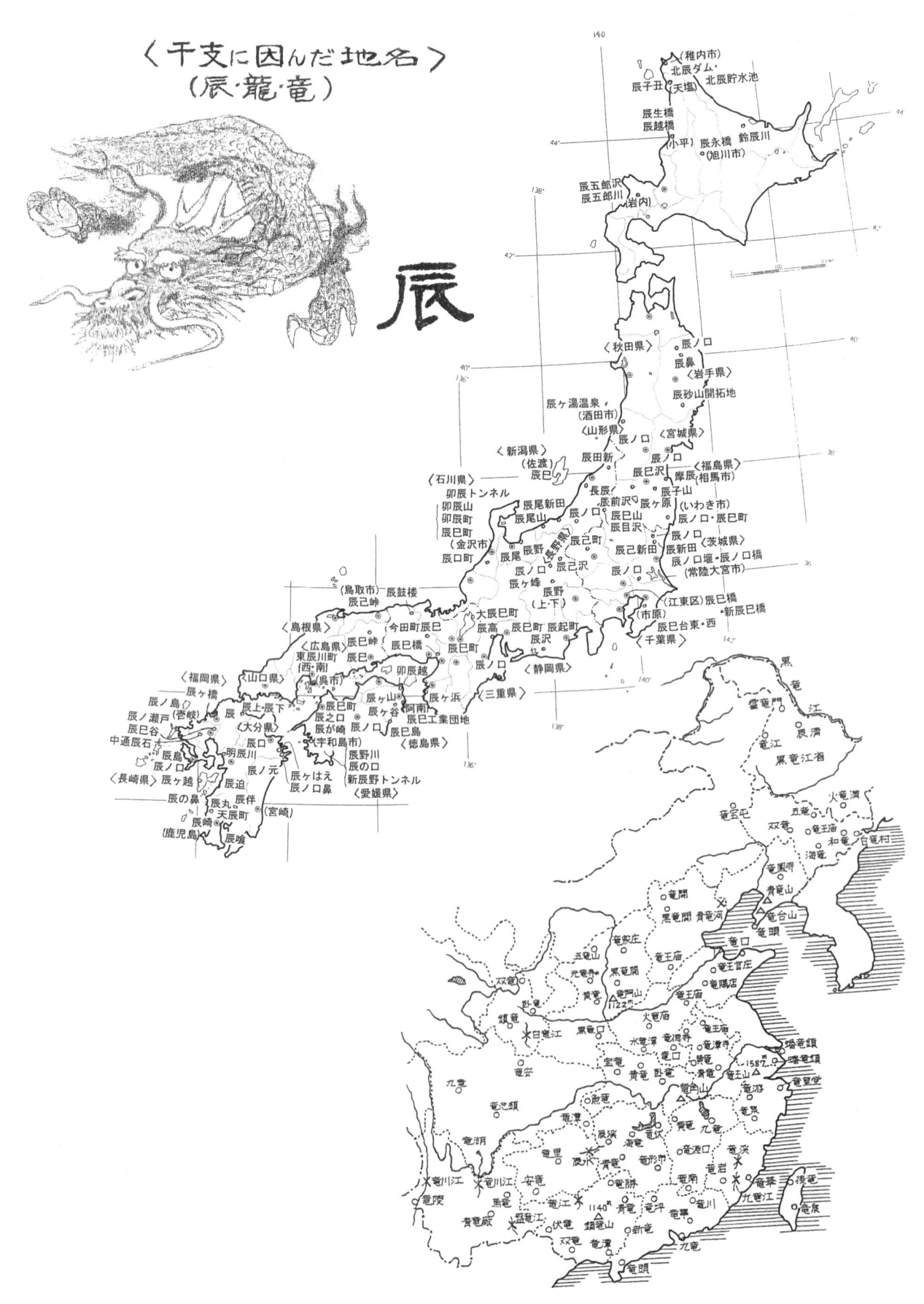

辰

北海道・東北

〈稚内市〉
北辰ダム・
辰子丑（天塩）
北辰貯水池
辰生橋
辰越橋
辰永橋 鈴辰川
小平 （旭川市）
辰五郎沢
辰五郎川（岩内）

〈秋田県〉
辰ノ口
辰鼻〈岩手県〉
辰砂山開拓地
辰ヶ湯温泉
（酒田市）〈宮城県〉
〈山形県〉 辰ノ口
〈新潟県〉 辰ノ口
〈佐渡〉 辰田新 辰子山
〈石川県〉 辰巳沢 摩辰ヶ原〈福島県〉
卯辰トンネル 長辰 （いわき市）
卯辰山 辰尾新田 辰前沢 辰ノ口・辰町
卯辰町 辰尾山 辰ヶ原 辰目山 辰新田〈茨城県〉
辰巳町 辰己新田 辰ノ口堰・辰ノ口橋
（金沢市） 辰野〈長野県〉 （常陸大宮市）
辰巳町 辰ノ口・辰巳沢 辰ノ口
辰ヶ峰 辰野
（鳥取市） 辰鼓楼 （上下） 〈江東区〉辰巳公園
辰己峠 大辰巳町 辰起町 ・新辰巳橋
〈島根県〉 今田町辰巳 辰巳町 辰高 〈市原〉辰巳台東・西
〈広島県〉辰巳峠 辰沢 〈千葉県〉
〈福岡県〉 山口県 東辰川町 辰巳 〈静岡県〉
辰ノ島 （西・南） 卯辰越
辰ヶ橋 辰ノ口 〈三重県〉
辰ノ瀬戸（壱岐） 辰巳町 辰山
辰巳谷 （大分県）辰ヶ谷 〈河南〉
中通辰石 辰之口 辰巳浜
〈長崎県〉 辰島 辰が崎村 辰ノ口 辰巳工業団地
辰ノ口 明辰川 辰野川 〈徳島県〉
辰ヶ越 辰ノ元 辰の口
辰の鼻 辰迫 辰ヶはえ 新辰野トンネル
辰丸島 辰伴 辰ノ口鼻 〈愛媛県〉
辰崎 天辰町 〈宮崎県〉
辰喰 辰崎

中国大陸

黒
竜
江
黒竜門
辰清
黒竜江
黒竜江省
火竜潭
五竜
竜宝屯 双竜
竜王庙 和竜 白竜村
沼竜
竜園坪 青竜山
竜閣 竜台山
黒竜閣 青竜河
竜口
五竜山 竜安庄 竜頭
元竜 黒竜溝 竜王庙
双竜 竜門坎 竜王官庄 潘竜鎮
竜陽店
影竜 黄竜 竜山 火竜庙 騰竜鎮
頂竜 1587
日竜江 黒竜 水竜潭 竜徳号 1587 竜望堂
宝竜寺 庭口 竜関
九竜 竜安 黄竜 臥竜 青竜 竜望山
竜池頭 唐竜 青竜山 竜游
竜南
竜湖頭 辰浜 竜谷 竜
竜里 青竜海溝 竜渡口 竜霊 竜拳
川江 竜川江 竜東 竜市 竜南 九竜江
竜陵 馬竜 竜江 青竜 竜平 竜川 竜泉
青竜戚 1140 盟竜江 伏竜 頭竜山 新竜 竜筆
双竜 竜頭
九竜

龍

竜

十二支：たつ

【干支に因んだ地名 巳(蛇)】

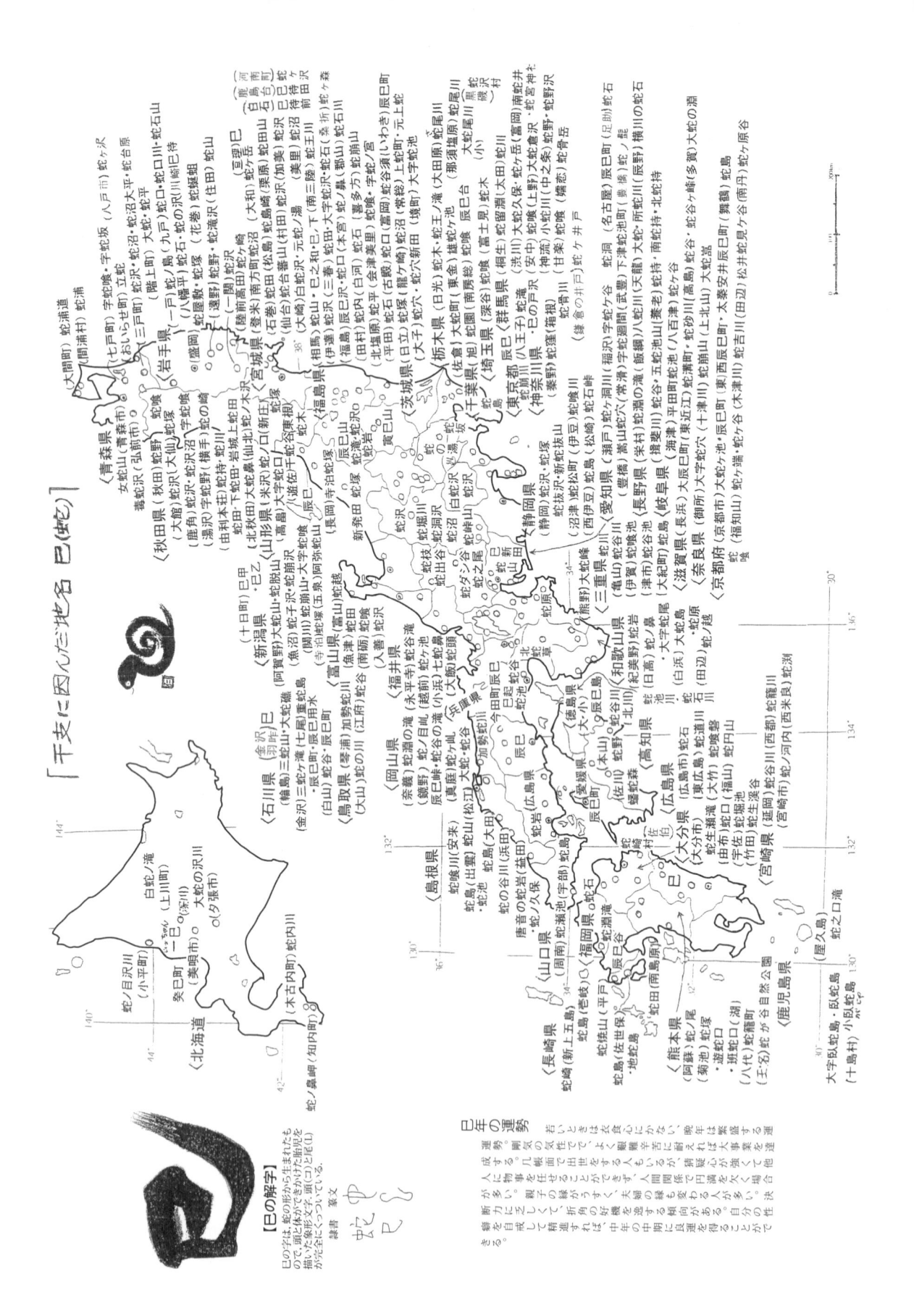

〈北海道〉
蛇ノ鼻岬(知内町) 大蛇の沢川(美唄市) 癸巳町(木古内町) 白蛇川(上川町) 蛇ノ滝 蛇口沢川(小平町)

〈青森県〉
女蛇山(青森市) 蛇野 福蛇山(弘前市) 蛇喰 蛇野(大館) 蛇沢(鹿角) 蛇口沢・宇蛇沢野・宇蛇沢(湯口) 蛇沢・宇蛇野・横手蛇の崎(七戸町) 宇蛇喰・宇蛇坂(八戸市) 蛇浦 立蛇(おいらせ町) 蛇沢・蛇平(三戸町) 蛇沢・蛇口・蛇石山(階上町) 蛇の沢・己崎・巳侍(一戸町) 蛇口・蛇石原(鹿ノ戸) 蛇崎姐(花巻) 蛇沢(豊葉) 蛇台原

〈岩手県〉
蛇ヶ森(盛岡) 蛇野・蛇塚(一関) 蛇沼・蛇内(北上) 蛇沼・大蛇沼(仙北) 下蛇鼻・岩崎上蛇田 蛇木・蛇ヶ崎(大和) 巳ヶ岬(大槌町) 蛇浦道

〈宮城県〉
南方蛇沼 蛇塚(富田) 蛇山(村田) 蛇沼・登米南(栗原) 蛇岩番山・蛇沢(加美) 蛇喰(美里) 蛇沢・蛇口新庄(松島) 蛇口崎巳侍 蛇ヶ崎(大崎) 蛇沼(仙北) 蛇平(遠野) 蛇滝沢(住田) 蛇崩山

〈秋田県〉
女蛇山 蛇ノ湯 蛇沼・蛇平(阿仁) 蛇喰(大平)

〈山形県〉
米蛇山 大字蛇喰(高畠) 蛇子沢・蛇脱山(遊佐) 蛇崩沢 蛇崩山(村山)

〈福島県〉
蛇の沢蛇喰(喜多方) 蛇崩山 蛇木(三島) 蛇口・三番・蛇ノ鼻・蛇沢(田村) 辰巳沢(白河) 会津蛇塚 蛇喰原山・蛇喰(大沼) 蛇ノ鼻(本宮) 蛇喰(南会津) 蛇腹橋 蛇沢(相馬) 蛇平(平田) 蛇内(白河) 蛇ノ宮(須賀川) 蛇谷地 大字蛇沢 辰巳橋 蛇木(平田) 蛇谷(平田町)

〈新潟県〉
蛇塚 蛇堀川 蛇神・蛇ヶ谷・蛇ノ尾 蛇骨池 蛇喰・新発田 蛇ダシ沢

〈茨城県〉
蛇喰(古殿) 蛇山(古殿) 蛇塚・蛇平(日立) 蛇穴(常総) 蛇紋・新田 蛇平 蛇洞川 蛇谷地 蛇池 蛇山(常陸大宮) 蛇王滝 蛇沢 蛇切・辰巳(いわき) 蛇沢・元上蛇町 上蛇町 大字蛇池

〈栃木県〉
蛇沢(日光) 蛇喰・巳ノ入 蛇園(深谷) 蛇沢(那須塩原) 大字蛇平(大田原) 蛇王滝 蛇塩谷 蛇喰

〈群馬県〉
蛇留淵 蛇塩谷 蛇平 蛇塚(桐生) 大蛇久保・蛇ヶ岳(富岡) 蛇木 蛇尾川 隠沢村

〈埼玉県〉
辰巳(飯能) 旭川(武蔵) 蛇喰山蛇の滝(常滑) 下津蛇(天龍) 辰野(上野) 中之条川 蛇久保(秩父) 小蛇川

〈東京都〉
蛇沢(八王子) 福沢蛇ヶ谷(富岡) 蛇沢(飯能) 蛇喰(武蔵) 蛇塚(大田区) 南蛇持

〈千葉県〉
蛇池 蛇喰山・蛇の洞川(常滑) 蛇口喰川(八日市場) 蛇口(天龍) 大蛇持(多賀) 大賀蛇神沢 蛇切峠

〈神奈川県〉
蛇ヶ岳 蛇口 蛇喰・蛇野岳 鎌倉の井戸 蛇神・北井戸

〈静岡県〉
蛇抜沢・新蛇抜山 蛇滝 蛇沢(沼津市) 蛇喰池(西伊豆) 蛇平・蛇池

〈愛知県〉
蛇池・蛇島 蛇洞川 蛇洞(名古屋) 辰巳町(足助) 蛇口・蛇島

〈三重県〉
辰巳野 蛇喰大崎 蛇谷川(津市) 蛇喰池(伊賀) 蛇喰池(豊田) 蛇山蛇穴(栄村) 福野(名張)

〈滋賀県〉
蛇谷 蛇池 蛇喰川 蛇谷川(木代町) 蛇ノ目(長浜) 蛇持端(十津川) 大字蛇ヶ谷(紀和町) 蛇路(大津町) 蛇口(大坂) 安並蛇の谷(東近江) 蛇砂川(高島) 南蛇井蛇沢川(西安江) 蛇崩川(上北山) 蛇の沢 辰巳

〈京都府〉
蛇ヶ谷(京都市) 蛇ヶ谷(舞鶴) 蛇島 蛇島 蛇池 大蛇生

〈福井県〉
蛇滝の滝(永平寺) 蛇目自 蛇目池(越前) 蛇谷 蛇の谷の滝(小浜) 大蛇峠 辰巳町 巳助

〈大阪府〉
辰巳・蛇ヶ谷(池田) 小蛇池・加賀蛇池 蛇池 蛇河

〈奈良県〉
蛇峠 蛇が山・大蛇穴 蛇ヶ谷(葛城) 加蛇

〈和歌山県〉
蛇島 大蛇久保(松田) 蛇峠 蛇池 巳ヶ谷(紀宝町) 蛇ノ鼻 大字蛇尾 蛇谷 蛇之口(白浜) 蛇喰(田辺) 蛇ヶ谷 大字蛇島(十津川) 巳ノ谷川(木津川)

〈兵庫県〉
蛇谷・蛇ヶ谷(名張) 蛇口・辰巳町(足助) 蛇ヶ峰(多可町) 大賀神沢

〈鳥取県〉
蛇窪(大山) 加賀蛇川 蛇谷(大山)

〈岡山県〉
蛇喰・蛇の滝 蛇谷 辰巳新田

〈石川県〉
癸巳町(金沢) 三蛇塚(七尾) 大蛇鏡(輪島) 蛇ノ内・蛇ノ尾 辰巳町 蛇巳川(白山)

〈富山県〉
蛇喰・加賀蛇沢 蛇津(琴浦) 蛇口の川(江刺町) 蛇喰(南砺) 蛇沢

〈島根県〉
蛇喰渕(出雲) 蛇池 蛇の谷の岩田 蛇・蛇浦池(福岡県(大山) 大蛇淵滝 蛇喰池(宇部市) 蛇の谷(大山) 蛇石 蛇の谷岩蛇喰池 蛇久保

〈山口県〉
唐音・蛇ヶ喰(周南市) 蛇喰池(福岡県(大山) 大蛇淵滝

〈広島県〉
蛇喰ヶ谷(安来) 大蛇野 蛇喰(松江) 蛇口峠 蛇ヶ岬 蛇の鼻

〈徳島県〉
巳ヶ山(本山) 蛇尾 辰巳町(東広島) 蛇平(福山)

〈高知県〉
蛇川 蛇口 蛇喰(高知市) 蛇口(大月) 蛇森 大字蛇尾

〈愛媛県〉
蛇森 蛇喰(田辺) 蛇口 蛇喰(旧大山町) 蛇之口(白浜) 大字蛇尾

〈福岡県〉
蛇池 蛇口 蛇喰(旧大山町)

〈長崎県〉
蛇仏山・蛇ノ尾 蛇島(平戸) 蛇島(上五島) 蛇島(小値賀) 蛇池(佐世保市) 蛇蛇島 王(名)蛇が谷自然公園

〈熊本県〉
蛇池(阿蘇) 蛇ノ尾 遊蛇口 班蛇口(湖) 菊地蛇石 大字蛇ヶ谷自然公園

〈大分県〉
巳ノ島 蛇生瀬滝(大分市) 蛇口(宇佐) 蛇池 蛇由布(竹田)

〈宮崎県〉
蛇生瀬滝(延岡) 蛇河内(西都) 蛇口(西米良) 蛇籠岩 蛇浅池 蛇渡池

〈鹿児島県〉
大字臥蛇島・臥蛇島 小臥蛇島(十島村) 蛇之口滝(屋久島)

【巳の解字】
巳の文字は、蛇の形から生まれたもので、頭と胴をかけた脂状をなって、頭が体のもくかがんだ脂状をいて家形文字、頭(コ)と尾(し)から巴字になっている。

楷書 篆文

巳年の運勢
巳年の人は、成功運勢的面で気心を優先させる気が剛直で気質
気難しく、生まれが多人からの信頼の能力が秀でる人
心配性で事業が多くことができる性格な
やや丁寧の気がある。精神派で、神経質大きなも夫婦の縁が良い。
蛇ノ毛沢ほど進歩の心掛があるて仲の良さと
進取の気であって、自分の造り強い人が多い
得意な所まで、年の強い男性運がある
性格をもつ。他人に運な物性強いが、気苦労多く、
活躍る。達成運で

十二支：うま

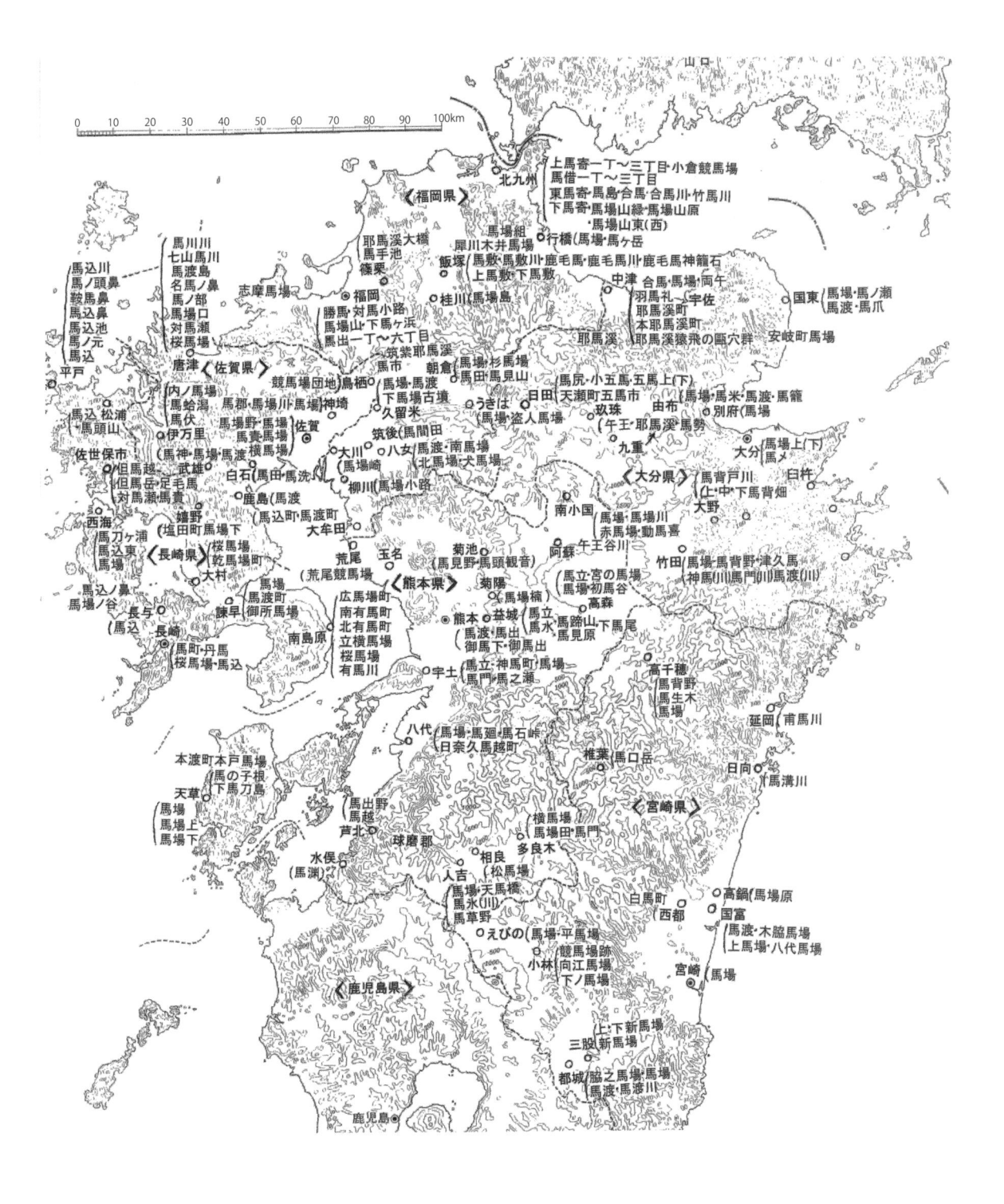

〈馬(午)に因んだ地名〉

十二支の動物に関する地名
　5万分の1地形図によると，
　馬，「午」は893で，断然1位．
　酉・鳥　　399
　牛・丑　　298
　竜・辰　　216
中国（省別の地図）
　竜・辰　　421
　馬・「午」　374
昔から南船北馬といわれる

〈北海道〉
猿払とど
海馬島
馬止トンネル
来馬トンネル
美瑛
美馬牛
美瑛美馬牛川
美瑛美馬牛大成川
須麻馬内川
主馬内沢川
馬背山
鞍馬越
群馬岳(川)
尻岸馬内(川)
馬追越
馬追温泉
馬追運河
駒馬町
〈根室〉
馬主来峠
馬主来川
馬主来
馬主来沼
雄馬別
種馬別
馬抛沢川
馬群別
雄馬別
馬蹄沼
馬産川
来馬川
来馬川
馬場川
馬岳
来馬岳
鷲別来馬川
海馬岩
幌別来馬川橋
馬場
馬ノ背
後志来馬川
相馬
日高耶馬溪
〈青森県〉
馬屋尻(東・西)

馬込・馬鹿出
馬坂沢
神馬大岩
海馬島
馬ノ神山
馬淵川
馬ノ背川
相馬
馬淵川馬洗場
軍馬平前車
〈久慈〉
馬寄平・馬場馬渡
馬越馬寄馬内
馬仙峡
チャグチャグ馬コ・大馬ケ洞〈盛岡〉
〈岩手県〉
馬場
附馬牛
〈大船渡〉
山馬越・海馬島
馬越峠
馬越峠
馬越
馬木内
遠野の里・馬仙峡公園
馬淵川橋・馬越峠・馬場町
馬場沢目
馬塚目
馬場目川
馬場目岳
馬鞍
馬留
上絵馬河
馬町
午彦坪
黒籠
西烏谷内(川)
馬見川
馬神
下馬
馬場
馬船峠
白馬溫泉
馬檜　馬森
馬省　馬撃山
馬中
馬場
相馬神社
馬場
馬沼
馬立
馬駆山
馬来
相馬野馬追祭
馬川
馬高通峠
馬追山
徳馬
陣馬山
（祇記）三春駒
馬桜
馬老山
馬流
午房ヶ平
馬籠
馬蹄石
関馬
馬渡
馬立山
北相馬郡
馬場山
側馬(穎場)
府馬場(ばっぱ)

〈京都府〉
馬場町・馬喰町・馬代町・馬塚町・馬谷町・午塚町
鞍馬・鞍馬川・鞍馬山・鞍馬寺・鞍馬町
馬迴・右馬寮町・柳馬場通・桜ノ馬場町
鞍馬口通・西ノ庄猪之馬場町・馬場ノ東町
滝馬・馬淵・馬路町・馬立島・八幡馬場
馬地トンネル・久美浜町奥馬地・後町・馬堀駅前

〈奈良県〉
本馬・馬佐・但馬・上但馬・馬見南(中・北)
内馬場町・都祁馬場町・馬司町・馬取柿・往馬大社

〈山口県〉
宮の馬場・清末鞍馬
馬糞ヶ岳・宮ノ馬越
桜馬場通(上・下)馬通
美川町四馬神
馬ころび・馬場・伏馬山
馬場峠・馬刀川・馬ノ背　馬原

〈鳥取県〉
馬橋・馬場町・馬佐良・桜馬場
馬路・馬崎町・馬ノ山
仁馬山古墳・御馬
八幡馬場・馬木
(上・中・下)馬皿

〈愛媛県〉
馬島・馬場・波方町馬刀潟
馬ノ渕・馬返・馬根・馬越・平駄馬・馬駄馬
新宮町馬立・馬立川馬木・地北馬乗
馬立ノ鼻・馬酔谷・馬之地・延川駄馬
馬船川・馬の砦・駄馬・馬越町

〈高知県〉
馬路・小馬路・馬入・馬止・馬遙・馬越・小馬場・馬関
桜馬場・馬ノ丁・馬場住・馬橋・坂本龍馬像(記念館)
馬袋・馬地・馬荷・駄馬・馬瀬・馬木・馬ノ上・馬の原・
馬場・柳駄馬・鳥巣の駄馬・馬庭・馬取・馬島・馬神

南有馬町・馬場
・森〈長崎県〉
対馬空港(対馬市)
馬ノ元・流鏑馬浦
但馬岳・足毛ヶ岳・上対馬町
対馬瀬・但馬越・有馬船津町・鞍馬鼻
御所馬場・乾馬場町・馬手ヶ浦・馬込鼻
馬頭鼻・馬込池・馬込川・桜馬場
有馬川・馬渡瀬・馬刀ノ浦 (五島)
寺ノ馬場・馬頭山・馬丁岩・馬込

〈鹿児島県〉
馬流川・
〈出水〉
馬流・上堅馬場・早馬
・諏訪馬場
〈阿久根〉
馬場・馬見塚
〈川内〉
大馬越
馬場・天辰馬場
杉馬場・馬込浦
横馬場町・馬衆崎
馬頃尾
〈日置〉
天神馬場・小野馬場

〈鹿児島市〉
霧島・馬立・馬込・馬渡
早馬川
馬沢馬場・馬込川
馬掛
馬庭
西上馬場
打鹿
馬場園
（屋久島）
馬立ノ岩窟

〈種子島〉
馬毛島
馬乗

〈沖縄県〉
馬鞍岳・馬根
〈徳之島〉
〈沖縄島〉馬天・馬場・天馬崎
〈与那国島〉馬鼻崎
〈石垣島〉午ノ方石

〈東京都〉（大島）（三宅島）
馬事公苑・練馬・馬頭刈山・馬の背
高田馬場(東・西・中南・北)馬込・下馬野尾
小伝馬・馬喰町・馬場下・数馬上(下)
馬引沢(峠)・練馬・上馬・下馬・数馬・将門馬場

〈神奈川県〉
（横浜）有馬馬場・馬場町・遊馬・午の堀川
（川崎）有馬川菅馬場・有馬・東有馬・馬絹
馬堀町・馬堀海岸・馬入本町・馬入橋・馬渡橋
青馬橋・馬渡・陣馬山・牧馬峠・伏馬田・赤馬
左馬神社・柳馬場・牧馬・馬本・馬込・馬石
馬場・ばば・ばっぱ

〈山梨県〉
朝日馬場・馬場川・馬取沢・馬込・馬籠・馬門
馬渡・馬場・ばば・ばんば

未(羊)に因んだ地名

日本では羊を飼う条件は適さず、地名も少ない。

- 末広町(すえひろちょう)北海道勇払郡厚真町
- 羊柄平(ひつじがらたいら)福島県いわき市
- 羊(ひつじ)福島県耶麻郡塩川町
- 羊石(ひつじいし)新潟県十日町市、同県中魚沼郡津南町
- 羊(ひつじ)石川県金沢市、同県羽咋市
- 羊(ひつじ)愛知県海部郡佐屋町
- 羊(ひつじ)宮崎県東臼杵郡北方町
- 羊荒子(ひつじあらこ)愛知県幡豆郡一色町
- 羊ヶ丘(ひつじがおか)北海道札幌市豊平区、羊ヶ丘展望台
- 羊ヶ谷(ひつじがたに)京都府亀岡市 北海道農業試験場畜産部がある
- 羊沢(ひつじさわ)山形県上山市
- 羊新田(ひつじしんでん)名古屋市西区、同市守山区
- 未乙切(ひつじのきり)愛知県海部郡飛島村、同郡弥富町
- 羊ノ割(ひつじのわり)愛知県海部郡弥富町
- 羊見取(ひつじみどり)愛知県海部郡甚目寺町
- 羊合地(ひつじやち)山形県酒田市
- 未羊山(ひつじやま)愛知県刈谷市大字一里山
- 未明(ほのか)島根県仁多郡伯太町
- 羊渡(みど)広島県比婆郡東城町
- 羊蹄(もろて)北海道虻田郡ニセコ町
- 羊山公園(ひつじやまこうえん)埼玉県秩父市大字熊木町。秩父市街地の東方の高台にある公園で、桜ツツジなどの名所。水のすぐ上に牧水の滝を持ち、九一〇年(大正九)に秩父を訪れた若山牧水にちなんで名付けられている
- 羊角湾(ようかくわん)熊本県牛深市と天草郡河浦町の間にある湾
- 羊蹄山(ようていざん)北海道後志支庁虻田郡倶知安町と真狩村、京極町にまたがる。標高一八九八三メートル。蝦夷富士とも呼ばれる。那須火山帯に属する円錐火山。中嶽火山と並び南東別岳と称され、山頂後方羊蹄子(メツコ)山を尻別岳の大口に対して前方羊蹄子(オツコ)山という。山頂には「父釜」という大口がある
- 羊神社(ひつじじんじゃ)名古屋市北区辻町。神社本庁所管の「ヒツジ」を名乗る唯一の神社。全国八万社ある神社のうち新羅からの帰化人羊太夫が近くに尾張氏をもっていたことから、この神社の名があるという。千年以上の歴史がある。本殿はほか一八三八年(天保九)に改築されている。アスコム工房がある
- まかりの牧場 静岡県富士宮市。羊の毛刈り体験ができる。北海道後志支庁余市郡仁木町。羊牧場のほか家具染織などの工房がある

十二支：ひつじ ▶ 103

〈申（猿）に因んだ地名〉

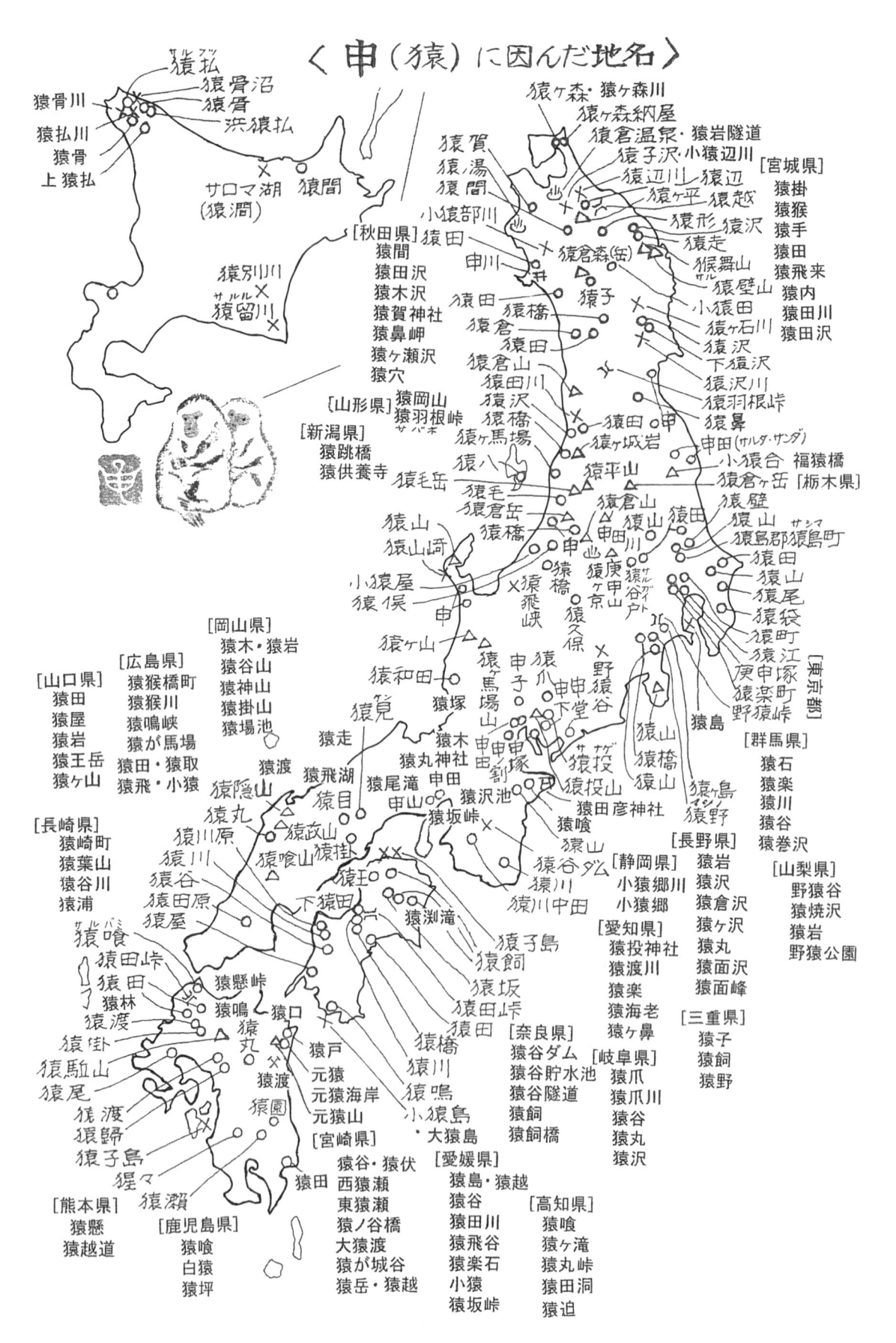

〈酉（鳥・鶏）に因んだ地名〉

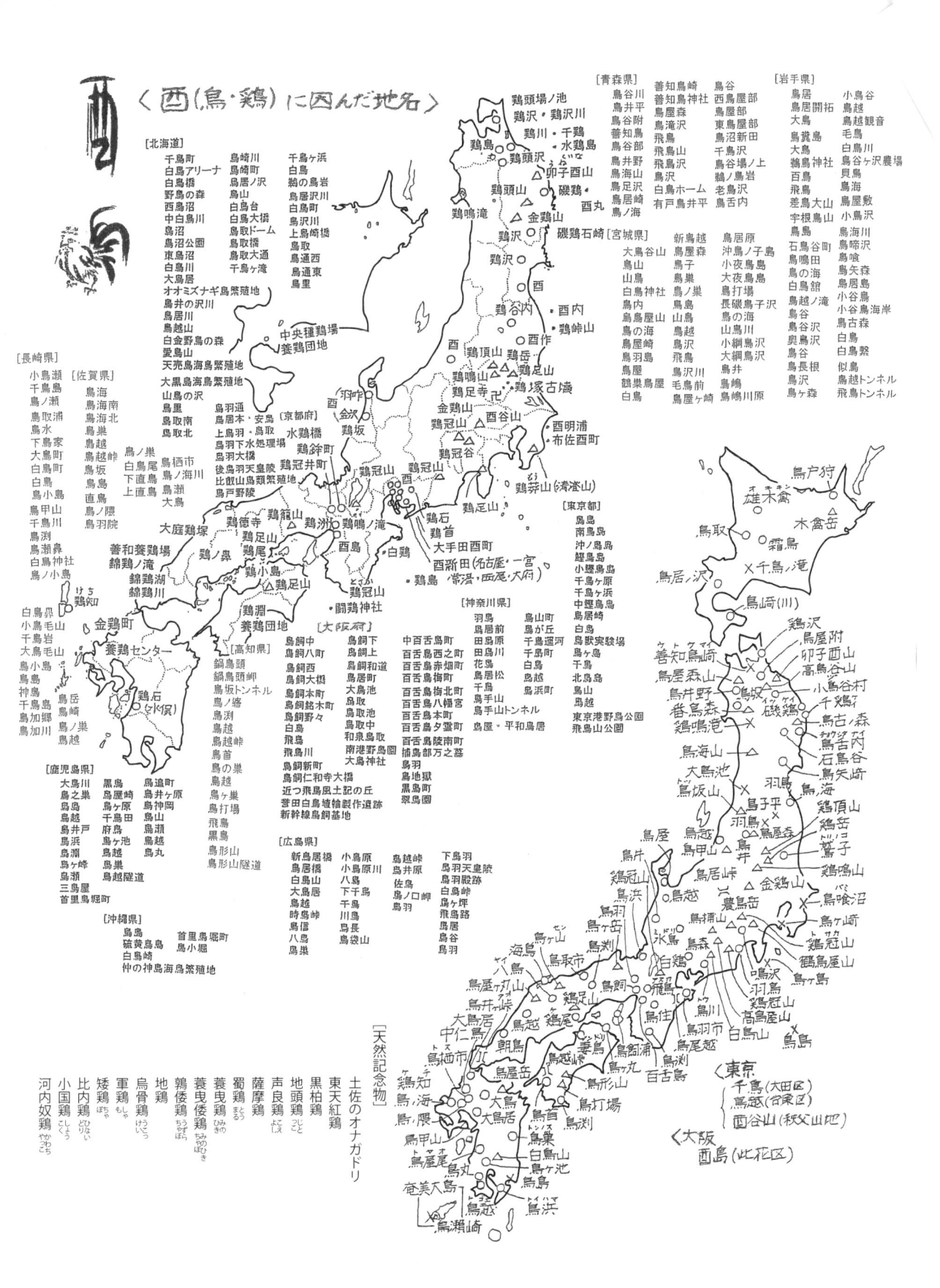

[北海道]
千鳥町／白鳥アリーナ／白鳥橋／野鳥の森／西鳥橋／中白鳥川／鳥沼／鳥沼公園／東鳥沼／大鳥沼／オオミズナギドリ繁殖地／鳥井の沢川／鳥越山／白金野鳥の森／愛鳥の沢／天売島海鳥繁殖地／大黒島海鳥繁殖地／山鳥の沢／中央種鶏場／養鶏団地／鳥崎川／鳥島町／鳥島ノ沢／鳥山／鳥居台／白鳥大橋／鳥取橋／鳥通西／鳥里／千鳥ヶ浜／鵜の鳥岩／鳥居沢川／鳥沢川／上鳥崎橋／鳥取大通／千鳥ヶ滝／鳥東

[青森県]
善知鳥崎／善知鳥神社／鳥屋森／鳥滝沢／飛鳥／鳥井野／鳥海沢／鳥足沢／鳥居崎／有戸鳥井平／鳥谷川／鳥谷附／鳥屋部／東鳥屋部／鳥沼新田／千鳥沢／鳥谷場ノ上／鳥ノ海／老鳥ホーム／磯鶏／金鶏山／酉丸／卯子酉山／鶏川・千鶏／水鶏沢／鶏頭山／鶏頭場ノ池／鶏沢・鶏沢川／鶏鳴滝／鶏沢／酉／鶏谷内／鶏峠山／鶏作／鶏岳／鶏頂山／鶏足山

[岩手県]
鳥居／西鳥屋部／鳥居開拓／大鳥／鳥越観音／毛鳥／小鳥谷／鳥越／鳥越観音／鳥川／百鳥／貝鳥／鳥海／鳥屋敷／鳥啄沢／鳥石屋町／小鳥沢／鳥鳴田／鳥矢森／鳥舌島／鳥越滝／鳥古森／鳥谷沢／奥鳥沢／鳥長根／鳥沢／鳥ノ森／鳥越トンネル／飛鳥トンネル／小谷鳥／小谷鳥海岸／鳥井平／長磯鳥海子／宇根鳥山／差鳥大山／石鳥谷町／鳥喰沢／鵜鳥神社／鵜ノ鳥岩／鳥屋ヶ崎農場／鳥越川原／鳥嶋／鳥井／鳥屋ヶ崎／鳥嶋川原／鳥井／白鳥／鶴巣鳥屋／毛鳥前

[宮城県]
新鳥越／鳥居森／鳥子／山鳥／白鳥神社／鳥内／鳥海／鳥屋山／山鳥／鳥屋崎／鳥屋場／鳥舌山／鳥鳴／鳥羽子山／小夜鳥島／大夜鳥島／鳥打場／鳥の海／鳥越／鳥山県／小綱鳥沢／大綱鳥沢

[長崎県]
小鳥瀬／千鳥島／鳥ノ瀬／鳥取浦／鳥水／下鳥家／大鳥町／白鳥町／鳥ノ島／鳥甲山／千鳥川／鳥瀬鼻／白鳥神社／鳥小島／白鳥鼻／小鳥毛山／千鳥岩／大鳥毛岩／鳥小島／鳥浜／神鳥原／千鳥沢／鳥加川／鳥加郷／鳥越

[佐賀県]
鳥海／鳥海南／鳥海北／鳥海巣／鳥越／鳥坂／鳥島／鳥甲山／鳥ノ巣／白鳥尾／下直鳥／上直鳥／鳥ノ瀬／大鳥／鳥ノ隈／鳥羽院

[京都府]
鳥羽通／鳥羽本・安島／鳥羽／鳥羽下水処理場／後鳥羽天皇陵／比叡山鳥類繁殖地／鳥羽野陵／鳥羽大橋

[大阪府]
羽鳥／鶏鉾町／水鶏橋／鶏冠井町／鶏龍寺／鶏冠山／鶏首／鶏洲／鶏鳴滝／鶏石／鶏首／大手田酉町／酉新田（名古屋・一宮・常滑・西尾・大府）／鶏冠谷／鶏冠山／鶏足山／闘鶏神社／鶏山／鶏小島／鶏足山／鶏淵／養鶏団地

[高知県]
鍋島頭／鳥飼八町／鳥坂トンネル／鳥ノ峠／鳥渕／鳥越／鳥越峠／鳥首／鳥ノ巣／鳥島／飛鳥川／鳥の巣／鳥打場／飛鳥／黒鳥／鳥飼西／鳥飼東／鳥飼本町／鳥飼野々／鳥飼中／鳥取池／飛鳥新町／南港野鳥園／鳥飼仁和寺大橋／近つ飛鳥風土記の丘／菅田白鳥埴輪製作遺跡／新幹線鳥飼基地／鳥飼上／鳥飼和道／鳥飼赤畑町／鳥飼梅北町／鳥飼八幡宮／鳥飼夕霧町／鶴島陵南町／捕鳥部萬之墓

[広島県]
新鳥居橋／鳥居原／白鳥山／大鳥居／時鳥峠／鳥信／八鳥／小鳥原川／小鳥原／鳥羽殿前／鳥羽路／鳥越／鳥巣／鳥山

[鹿児島県]
大鳥川／鳥之巣／鳥越／鳥井戸／鳥浜／鳥淵／鳥瀬／三鳥巣／首里鳥堀町／黒鳥／鳥道府／鳥屋崎／鳥井ヶ原／千鳥田／鳥山神岡／鳥神池／鳥越／鳥瀬／鳥越隧道／鳥丸／鳥形山／鳥形山隧道

[沖縄県]
鳥島／硫黄鳥島／白鳥崎／首里鳥堀町／鳥小堀／仲の神島海鳥繁殖地

[天然記念物]
土佐のオナガドリ／東天紅鶏／黒柏鶏／地頭鶏／声良鶏／薩摩鶏／蜀鶏／蓑曳鶏／蓑曳倭鶏／鶏倭鶏／鶏骨鶏／地鶏／烏骨鶏／軍鶏／矮鶏（ちゃぼ）／比内鶏／小国鶏／河内奴鶏

〈東京〉
千鳥（大田区）／鳥越（台東区）／酉谷山（秩父山地）

〈大阪〉
酉島（此花区）

〈神奈川県〉
鳥山町／鳥羽島／鳥山下／鳥が丘／千鳥運河／鳥獣実験場／鳥山／千鳥／北鳥島／鳥島／中鶴鳥島／田島／花島／千鳥松／鳥井松／鳥居松／鳥浜町／鳥手山トンネル／鳥屋・平和鳥居／東京港野鳥公園／飛鳥山公園

〈東京都〉
鳥島／南鳥島／沖鳥島／越鳥島／小笠鳥島／千鳥ヶ浜／中鳴鳥島

十二支：とり　▶105

〈戌(犬)に因んだ地名〉

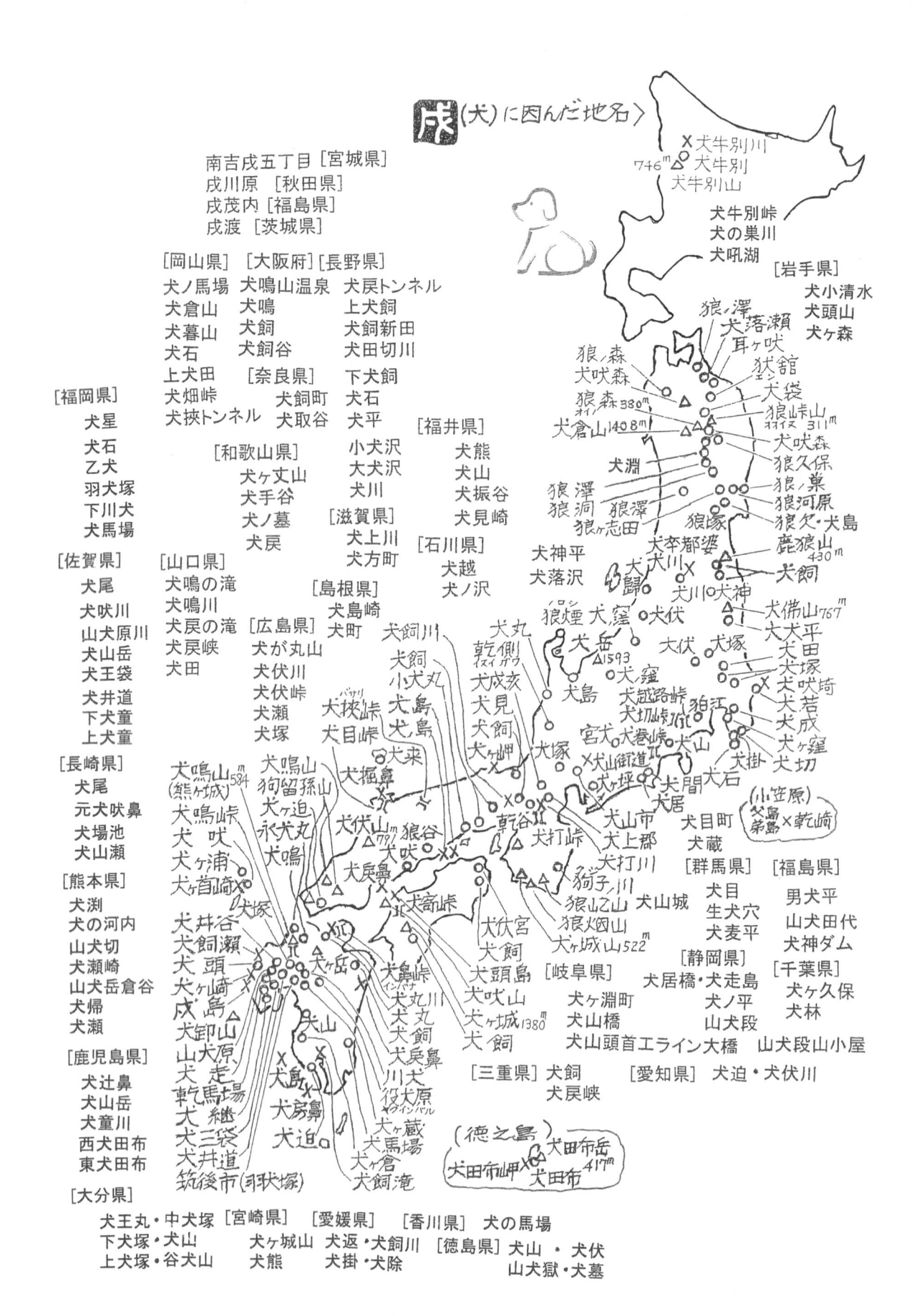

南吉成五丁目 [宮城県]
戌川原 [秋田県]
戌茂内 [福島県]
戌渡 [茨城県]

[岡山県]
犬ノ馬場
犬倉山
犬暮山
犬石
上犬田
犬畑峠
犬挟トンネル

[大阪府]
犬鳴山温泉
犬鳴
犬飼
犬飼谷

[奈良県]
犬飼町
犬取谷

[長野県]
犬戻トンネル
上犬飼
犬飼新田
犬田切川
下犬飼
犬石
犬平

[福井県]
犬熊
犬山
犬振谷
犬見崎

[福岡県]
犬星
犬石
乙犬
羽犬塚
下川犬
犬馬場

[和歌山県]
犬ヶ丈山
犬手谷
犬ノ墓
犬戻

[滋賀県]
犬上川
犬方町

[石川県]
犬神平
犬落沢

[佐賀県]
犬尾
犬吠川
山犬原川
犬山岳
犬王袋
犬井道
下犬童
上犬童

[山口県]
犬鳴の滝
犬鳴川
犬戻の滝
犬戻峡
犬田

[島根県]
犬島崎
犬町

[広島県]
犬が丸山
犬伏川
犬伏峠
犬瀬
犬塚

[岩手県]
犬小清水
犬頭山
犬ヶ森
狼ノ澤
犬落瀬
耳ヶ吠
狼ノ森
犬吠森
狼館
犬袋
狼森380m
狼峠山
犬倉山1408m
犬吠森
犬淵
狼久保
狼澤 狼洞 狼澤
狼ヶ志田
狼ノ巣
狼河原
狼塚
狼欠・犬島
鹿狼山430m
犬卒都婆
犬歸
犬川
犬飼
犬川✕犬神
狼煙 犬窪 犬伏
犬丸 犬岳 大伏 犬塚
乾側 △1593 犬窪 犬大平
イヌイガワ 犬島 犬越路峠 犬田
小犬丸 犬成亥 犬切坂峠 犬塚
大挟峠 犬島 犬見 狛江 犬吠埼
犬目峠 犬ヶ岬 犬飼 犬若
宮犬 犬巻峠 大山 犬成
犬来 犬山街道 犬掛 犬窪
犬堀鼻 犬塚 犬間犬石 犬切
犬山市 犬居
犬目町
犬上郡
犬蔵
[群馬県]
犬打川
犬打峠
[福島県]
犬山城 犬目 男犬平
生犬穴 山犬田代
犬麦平 犬神ダム
狗子川 [静岡県]
狼仡山 犬居橋・犬走島 [千葉県]
狼烟山 犬ノ平 犬ヶ久保
犬ヶ城山522m 山犬段 犬林
[岐阜県] 犬ヶ淵町
犬山橋
犬山頭首工ライン大橋 山犬段山小屋
[三重県] 犬飼 [愛知県] 犬迫・犬伏川
犬戻峡

[長崎県]
犬尾
元犬吠鼻
犬場池
犬山瀬

[熊本県]
犬渕
犬の河内
山犬切
犬瀬崎
山犬岳倉谷
犬帰
犬瀬

[鹿児島県]
犬辻鼻
犬山岳
犬童川
西犬田布
東犬田布

犬鳴山584m (熊ヶ成)
犬鳴峠
犬吠
犬ヶ浦
犬ヶ首崎
犬塚
犬井谷
犬飼瀬
犬頭
犬ヶ崎
戌島
犬卸山
山犬原
犬走
乾馬場
犬継
犬三袋
犬井道
筑後市(羽犬塚)

狗留孫山
犬ヶ迫
永犬丸
犬鳴
犬伏山797m
犬戻鼻
犬商峠
犬伏宮
犬鼻峠
犬丸川
犬丸
犬ヶ城1380m
犬飼
犬兵鼻
犬房鼻
犬走
犬島
犬迫
犬蔵
犬馬場
犬倉
犬飼滝

(小笠原)
父島 弟島 ✕乾崎

(徳之島)
犬田布岬 犬田布岳
犬田布 417m

[大分県]
犬王丸・中犬塚 [宮崎県] [愛媛県] [香川県] 犬の馬場
下犬塚・犬山 犬ヶ城山 犬返・犬飼川 [徳島県] 犬山・犬伏
上犬塚・谷犬山 犬熊 犬掛・犬除 山犬嶽・犬墓

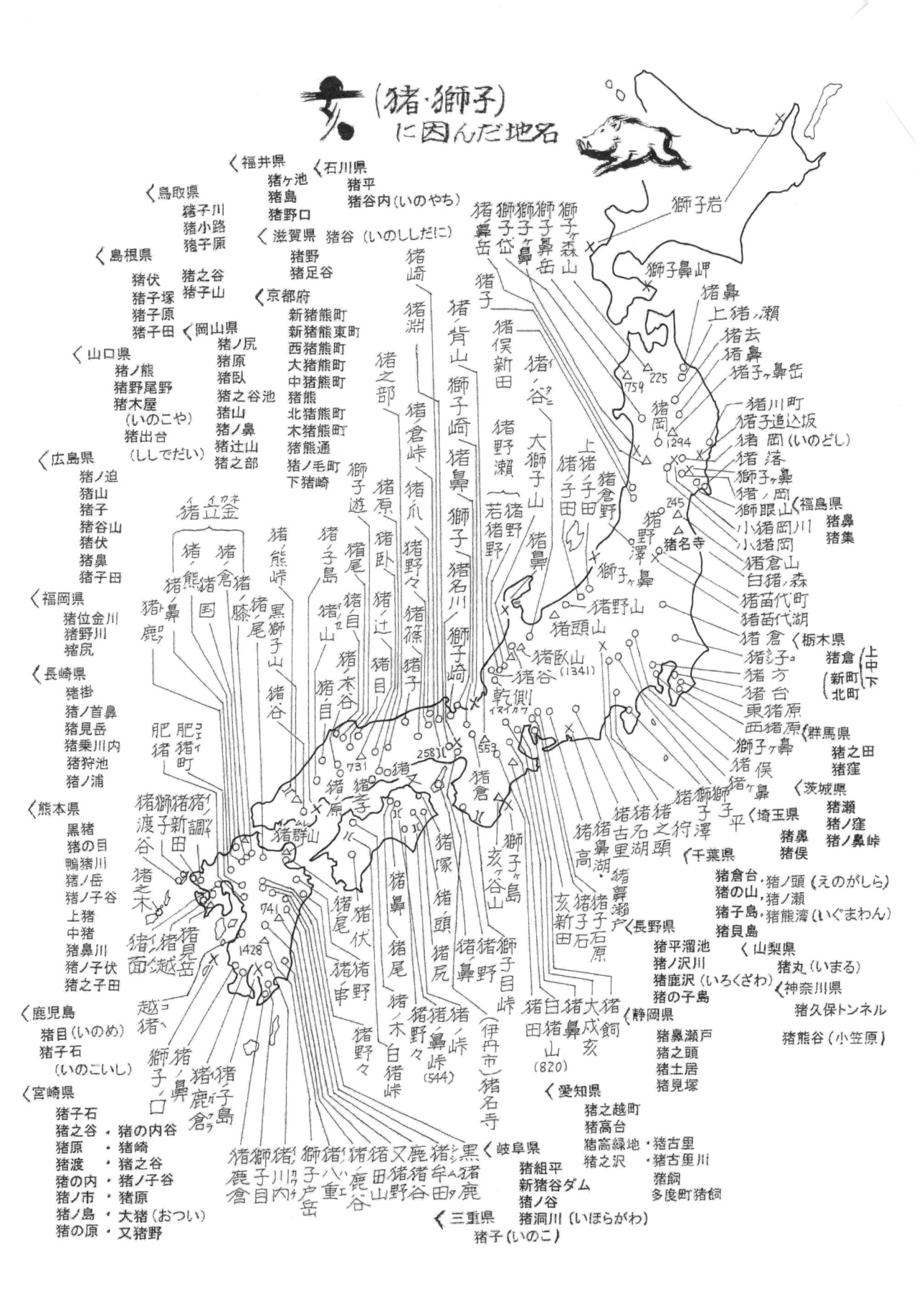

亥（猪・獅子）に因んだ地名

福井県
猪ヶ池
猪島
猪野口

石川県
猪平
猪谷内（いのやち）

鳥取県
猪子川
猪小路
猪子原

島根県
猪伏
猪子塚
猪子原
猪子田

滋賀県
猪谷（いのししだに）
猪野
猪足谷
猪之谷
猪子山

京都府
新猪熊町
新猪熊東町
西猪熊町
中猪熊町
猪熊
北猪熊町
木猪熊町
猪熊通

岡山県
猪ノ尻
猪原
猪臥
猪之谷池
猪山
猪ノ鼻
猪辻山
猪之部
猪ノ毛町
下猪崎

山口県
猪ノ熊
猪野尾野
猪木屋（いのこや）
猪出台（ししでだい）

広島県
猪迫
猪山
猪子
猪伏山
猪伏
猪鼻
猪子田

福岡県
猪位金川
猪野川
猪尻

長崎県
猪掛
猪ノ首鼻
猪見岳
猪乗川内
猪狩池
猪ノ浦

熊本県
黒猪
猪の目
鴨猪川
猪ノ岳
猪ノ子谷
上猪
中猪
猪鼻川
猪ノ伏
猪之子田

鹿児島
猪目（いのめ）
猪子石（いのこいし）

宮崎県
猪子石
猪之谷・猪の内谷
猪原・猪崎
猪渡・猪之谷
猪の内・猪ノ子谷
猪ノ市・猪原
猪ノ島・大猪（おつい）
猪の原・又猪野

猪崎
猪淵
猪之部
猪ノ肯山
獅子崎
猪倉峠
猪原
獅子遊
猪熊峠
猪爪
猪臥
猪尾
猪島
猪遊
猪野々
猪目
猪木屋
猪自
猪辻
猪山
猪熊
猪倉
猪熊
猪鼻
猪膝
猪国
猪鹿
獅子山
猪谷
猪ノ木屋
猪之木
猪面越
猪貝
猪立金
猪熊
猪倉
黒獅子山
猪之部
猪倉峠
猪俣新田
猪野
獅子崎
猪鼻・獅子ノ鼻岳
獅子々岳
猪子ヶ鼻岳
獅子鼻岬
猪鼻
上猪ノ瀬
猪去
猪鼻
猪子ヶ鼻岳
猪川町
猪岡追込坂
猪岡（いのどし）
猪落
獅子ヶ鼻
猪岡
獅子眼山
小猪岡川
猪名寺
小猪岡
猪鼻
猪集
猪倉山
白猪ノ森
猪苗代町
猪苗代湖
猪倉

栃木県
猪倉
上中下新町北町

群馬県
猪之田
猪窪

茨城県
猪瀬
猪ノ窪
猪ノ鼻峠

埼玉県
猪鼻
猪俣

千葉県
猪倉台
猪の山
猪子島
猪熊湾（いぐまわん）
猪貝島

山梨県
猪丸（いまる）
猪鹿沢（いろくざわ）
猪の子島

神奈川県
猪久保トンネル
猪熊谷（小笠原）

長野県
猪平溜池
猪ノ沢川
猪鹿沢
猪の子島

静岡県
猪鼻瀬戸
猪之頭
猪土居
猪見塚

愛知県
猪之越町
猪高台
猪高緑地・猪古里
猪ノ沢・猪古里川
猪飼
多度町猪飼

岐阜県
猪組平
新猪谷ダム
猪ノ谷
猪洞川（いほらがわ）

三重県
猪子（いのこ）

獅子岩

おもな国連関係機関

機構名・略称・設立年・本部所在地	欧文名およびその目的	加盟国名
国際連合（UN） 1945年 ニューヨーク	United Nations（193カ国，2014年1月現在） 国際平和と安全の維持，諸国間の友好関係の促進と世界平和の強化，経済的・社会的・文化的・人道的諸問題の解決，人権・自由の尊重を図るための国際協力を実現する	2011年に南スーダンが加入し，2014年1月現在の加盟国数は193カ国．未加盟は台湾，バチカン，マルタ騎士団，PLO，クック諸島，ニウエ．PLO，バチカン，マルタは国連オブザーバー国として参加．
国連貿易開発会議（UNCTAD） 1964年 ジュネーブ	United Nations Conference on Trade and Development（194カ国，2011年8月現在） 開発途上国の経済開発促進，国際貿易の振興を図り，南北間の諸問題を協議する．	国連全加盟国と国連専門機関又は国際原子力機関の加盟国が加盟資格をもち，国連加盟国にバチカンを合わせた194カ国で構成される．2012年カタール（ドーハ）で第13回総会が開かれた．
国際通貨基金（IMF） 1945年 ワシントン	International Monetary Fund（188カ国，2014年9月現在） 国際金融の安定性と金融に関する協力の推進，国際貿易の促進，貧困削減の実現を目指し，金融支援や技術支援を行う．	1992年4月，タジキスタンを除く旧ソ連邦14カ国が加盟．タジキスタンは93年4月に加盟．日本の出資率は6.46%（第2位）．
国際復興開発銀行 （世界銀行＝IBRD） 1946年 ワシントン	International Bank for Reconstruction and Development（188カ国，2014年9月現在） 途上国の貧困緩和，持続的成長，生活水準の向上を目指し，民間資本の調達困難な事業に融資する	IMFへの加盟国が加盟条件．
国連食糧農業機関（FAO） 1945年 ローマ	Food and Agriculture Organization of the United Nations（196カ国(含む準加盟国)+EU，2015年3月現在） 栄養水準，生活水準を向上させ，食料や農水産物の増産と流通の改善を図り，飢餓をなくす．	プエルトリコが準加盟．2015年に設立70周年を迎える．
国際労働機関（ILO） 1946年 ジュネーブ	International Labour Organization（185カ国，2014年4月現在） 労働者の労働・生活条件の改善を助けるために，国際的な政策と計画を実施．政府，労働者，使用者の三者構成で運営．	1919年ベルサイユ条約の一環として創設．1946年第1回国連総会で最初の専門機関となる．国連非加盟国も加盟できる．1983年，台湾に代わり中国が復帰．
世界保健機関（WHO） 1948年 ジュネーブ	World Health Organization（194カ国，2015年3月現在） 最高水準の健康維持を確保することを目的に，加盟国と専門家間で協力し伝染病の撲滅，保険システムの強化等を図る．エイズ，エボラ出血熱など新たな感染症対策が最近の課題．	1949年，ベラルーシとウクライナ脱退通告（WHOには脱退規定がないため非活動メンバー）
国連教育科学文化機関（ユネスコ＝UNESCO） 1946年 パリ	United Nations Educational, Scientific and Cultural Organization（195カ国・地域，2014年8月現在） 教育，文化，科学を通じて各国民の協力を促進し，世界平和と安全に貢献する．	1984年，アメリカ脱退．1985年，イギリス，シンガポール脱退．1997年，イギリス復帰．2003年，アメリカ復帰．2007年，シンガポール復帰．
国際原子力機関（IAEA） 1957年 ウィーン	International Atomic Energy Agency（160カ国，2013年11月現在） 原子力を世界の平和，保健，繁栄のために貢献させるとともに，軍事利用を防ぐ．	理事会（最高執行機関）は35カ国（理事会指定理事国13カ国，各地域選出国22カ国）代表で構成．
世界貿易機関（WTO） 1995年 ジュネーブ	World Trade Organization（160カ国・地域，2014年7月現在） 貿易に関する紛争処理機能を強化し，無差別で自由な貿易を促進することを目指す．物だけでなく，サービスや知的所有権も取り扱う．	GATTウルグアイ・ラウンドの合意により1995年1月に発足．2014年6月に160カ国目としてイエメンが正式加盟．

世界年鑑2014 他

おもな国際機構（Ⅰ）

機構名・略称・独立年・本部所在地	欧文名およびその目的	加盟国名
北大西洋条約機構（NATO） 1949年 ブリュッセル	North Atlantic Treaty organization（28カ国，2010年現在） 東西冷戦の激化に伴い，ソ連の脅威に対抗するための共同防衛組織として発足．1991年11月に東西冷戦後の新情勢に適応するため，戦略の転換，危機管理の色彩を強く打ち出す．	アメリカ合衆国，カナダ，イギリス，フランス，イタリア，ベルギー，オランダ，ルクセンブルク，ノルウェー，デンマーク，アイスランド，ポルトガル，ギリシャ，トルコ，ドイツ，スペイン，ポーランド，ハンガリー，チェコなど．2009年にアルバニア，クロアチアが加盟．
欧州安全保障協力機構（OSCE） 1975年	Organization for Security and Co-operation in Europa（57カ国，2015年1月現在） 世界最大の地域安全保障機構．政治・安全保障，環境，人権・人道という3つの側面から安全保障を包括的に捉える．	北米，ヨーロッパ諸国，中央アジア諸国，ロシアなど57カ国加盟．ユーゴスラビアは一時資格を停止されたが，2000年に新規扱いで加盟，その後セルビアとモンテネグロに分離．2012年11月にモンゴルが加盟．
欧州連合（EU） 1993年11月 ブリュッセル	European Union（EU加盟28カ国，2013年7月現在） 自由，民主主義，人権の尊重，法の支配といった理念を尊重し，経済通貨統合，共通外交・安全保障政策，警察・刑事司法協力等によって価値観を共有する．	原加盟国6カ国．7度の拡大を経て現在28カ国が加盟．とくに2004年には10カ国が加盟し，規模が大きく拡大．2013年7月にクロアチアが加盟．

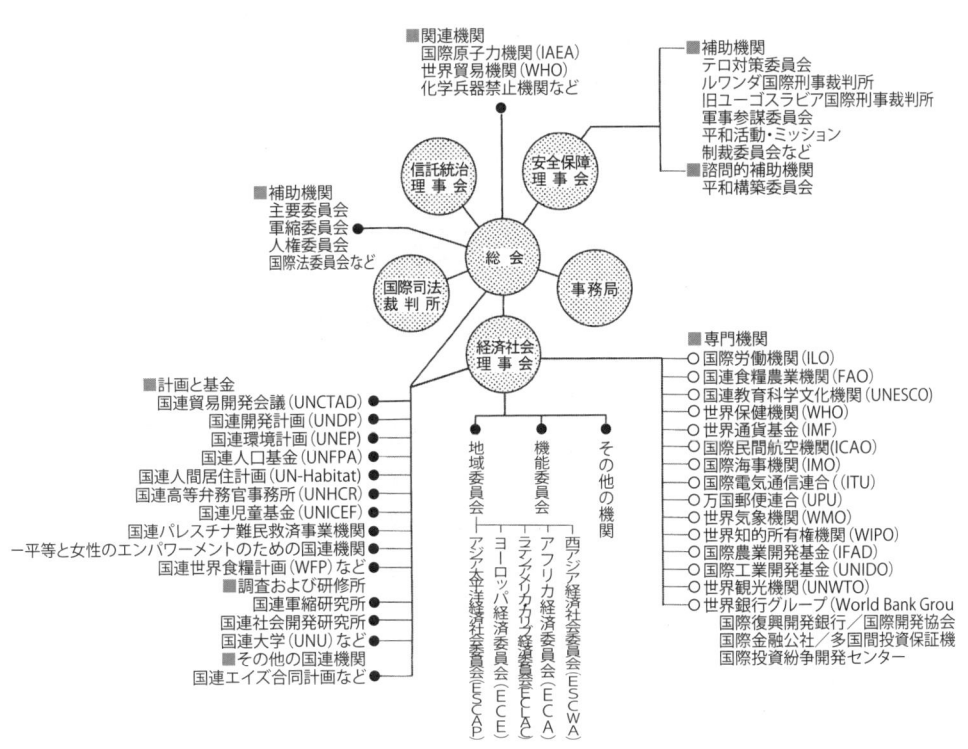

国連組織図

- ■関連機関
  - 国際原子力機関(IAEA)
  - 世界貿易機関(WHO)
  - 化学兵器禁止機関など

- ■補助機関
  - テロ対策委員会
  - ルワンダ国際刑事裁判所
  - 旧ユーゴスラビア国際刑事裁判所
  - 軍事参謀委員会
  - 平和活動・ミッション
  - 制裁委員会など

- ■諮問的補助機関
  - 平和構築委員会

中央: 信託統治理事会／安全保障理事会／総会／国際司法裁判所／事務局／経済社会理事会

- ■補助機関
  - 主要委員会
  - 軍縮委員会
  - 人権委員会
  - 国際法委員会など

- ■計画と基金
  - 国連貿易開発会議(UNCTAD)
  - 国連開発計画(UNDP)
  - 国連環境計画(UNEP)
  - 国連人口基金(UNFPA)
  - 国連人間居住計画(UN-Habitat)
  - 国連高等弁務官事務所(UNHCR)
  - 国連児童基金(UNICEF)
  - 国連パレスチナ難民救済事業機関
  - 平等と女性のエンパワーメントのための国連機関
  - 国連世界食糧計画(WFP)など

- ■調査および研修所
  - 国連軍縮研究所
  - 国連社会開発研究所
  - 国連大学(UNU)など

- ■その他の国連機関
  - 国連エイズ合同計画など

- 地域委員会: アジア太平洋経済社会委員会(ESCAP)／ヨーロッパ経済委員会(ECE)／ラテンアメリカ・カリブ経済委員会(ECLAC)／アフリカ経済委員会(ECA)／西アジア経済社会委員会(ESCWA)
- 機能委員会
- その他の機関

- ■専門機関
  - 国際労働機関(ILO)
  - 国連食糧農業機関(FAO)
  - 国連教育科学文化機関(UNESCO)
  - 世界保健機関(WHO)
  - 国際通貨基金(IMF)
  - 国際民間航空機関(ICAO)
  - 国際海事機関(IMO)
  - 国際電気通信連合(ITU)
  - 万国郵便連合(UPU)
  - 世界気象機関(WMO)
  - 世界知的所有権機関(WIPO)
  - 国際農業開発基金(IFAD)
  - 国際工業開発基金(UNIDO)
  - 世界観光機関(UNWTO)
  - 世界銀行グループ(World Bank Group)
    - 国際復興開発銀行／国際開発協会
    - 国際金融公社／多国間投資保証機関
    - 国際投資紛争開発センター

おもな国際機構(II)

機構名・略称・独立年・本部所在地	欧文名およびその目的	加盟国名
西欧同盟(WEU) 1955年 ロンドン	Western European Union(28カ国:10カ国と6準加盟国,5オブザーバー国,7協力パートナー国,2001年現在) 加盟国の安全保障政策,軍備の調整および政治,社会,法律,文化面の協力促進.2000年末までに欧州連合(EU)との統合を決定.2010年6月廃止.	イギリス,フランス,ベルギー,オランダ,ルクセンブルク,ドイツ,イタリア,スペイン,ポルトガル,ギリシャ,アイスランド,オーストリア,トルコ,東欧6カ国,バルト三国,北欧5カ国.
欧州自由貿易連合(EFTA) 1960年 ジュネーブ	European Free Trade Association(4カ国,2014年現在) EECの結成に対処するため,イギリスの提唱で結成.1960年7カ国調印.工業製品の貿易自由化を推進.	ノルウェー,スイス,アイスランド,リヒテンシュタイン(91年5月加盟).EC参加のためイギリス,デンマーク72年,ポルトガル85年脱退,EU参加のためスウェーデン,フィンランド,オーストリア95年1月脱退.
経済協力開発機構(OECD) 1961年 パリ	Organization for Economic Cooperation and Development(34カ国,2013年2月現在) 高度な経済成長と生活水準の向上,発展途上国への開発援助,国際貿易の拡大などを図る.第二次世界大戦後の欧州復興のため設立された欧州経済協力機構を改組し,アメリカ合衆国,カナダが加わって発足.雇用問題,多国籍間の投資協定策定,ウルグアイ・ラウンド後の貿易問題,規制緩和に取り組む.	アメリカ合衆国,カナダ,イギリス,フランス,ドイツ,イタリア,ベルギー,オランダ,ルクセンブルク,ノルウェー,スウェーデン,デンマーク,アイスランド,フィンランド,アイルランド,スイス,オーストリア,ギリシャ,トルコ,スペイン,ポルトガル,日本,オーストラリア,ニュージーランド,メキシコ,チェコ,ハンガリー,ポーランド,韓国,スロバキア.2000年にチリ,スロベニア,イスラエル,エストニアが加盟.
国際エネルギー機関(IEA) 1976年 パリ	International Energy Agency(29カ国と欧州委員会,2014年現在) 石油禁輸などの緊急事態に対応するための先進諸国の組織.長期エネルギー対策の検討.	アイスランド,メキシコ,チリ,スロベニア,イスラエル,エストニアを除くOECD加盟28カ国と欧州連合,欧州委員会.
ワッセナー取り決め(新ココム) 1996年 ウィーン	Wassenaar Arrangement(41カ国,2014年2月現在) 「紛争脅威国」とみなされる国への兵器や軍事転用可能な技術の流出を防ぐ組織へと転換中.1996年7月,「ワッセナー・アレンジメント」(新ココム)発足.対象品目は114品目.	アルゼンチン,オーストラリア,オーストリア,ベルギー,ブルガリア,カナダ,クロアチア,チェコ,デンマーク,エストニア,フィンランド,フランス,ドイツ,ギリシャ,ハンガリー,アイルランド,イタリア,日本,韓国,ラトビア,リトアニア,ルクセンブルク,マルタ,メキシコ,オランダ,ニュージーランド,ノルウェー,ポーランド,ポルトガル,ルーマニア,ロシア,スロバキア,スロベニア,南アフリカ,スペイン,スウェーデン,スイス,トルコ,ウクライナ,イギリス,アメリカ合衆国.
コロンボ計画 1950年 コロンボ	Colombo Plan for Cooperative Economic and Social Development in Asia and the Pacific(25カ国,2001年現在) アジア・太平洋諸国の経済開発のため,加盟供与国が受益国に資本・技術を援助する.	アメリカ合衆国,イギリス,日本,インドネシア,マレーシア,フィリピン,シンガポール,タイ,スリランカなど.世界銀行,ESCAP,国連特別基金など12機関がオブザーバーを送っている.2001年,ベトナムが加盟.
東南アジア諸国連合(ASEAN) 1967年 ジャカルタ	Association of South-East Asian Nations(10カ国,2014年9月現在) 東南アジアの経済発展と,社会の進歩,科学の向上などを目指した地域機構.	タイ,インドネシア,フィリピン,マレーシア,シンガポール,ブルネイ,ベトナム,ラオス,ミャンマー,カンボジア(1999年4月加入).パプアニューギニア,東ティモールが加入を希望.

世界年鑑2014 他

おもな国際機構（Ⅲ）

機構名・略称・設立年・本部所在地	欧文名およびその目的	加盟国名
アジア開発銀行 (ADB) 1965年 マニラ	Asian Development Bank（67カ国・地域, 2014年現在）アジア・極東の経済成長と経済協力の育成により域内発展途上国の経済開発を促進する.	日本, アフガニスタン, オーストラリア, カンボジア, スリランカなど ESCAP内48カ国とオーストリア, カナダ, デンマークなど19カ国.
アンザス条約（太平洋安全保障条約）1951年 ワシントン	Anzas Treaty（3カ国, 1997年3月現在）オーストラリア, アメリカ合衆国, ニュージーランド3国間の相互安全保障条約.	オーストラリア, ニュージーランド, アメリカ合衆国. ニュージーランドが非核政策をとったことにより, 1985年以降アメリカがニュージーランドの防衛義務を停止したため, 実質的には2国間の軍事同盟.
南アジア地域協力連合（SAARC）1985年 カトマンズ	South Asian Association for Regional Cooperation（8カ国, 2000年3月現在）南アジア諸国民の福祉促進と生活水準向上を目指し, 経済成長, 社会進歩, 文化発展を図る.	インド, パキスタン, バングラデシュ, スリランカ, ネパール, ブータン, モルジブ, アフガニスタン.
アジア太平洋経済協力会議（APEC）1989年 シンガポール	Asian Pacific Economic Cooperation Conference（20カ国と1地域, 2014年現在）アジア太平洋地域における自由貿易体制の拡大, 経済協力体制づくりをはかる非公式フォーラム.	ラオス, ミャンマー, カンボジアを除くASEAN7カ国と日本, 韓国, オーストラリア, ニュージーランド, アメリカ合衆国, カナダ, チリ, 中国, ホンコン, 台湾, パプアニューギニア, メキシコ. 1998年にベトナム, ロシア, ペルーが加盟.
石油輸出国機構（OPEC）1960年 ウィーン	Organization of Petroleum Exporting Countries（12カ国, 2014年現在）石油輸出国の石油関係政策を調整して, その利益を守る80年代に入り, ノルウェー, イギリス, メキシコなどの非加盟産油国の登場, 省エネ政策などにより発言力が低下.	イラク, イラン, クウェート, サウジアラビア, アルジェリア, ベネズエラ, カタール, リビア, アラブ首長国連邦, ナイジェリア, インドネシア, アンゴラ, エクアドル. 2012年12月, エクアドル脱退, 2007年再加盟. 2009年, インドネシア加盟停止.
アラブ石油輸出国機構（OAPEC）1968年 カイロ	Organization of the Petroleum Exporting Countries（11カ国, 2014年現在）第3次中東戦争を契機に結成. 加盟国の利益を守り, 石油産業における各種経済活動での協力方法を決定する. OPECを補完する役割.	サウジアラビア, クウェート, リビア, アルジェリア, アラブ首長国連邦, カタール, バーレーン, イラク, エジプト, シリア, チュニジア. チュニジアは脱退申請により資格保留中.
アラブ連盟 1945年 カイロ	Arab League（21カ国と1機構, 2014年現在）アラブ諸国の独立とその主権を擁護するため, 加盟国間の統合を強化し, 政策の調整を図る. 経済, 社会, 文化, 法制, 運輸・通信, 保健などの諸問題に関して協力.	アルジェリア, バーレーン, ジブチ, エジプト, イラク, ヨルダン, クウェート, レバノン, リビア, モーリタニア, モロッコ, オマーン, カタール, サウジアラビア, ソマリア, スーダン, シリア, チュニジア, アラブ首長国連邦, イエメン. 1993年9月, PLO, コモロ新加盟. 2011年, シリア参加資格停止.
湾岸協力機構（GCC）1981年 リヤド	Gulf Cooperation Council（6カ国, 2014年現在）イラン革命やソ連のアフガニスタン侵攻などの危機感を背景に, 経済協力と集団安全保障を目的として結成.	アラブ首長国連邦, バーレーン, クウェート, オマーン, カタール, サウジアラビア. イエメンが加入申請中.
アフリカ連合（AU）2002年 アディスアベバ	African Union（53カ国と1地域, 2015年3月現在）アフリカ諸国の統一, 連帯の促進, 主権, 独立の確立, 植民地主義の消滅を目指したアフリカ統一機構（OAU）を発展的に解消し, アフリカの一層高度な政治的・経済的統合の実現と紛争の予防・解決に向けた取組強化を目指して2002年に発足.	モロッコを除くアフリカ大陸, 周辺島嶼国53カ国とサハラ・アラブ民主共和国（西サハラ）. モロッコは西サハラ問題をめぐり1985年脱退. マリ, ギニアビサウは2012年に加盟資格停止.
北米自由貿易協定（NAFTA）1994年	North American Free Trade Agreement（3カ国, 1999年11月現在）アメリカ合衆国, カナダ, メキシコ3国の自由貿易協定. 15年間で完全自由貿易達成を目指す.	アメリカ合衆国, カナダ, メキシコ（アメリカ, カナダ自由貿易協定にメキシコが参加）
米州機構（OAS）1951年 ワシントン	Organization of American States（35カ国, 2013年6月現在）米州地域での平和と安全保障の強化, 紛争の平和的解決および米州諸国間の相互理解と経済, 社会, 文化の発展を図る.	アメリカ合衆国, カナダおよび中南米33カ国. そのほか域外国から日本, ドイツなど67カ国と欧州連合（EU）が常任オブザーバー. 1962年に, キューバのカストロ政権を除名. 2009年, キューバ復帰.
ラテンアメリカ統合連合（ALADI）1981年 モンテビデオ	Latin American Integration Association（13カ国, 2014年10月現在）経済開発の促進, 国民生活水準向上のため, 加盟国間の関税率の調整などを実施.	アルゼンチン, ウルグアイ, エクアドル, キューバ, ブラジル, コロンビア, チリ, パラグアイ, ベネズエラ, ペルー, ボリビア, メキシコ, パナマ.
中米共同市場（CACM）1960年 グアテマラ	Central American Common Market（5カ国, 2000年3月現在）国際貿易の自由化, 域内自由貿易及び関税の同盟の設立図る.	エルサルバドル, ニカラグア, ホンジュラス, グアテマラ, コスタリカ.
ラテンアメリカ経済機構（SELA）1975年 カラカス	Sistema Economico Latino-Americano（27カ国, 2000年3月現在）アメリカ合衆国を除外し, 中南米諸国だけで協力し合い, 自立的経済発展を図ることを目的としている. 域内諸国による多国籍企業の設立一次産品の域内加工や安定輸出市場の確保, 域外に対する共通政策の策定を行う.	アルゼンチン, バルバドス, ボリビア, ブラジル, チリ, コロンビア, コスタリカ, キューバ, ドミニカ（共）, エクアドル, エルサルバドル, グレナダ, グアテマラ, ガイアナ, ハイチ, ホンジュラス, ジャマイカ, メキシコ, ニカラグア, パナマ, パラグアイ, ペルー, スリナム, トリニダードトバゴ, ウルグアイ, ベネズエラ, ベリーズ.

世界年鑑2014 他

参 考 文 献

アジア経済交流調査会編（1974）：『中国の資源と鉱工業の現状』重化学工業通信社．
アジア地理研究会編（1990）：『変貌するアジア　NIES・ASEAN の開発と地域変容』古今書院．
芦刈　孝編（1998）：『最新　地理小辞典』二宮書店．
飯田貞夫（1993）：『やさしい陸水学』文化書房博文社．
飯田貞夫・江口　旻・大島　徹・志村　聡（1996）：『人間をとりまく自然環境』文化書房博文社．
石田龍次郎編（1960）：『世界地理　アジア（1）』古今書院．
市川真一編（1974）：『東南アジア自然・社会・経済』創文社．
市川久雄・高屋　好ほか編（1990）：『事典東南アジア』弘文堂．
井出義光編（1992）：『アメリカの地域』弘文堂（アメリカ州名）．
ウィルス，坂本峻雄編訳（1944）：『支那地史の研究（上・下）』岩波書店．
A. R. ウォレス，谷岡専治・新妻昭夫訳（1987）：『熱帯の自然』平河出版社．
江口　旻（1979）：『東南アジアの鉱産資源と開発環境』亜細亜大学アジア研究所．
江口　旻（1990）：『東南アジアの地形・気候・人間関係（自然のめぐみ）』亜細亜大学アジア研究所．
江口　旻・玉井建三（1976）：『中国の自然と社会』文化書房博文社．
江口　旻・玉井建三（1995）：『変貌する日本の地域社会』文化書房博文社．
C. エムブレトン，大矢雅彦ほか訳監修（1997）：『ヨーロッパの地形（上）』大明堂．
太田晃舜（1969）：『インドシナ政治地理』明玄書房．
大谷光端（1943）：『印度地誌』有光社．
貝塚爽平編（1997）：『世界の地形』東京大学出版会．
外務省ホームページ 2014，各国政府観光局ホームページ 2014，在外日本大使館ホームページ 2014，各国在日本大使館ホームページ 2014．
鹿島平和研究所編（1967）：『東南アジア開発選書　タイ・ビルマ・インドネシア』鹿島研究出版．
片倉佳史（2007）『台湾（観光コースでない）』高文研．
木内信蔵（1973）：『地域概論』東京大学出版会．
木村正史編（1994）：『アメリカ地名語源辞典』東京堂出版．
黒沢一晃（1973）：『東南アジアの経済』白水社．
ゴ・タット（2009）：『アトラス ダイヤリーベトナム』ベトナム教育出版．
国立天文台編（2015）：『理科年表　平成 27 年版』丸善．
古今書院編集（1957）：『図解・表解の地理』古今書院．
コリン・M. ターンブル，幾野　宏訳（1980）：『アフリカ人間誌』草思社．
佐藤英明（1989）：『北極』南極センター出版局．
P. E. ジェームズ著，山本正三・菅野峰明訳（1979）：『ラテンアメリカⅠ・Ⅱ』二宮書店．
清水靖夫監修（2005）：『世界情報地図』日本文芸社．
人文地理学会編（2013）：『人文地理学事典』丸善出版
『世界国勢図会 2010』矢野恒太記念会．
太平洋学会編（1989）：『太平洋諸島百科事典』原書房．
平　貞蔵（1962）：『東南アジアの資源構造』アジア経済研究所．
高橋伸夫ほか（1993）：『世界地図を読む　図説世界地理』大明堂．
高谷好一（1985）：『東南アジア　自然と土地利用』勁草書房．
多田文男（1964）：『自然環境の変貌』東京大学出版局．
多田文男（1967）：『世界地誌（1）アジア』法政大学通教部．

多田文男編（1965）:『インド・西亜』朝倉書店.
田中啓爾監修（1956）:『新中国地理』古今書院.
田中啓爾監修（1973）:『中国大地図』人文社.
田辺　裕監修（1996）:『図説　世界の地理17　西・中・東アフリカ』朝倉書店.
田辺　裕監修（1997）:『図説　世界の地理6　北ヨーロッパ』朝倉書店.
田辺　裕監修（1997）:『図説　世界の地理5　南アメリカ』朝倉書店.
田辺　裕監修（1999）:『図説　世界の地理4　中部アメリカ』朝倉書店.
田辺　裕監修（2000）:『ヨーロッパ（世界の地理大百科事典6）』朝倉書店.
地球の歩き方ホームページ 2014，地球の歩き方 T & E.
J. テウヴェル，菊池一雅訳（1984）:『東南アジアの地理』白水社.
E. H. G. ドビー，小堀　巌訳（1961）:『東南アジア』古今書院.
冨田芳郎編（1956）:『中国とその周辺（新世界地理）』朝倉書店.
西ヶ谷恭弘ほか（2009）:『地図の読み方事典』東京堂出版.
西川　治ほか編（1970）:『世界地理百科大事典』講談社.
西野昭太郎ほか編（1965）:『世界文化地理アフリカ1・2』講談社.
西村光男（1967）:『ラテン・アメリカの研究』世界経済調査会.
日経ビジネス（2013）:『アフリカビジネス2013』日経BP社.
日本地誌研究所編（1981）:『地理学辞典　増補版』二宮書店.
能　登志雄（1941）:『タイ国地誌』古今書院.
野上裕生（1974）:『ビルマ　地誌　歴史　経済』創文社.
バランスキー，内村有三訳（1973）:『ソヴィエト経済地理』河出書房.
藤岡謙二郎ほか（1958）:『地誌概論　世界編』大明堂.
フランク・B. キブニー編（1971）:『ブリタニカ国際地図』TBSブリタニカ.
フランク・B. キブニー編（1988）:『ブリタニカ国際大百科事典』TBSブリタニカ.
町田　貞ほか編（1981）:『地形学辞典』二宮書店.
都城秋穂編（1951）:『世界の地質』岩波書店.
山口弥一郎（1965）:『中華人民共和国地誌』文化書房博文社.
山口弥一郎（1970）:『東南アジア地誌』文化書房博文社.
山口弥一郎（1977）:『この目この肌で（世界文化遺産）』文化書房博文社.
山村順次編（1991）:『図説　日本地理』大明堂.
山本正三編（2012）『人文地理学辞典』朝倉書店.
吉野正敏編（1981）:『世界の気候・日本の気候』朝倉書店.
吉野正敏ほか編（1986）:『気候学・気象学辞典』二宮書店.
吉野正敏・陳国彦（1970）:『中国の雨と気候』大明堂.
C. T. ラインズほか著，伊藤喜栄監訳（2000）:『大学の地理学I　自然地理学の基礎』古今書院.
M. ロシュフォール著，山本正三訳（1979）:『南アメリカの地理』白水社.
渡辺　光編（1965）:『世界地理3　東南アジア』朝倉書店.
Blauet, B. W. (1983): *Latin America an introductory survey*.
English, P. W. (1989): *World Regional Geography*.
Plavaud, C. C. (1973): *Lamerigue latine*.

【著者紹介】

江口　旻	（えぐち　あきら）	法政大学
		元亜細亜大学教授
斎藤　仁	（さいとう　ひとし）	横浜国立大学
		学習院名誉教授
飯田貞夫	（いいだ　さだお）	法政大学大学院
		茨城キリスト教大学名誉教授
小曽根利一	（おぞね　りいち）	駒澤大学大学院
		亜細亜大学非常勤講師
志村　聡	（しむら　さとし）	日本大学大学院
		跡見学園中学校高等学校教諭
大島　徹	（おおしま　とおる）	茨城キリスト教大学大学院
		茨城県立勝田特別支援学校教諭
菊池孝司	（きくち　たかし）	亜細亜大学
		埼玉県川口市立総合高等学校教諭

書　名	図解・表解　世界の地理
コード	ISBN978-4-7722-4188-5 C1025
発行日	2015年 9月 7日　初版第 1刷発行
著　者	江口　旻・斎藤　仁・飯田貞夫・小曽根利一・志村　聡・大島　徹・菊池孝司
	©2015　Eguchi,A., Saito,H., Iida,S., Ozone,R., Shimura,S., Ooshima,T. and Kikuchi,T.
発行者	株式会社古今書院　橋本寿資
印刷者	太平印刷社
発行所	古今書院
	〒101-0062　東京都千代田区神田駿河台2-10
電　話	03-3291-2757
FAX	03-3233-0303
URL	http://www.kokon.co.jp/

検印省略・Printed in Japan

いろんな本をご覧ください
古今書院のホームページ

http://www.kokon.co.jp/

★ 700点以上の**新刊・既刊書**の内容・目次を写真入りでくわしく紹介
★ 地球科学やGIS, 教育など**ジャンル別**のおすすめ本をリストアップ
★ **月刊『地理』**最新号・バックナンバーの特集概要と目次を掲載
★ 書名・著者・目次・内容紹介などあらゆる語句に対応した**検索機能**

古 今 書 院

〒101-0062　東京都千代田区神田駿河台 2-10

TEL 03-3291-2757　　FAX 03-3233-0303

☆メールでのご注文は order@kokon.co.jp へ